LA SCIENCE-FICTION FRANÇAISE

Auteurs et amateurs d'un genre littéraire

Anita TORRES

LA SCIENCE-FICTION FRANÇAISE

Auteurs et amateurs d'un genre littéraire

Éditions L'Harmattan
5-7, rue de l'École-Polytechnique
75005 Paris

L'Harmattan Inc.
55, rue Saint-Jacques
Montréal (Qc) – CANADA H2Y 1K9

Collection *Logiques Sociales*
fondée par Dominique Desjeux
et dirigée par Bruno Péquignot

En réunissant des chercheurs, des praticiens et des essayistes, même si la dominante reste universitaire, la collection Logiques Sociales entend favoriser les liens entre la recherche non finalisée et l'action sociale.
En laissant toute liberté théorique aux auteurs, elle cherche à promouvoir les recherches qui partent d'un terrain, d'une enquête ou d'une expérience qui augmentent la connaissance empirique des phénomènes sociaux ou qui proposent une innovation méthodologique ou théorique, voire une réévaluation de méthodes ou de systèmes conceptuels classiques.

Dernières parutions

Michel BURNIER, Sylvie CÉLÉRIER, Jan SPURK, *Des sociologues face à Pierre Naville ou l'archipel des savoirs*, 1997.
Guy BAJOIT et Emmanuel BELIN (dir.), *Contribution à une sociologie du sujet*, 1997.
Françoise RICHOU, *La Jeunesse Ouvrière Chrétienne (J.O.C.), genèse d'une jeunesse militante*, 1997.
Claude TEISSIER, *La poste: logique commerciale/logique de service public. La greffe culturelle*, 1997.
Guido de RIDDER (coordonné par), *Les nouvelles frontières de l'intervention sociale*, 1997.
Jacques LE BOHEC, *Les rapports presse-politique. Mise au point d'une typologie "idéale"*, 1997.
Marie-Caroline VANBREMEERSCH, *Sociologie d'une représentation romanesque. Les paysans dans cinq romans balzaciens*, 1997.
François CARDI, *Métamorphose de la formation. Alternance, partenariat, développement local*, 1997.
Marco GIUGNI, Florence PASSY, *Histoires de mobilisation politique en Suisse. De la contestation à l'intégration*, 1997.
Philippe TROUVÉ, *Les agents de maîtrise à l'épreuve de la modernisation industrielle. Essai de sociologie d'un groupe professionnel*, 1997.
Gilbert VINCENT (rassemblés par), *La place des oeuvres et des acteurs religieux dans les dispositifs de protection sociale. De la charité à la solidarité*, 1997.
Paul BOUFFARTIGUE, Henri HECKERT (sous la direction de), *Le travail à l'épreuve du salariat*, 1997.
Jean-Yves MÉNARD, Jocelyne BARREAU, *Stratégies de modernisation et réactions du personnel*, 1997.
Florent GAUDEZ, *Pour une socio-antrhopologie du texte littéraire*, 1997.

© L'Harmattan, 1997
ISBN : 2-7384-5948-X

REMERCIEMENTS

Je tiens à remercier les différentes personnes qui ont permis la réalisation de ce travail. Les sociologues, en particulier Pierre Lantz qui a encadré la recherche. Jean-Claude Combessie pour ses conseils. Les écrivains, les directeurs de collection et leurs collaborateurs. Les amateurs, collectionneurs qui m'ont fait partager leurs connaissances et leur documentation. Joseph Altairac à qui je dois la rencontre avec le terrain d'enquête.
Ceux qui ont facilité la réalisation du livre. Roland C. Wagner pour ses corrections et précisions érudites. Gérard Klein pour ses réflexions critiques, ses commentaires historiques.

SOMMAIRE

INTRODUCTION.. 11

I CATEGORIES ET CLASSEMENTS :

Littérature populaire, littérature de masse,
paralittérature.. 15

    Et la Science-Fiction ?... 23

Le concept de genre.. 28

L'illégitimité de la Science-Fiction....................................... 36

II APPARITION D'UN GENRE ET DIVERSIFICATION :

La constitution d'un milieu d'amateurs : de
l'avant-garde à la contre-culture

    L'avant-garde... 49

    La contre-culture.. 66

Les différentes productions.. 97

Quelques données générales sur l'édition de
Science-Fiction... 104

Les différentes collections.. 105

    La collection « Anticipation » des éditions du
    Fleuve Noir... 106

    La collection « Présence du Futur » des éditions
    Denoël... 129

La collection « Ailleurs et demain » des éditions Robert Laffont 143

Les collections de poche 147

Les séries 154

Le lecteur 156

Le milieu des amateurs : oppositions et distribution des concurrences 169

L'éthique du fan 171

Carrière de fans 172

Quelques fanzines ou revues 174

Les prix 176

Les oppositions 178

Spécificité de la Science-Fiction 183

« Planète » et le « Matin des magiciens » 183

Paranormal, parasciences et parapsychologie 187

La Scientologie 188

Le Soucoupisme 190

Illégitimité (suite), orthodoxie et hétérodoxie 198

III LES AUTEURS : ORIGINES ET DEGRES DE PROFESSIONNALISATION

Les auteurs et leur origine sociale :

Recueillir : sources et matériel 213

Généalogie et appartenance sociales 220

Recrutement professionnel 230

Degrés de professionnalisation

Les autonomes 233

Les professionnels intégrés 237

Science-Fiction française / Science-Fiction américaine 256

CONCLUSION 263

Références bibliographiques 269

Revues, anthologies et fanzines de Science-Fiction 275

Bibliographie supplémentaire 276

Annexes (liste des auteurs et sources des « bio-bibliographies ») 279

INTRODUCTION

C'est de la Science-Fiction !
Ce genre littéraire a subi le même sort que le mouvement surréaliste : devenir une expression qui qualifie l'absurde, l'impensable ou le saugrenu.
Ce n'est pas de la Science-Fiction !
Ici, la réalité, grâce à la Science, a dépassé la fiction. Nous sommes alors devant la maxime préférée des journalistes de vulgarisation scientifique.
La Science-Fiction est donc connue de tous puisqu'ainsi utilisée dans le langage courant.
Cependant, l'évocation de ces deux termes accolés suscite de nombreux malentendus.
Ainsi, en 1993, un fait-divers secoue l'opinion : en Grande-Bretagne un enfant a été tué et torturé par deux de ses camarades à peine plus âgés. Lors d'un débat télévisé, un journaliste du « Nouvel Observateur », proposant un argument de plus aux hypothèses sur l'influence d'un mauvais environnement, s'écrie : « Le père avait des dizaines de films de violence, des films de Science-Fiction, avec des meurtres d'enfants ! » Nous voici alors devant une des images du genre : une production cinématographique violente. Car pour certains milieux cultivés la Science-Fiction, c'est au mieux des films « de Série B », des feuilletons télévisuels stupides, au pire un genre assimilé à « l'horreur » : violent, outrageant. Sentiment renforcé par un label imparfaitement français, dont la consonance rappelle l'Amérique.
Quand elle est littéraire, elle est, pour certains, un genre mineur, d'évasion, une littérature de gare, « pour adolescents attardés ». Elle propose un monde noir, apocalyptique, incompréhensible et mystérieux, auquel il faudrait être initié. Et le fait qu'elle soit un support pour les jeux vidéos, accusés d'être abêtissants, et encore des jeux de rôles, activités qui apparaissent occultes et effrayantes, ne fait qu'aggraver son image.
Avouer son goût pour le genre, c'est peut-être se voir taxer de mauvais goût, mais c'est aussi s'entendre répliquer, sur un ton complice : « Je m'intéresse aussi aux soucoupes volantes ». Car les écrits des amateurs d'OVNI et certains écrits du genre littéraire ont en commun leurs protagonistes : les êtres venus du ciel. Et, au cours de nos rencontres, la Science-Fiction nous

donne l'occasion d'entendre, quelquefois : « Moi aussi je crois qu'il y a encore beaucoup de choses inexpliquées ». Nous entrons dans le domaine des légendes, des croyances étranges... Mais, le plus souvent, nous entendons : « Des histoires de martiens ! » Comme si le genre était resté au thème de la conquête de l'espace, et à la rencontre, inévitable, avec les extraterrestres.

Le genre littéraire a des amateurs, actifs, qui organisent des manifestations de célébration. Passage obligé du chercheur qui s'efforce d'investir son terrain d'étude : la convention nationale. Manifestation qui, à cause du statut supposé de cette littérature, se voit débaptisée par des personnes intéressées par notre recherche : « C'est pour quand cette foire à la Science-Fiction ? »

Lorsqu'un Académicien propose récemment, dans le cadre d'une naturalisation des mots anglo-saxons, de remplacer l'expression « Science-Fiction », par le terme bien plus français « d'anticipation », cela ne manque pas d'entraîner des réactions chez les amateurs et spécialistes. La terminologie qui concerne le genre est pour eux une affaire sérieuse. Les familiers de cette littérature, ses connaisseurs, se repèrent à quelques signes concrets : Science et Fiction doivent être unies par un trait d'union, et lorsque des initiales le remplacent, elles sont suivies d'un point.

Il faut donc s'interroger sur ces différentes visions, ces images liées à la S.F. (qui n'est pas seulement littéraire). Ont-elles des raisons d'être ? Lesquelles sont à admettre, lesquelles à réfuter ?

Nous avons donc rappelé l'histoire du genre, son arrivée (ou son retour) en France dans les années cinquante, sa découverte par la contre-culture des années post-soixante-huit. Production diversifiée, nous avons évoqué sous-genres, genres voisins, et contenus.

Mais la majeure partie du travail est le résultat d'une enquête de terrain auprès des amateurs du genre, des promoteurs d'un « milieu » littéraire, des éditeurs et auteurs.

Différentes visions de la Science-Fiction s'expriment dans des discours, dans des supports (revues mais surtout collections), et des querelles portant sur les mouvements (« Planète ») ou croyances (scientologie, soucoupisme) ayant eu des liens avec le genre. Elles permettent de poser une des questions qui mobilise les amateurs les plus investis dans la défense de cette littérature : celle des frontières.

Les questions du statut du genre, de sa reconnaissance culturelle, sont évoquées à partir des lectures savantes (dictionnaires littéraires, textes de sociologie de la culture), illustrées par des propos recueillis auprès d'amateurs, d'éditeurs. Mais ces notions sont également évoquées avec les questions des profils des lecteurs (avec la confrontation de différentes sources quantitatives, générales et spécifiques), des amateurs (rencontrés, observés au cours des manifestations propres au genre), des auteurs. Nous avons interviewé un certain nombre d'écrivains français de Science-Fiction. D'autres ont été interrogés par voie de questionnaire. Nous y demandions un certain nombre de renseignements : des caractéristiques objectives sur la « généalogie et l'appartenance sociale » (profession des parents, profession de l'auteur, formation, habitat, antécédents professionnels), une description plus subjective de la famille, sous forme de questions ouvertes (définir par une expression personnelle son milieu social d'origine, décrire le style de vie de sa famille). Nous interrogions également les auteurs sur la trajectoire et les productions littéraires : trajectoire éditoriale, définition du genre préférentiel, sentiment d'appartenance ou de non-appartenance à une tendance, genres abordés, prix littéraires, avis sur la critique, bibliographie, activités et pratiques dans le « milieu S.F. », question de la spécificité de la S.F.F., rapport à la S.F. anglo-saxonne. Outre le questionnaire, des « bio-bibliographies », regroupant des informations sur les trajectoires littéraires et professionnelles des auteurs ont été réalisées, grâce à l'exploitation de fichiers faits par des collectionneurs, par la recherche d'informations dans la presse interne du genre (dictionnaires, histoires littéraires - parues ou non). Toutes ces informations nous ont permis à la fois de positionner les auteurs dans le milieu, dans son histoire et de voir dans quelles mesures leurs choix esthétiques étaient liés à des profils socioculturels. Mais, surtout, nous avons pu cerner les degrés de professionnalisation très variés de ces auteurs et les attitudes qui en découlent par rapport à l'oeuvre, par rapport au milieu des promoteurs, des éditeurs.

I CATEGORIES ET CLASSEMENTS :

Littérature populaire, littérature de masse, paralittérature :

L'histoire de la constitution du milieu de la S.F.F. (Science-Fiction française) est le théâtre de luttes incessantes pour l'imposition d'une définition du genre, d'une histoire, d'une origine, d'un projet. La confrontation des concurrences qui proposent des définitions par des supports différents, par des stratégies opposées, rendent impossible le choix pour le chercheur, d'une définition plutôt qu'une autre. Parce que choisir une définition précise (d'une histoire, d'une origine, de frontières), c'est décider qu'un courant, qu'un représentant des concurrences est plus légitime qu'un autre. Ce problème s'est posé dés le début de la recherche. Ainsi, lors d'un de nos premiers entretiens avec un des membres du « milieu » de la S.F. (Science-Fiction), un enquêté commençait une réponse à une vague et vaste consigne de départ, par la phrase : « Il faut d'abord placer la Science-Fiction dans le cadre plus large de la littérature populaire », et de comparer, chiffres de vente et couverture médiatique de deux des genres en question, S.F. et roman policier. Souhaitant nous référer à des outils « sérieux », apportés par des universitaires pour recomposer une histoire de la S.F.F., nous avons constaté que c'est à la rubrique « littérature populaire » qu'il faut chercher les mots « Science-Fiction » et ses ancêtres « anticipation », ou « merveilleux scientifique ». Notons d'ailleurs, à propos de ces dictionnaires ou histoires de la littérature, que quelques uns des articles y sont rédigés par des universitaires amateurs du genre (et notamment un directeur de collection) ils ont par conséquent des positions militantes par rapport au genre. Pierre Bourdieu, interrogé par Yann Hernot dans la revue d'études « Science-Fiction », en 1985, déclarait « n'ayant pas étudié directement la SCIENCE-FICTION, je ne puis que réagir par analogie avec des univers que je connais, c'est-à-dire en essayant d'appliquer à la S.F. les analyses faites par moi-même ou par des collaborateurs, à propos d'univers analogues. Je crois qu'il y a des mécanismes généraux qui rendent compte du statut inférieur qui est accordé aux littératures industrielles ».

Nous étions alors renvoyés, par trois instances différentes, à une terminologie incertaine : la culture et la littérature populaires, la littérature industrielle (c'est-à-dire de masse). Terminologie qui s'applique à un objet vaste, aux frontières mouvantes et fortement variables historiquement.

Des lectures nous ont permis de nous questionner à propos de notre objet. Puisque populaire, le peuple y est pour quelque chose. Encore faudrait-il opter pour une définition stricte de ce qu'est le peuple. Suivant les époques, il est constitué des paysans, ou seulement des ouvriers, de certaine partie de la population ouvrière (celle des industriels), des petits commerçants et artisans... Et si populaire, pour quelle raison, parce que le peuple la produit ? Or, les auteurs de S.F. d'origine populaire (issus des milieux ouvriers) sont minoritaires. Parce que le peuple en est l'objet ? La S.F. populiste reste à inventer... Ou parce que c'est au peuple qu'on la destine ? Un lectorat « populaire » existe, une collection « populaire » également ; néanmoins, le genre contient également des oeuvres plus élitistes publiées dans des collections en moyen ou grand format. Dans tous les cas, le mot populaire marque l'exclusion, l'illégitimité, il s'agit d'une « marque d'usage négative », que ce soit dans la religion, dans la culture, dans le langage, « le lexique dit populaire n'est autre chose que l'ensemble des mots qui sont exclus des dictionnaires de la langue légitime » (Bourdieu[1]).

Souvent, l'écrit populaire (dans le sens ici de : destiné au peuple) n'est pas traité comme objet esthétique mais comme un corpus de représentations : « Il existe un intérêt déjà ancien des historiens des mentalités pour la littérature populaire »[2]. Mais justement, qu'est-ce que la littérature populaire ? Les spécialistes la font dériver des romans de colportage, livres lus à la veillée du XVIème siècle à la Révolution, des « canards » vendus à la criée et relatant les faits-divers depuis le XVème, des « occasionnels » de l'époque 1820-1850, écrits entre gazette et fiction. Les éléments les plus caractéristiques de cette production sont les thèmes : romans de chevalerie au XVème siècle, contes de fées, récits merveilleux, « fictionnisation » de faits-divers, par la suite.

---

[1] P. Bourdieu, «Vous avez dit populaire ?», in Actes de la Recherche en Sciences Sociales, n°46, 1983, p 98.
[2] J.M. Goulemot, A. Greenspan, <u>Des poissardes au réalisme socialiste</u>, «introduction», Revue des Sciences Humaines, Lille III, n°190, 1983-02, p 3 (préface).

L'imaginaire proche du fantastique s'y étale (goût pour l'imaginaire partagé par les paysans et l'aristocratie écrit Edgar Morin).

Au XIXème siècle, les journaux en difficulté lancent les romans feuilleton, prototypes du roman populaire : Soulié, Sue, Dumas s'y attellent. Le feuilleton de presse réunit le courant bourgeois et le courant populaire, en demeurant « fidèle aux thèmes mélodramatiques (...) héritiers de la plus antique et universelle tradition de l'imaginaire »[1] (Morin, p 67). Du pôle « projection » dont parle Morin à propos du roman de colportage, reste l'extraordinaire du rocambolesque du pôle « identification » propre au roman bourgeois, resterait le mélodramatique, et le héros, personnage central du roman, dont les caractéristiques varient en fonction du lectorat auquel on s'adresse. Cette osmose est d'autant plus possible que la presse diffuse les valeurs de la petite bourgeoisie. Ainsi, dit J. Goimard[2], « le roman feuilleton est-il un genre ambigu, où le peuple est toujours destinataire, souvent sujet, jamais auteur direct ; cela ne l'a pas empêché, à l'occasion, de jouer un rôle politique essentiel ».

Le roman feuilleton est accusé de propagande, de diffusion d'idées néfastes. Thématique de rejet qui se répète : au cours des années, les reproches sont les mêmes. Les accusations qu'on lui porte, montrent d'après M. Nathan[3], qu'on lui reconnaît par là-même un certain pouvoir sur le public. C'est également sur ce point qu'il est mis en accusation des années plus tard, sur sa capacité à étaler les « idées reçues » et les préjugés. A propos du roman populaire destiné à un public masculin, le récent Dictionnaire des Littératures[4], indique :

« En feignant d'y poursuivre le crime et la trahison, on y préserve très hypocritement la bonne conscience du lecteur, selon le principe bien connu du bouc émissaire, sans compter l'étrange sentiment de participer à une chasse à l'homme qui met en jeu des instincts singulièrement primitifs. »

---

[1] E. Morin, L'esprit du temps, Grasset, 1975 (troisième édition), (le livre de poche : «le grand cracking».
[2] J. Goimard, «le roman populaire», in, Histoire littéraire de la France, tome 5, 1848-1913, Messidor, Editions Sociales, 1977, p 284.
[3] M. Nathan, Splendeurs et misères du roman populaire, Presses Universitaires de Lyon, 1991, p 198.
[4] Dictionnaire des Littératures, Larousse, 1986

Si, en fait, on lui reproche de servir sur mesure préjugés et idées reçues, c'est parce qu'on suppute un peu que ses lecteurs sont incapables de s'en apercevoir et de s'en défendre. Car, après tout, même si dans la littérature bourgeoise et respectable, ces mêmes préjugés s'écrivent, on suppose son public plus clairvoyant :

« Ce n'est pas parce que les classes populaires ne peuvent formuler leur expérience dans les termes convenus qui indiquent la distance critique, que cette distance n'existe pas » (M. Nathan, 1991, p 27).

Dans l'<u>Histoire littéraire de la France</u>, d'où nous avons tiré des éléments historiques, les chapitres (différenciés) traitant des contenus populaires, pratiquent une euphémisation. Dans les textes mêmes, il est question du feuilleton populaire, du roman populaire, de la littérature populaire, mais les parties les regroupant se trouvent pudiquement baptisées : « L'autre littérature », « littératures parallèles ». Dans ces deux cas, on peut supposer une volonté de contestation d'une appellation définissant une littérature par un lectorat qui ne serait qu'une partie de son lectorat réel. Le volume consacré à la littérature de 1913 à nos jours, regroupe les textes sur la S.F., la Bande dessinée, sous le titre : « La littérature qu'on dit populaire ». Curieusement, le terme apparaît alors qu'il est beaucoup plus contestable que pendant la période couverte par les exemples précédents, et qu'il est progressivement abandonné au profit de ceux de « littérature de masse » ou « paralittérature ». Et puis, « la littérature qu'on dit populaire », cela résonne comme « ces bêtes qu'on dit sauvages ». On répète une affirmation admise par tous mais on y ajoute le doute. Le « on », ce n'est pas « nous ». Les bêtes ne sont pas si sauvages, et la littérature bien moins populaire que l'on veut le laisser croire.

Mais qui est ce « on » sentencieux, que l'on veut contredire ? Imposé par les instances légitimantes de la littérature, le terme de « littérature populaire » est regardé avec scepticisme par certains universitaires. En le repoussant, en ne le jugeant pas digne d'être accolé à la littérature que l'on étudie, on ratifie la valeur négative accordée généralement au « populaire ». Nous ne nous risquerons pas ici à critiquer ces universitaires parce que le titre du chapitre est malheureux, même si nous pouvons oser faire un parallèle avec les « attitudes de dissidence » des universitaires

« populistes », relevées par C. Grignon et J.C. Passeron[1] dans leur avant-propos.

Autre terme qui est utilisé pour classer la S.F. dans les dictionnaires, celui de « littérature de masse ». Edgar Morin[2] situe sa naissance vers les années trente de ce siècle, aux USA. Il s'agit d'un type de production s'adressant à tous, et qui a donc des caractéristiques lui permettant de s'adresser à tous. Selon E. Morin, avant les années trente, les classes sociales sont très différenciées, ce qui entraîne une différenciation au niveau des productions culturelles. A partir des années trente, il y a une certaine homogénéisation, d'abord au niveau des valeurs de consommation, valeurs de classes moyennes.

« La nouvelle culture s'inscrit dans le complexe sociologique constitué par l'économie capitaliste, la démocratisation de la consommation, la formation et le développement du nouveau salariat, la progression de certaines valeurs » (E. Morin, p 45-46, « le grand public »).

Motivée par la recherche du profit, elle cherche à plaire au plus grand nombre :

« La recherche d'un public varié implique la recherche de la variété dans l'information ou dans l'imaginaire ; la recherche d'un grand public implique la recherche d'un dénominateur commun » (E. Morin, « le grand public », p 37).

---

[1] «...rien ne nous semble plus faux que l'idée selon laquelle l'oubli de la domination assorti de l'intention de réhabilitation serait pour le chercheur la voie directe, obligée et facile pour rendre justice aux cultures populaires. (...)... le populisme ne se comprend qu'à la lumière d'une sociologie des attitudes de dissidence ; il repose presque toujours sur l'anti-intellectualisme d'intellectuels en difficulté qui, acceptant pour s'en faire une gloriole marginale la hiérarchie sociale des objets d'études, contribuent à entériner le classement de leur objet en série B de la recherche. Depuis la variété atténuée de l'amateur de pittoresque social jusqu'à la modalité saturée qu'il revêt chez le provocateur en passant par le compilateur de folklore, le populisme s'étend sur une large gamme. Mais, au bout du compte, l'inversion qu'il réalise est toujours l'inverse de celle dont il se vante : la provocation littéraire en donne la clé lorsque, pour régler des comptes avec une culture dominante, elle va chercher avec délectation dans les comportements populaires les traits que celle-ci lui désigne et lui définit comme les plus «vulgaires», révélant ainsi qu'elle accepte à la fois la catégorie et la définition dominante du contenu de la catégorie pour pouvoir proclamer l'excellence du vulgaire.» J.C. Passeron, C. Grignon, Le savant et le populaire, Le Seuil, 1989, p 10-11.

[2] E. Morin, L'esprit du temps, Grasset, 1975 (troisième édition), le livre de poche : «le grand cracking».

Homogénéisation de la variété, syncrétisme des références (cosmopolitisme), elle vise à « satisfaire toute la gamme des intérêts mais à travers une rhétorique permanente ».

Apparu à la fin des années soixante, le terme de paralittérature également utilisé pour distinguer la S.F., ne délimite pas un champ de production littéraire à un public, réel ou supposé, et/ou à une forme de diffusion de masse comme les termes précédemment cités, mais qualifie une littérature par la relation entretenue à la Littérature. Le préfixe « para » indique ce qui est à côté, ce qui est en marge.

« C'est la littérature en marge de la littérature établie. On y reconnaît habituellement le roman feuilleton, la littérature fantastique, la bande dessinée, le roman policier, la S.F.. Le partage entre littérature et paralittérature repose sur des critères à la fois institutionnels et esthétiques. L'institution littéraire - à travers ses médiateurs (éditeurs, libraires, jurys), à travers la présentation même du livre (types de collection, jaquettes des livres), à travers le discours de l'école et de l'interprétation universitaire, - borne le domaine de la création scripturaire, et n'enregistre des variations du découpage du territoire qu'après qu'elles ont été imposées par les écrivains et reconnues par les lecteurs » (<u>Dictionnaire des Littératures</u>).

A la naissance de ce terme, les frontières entre littérature populaire et paralittérature n'existaient pas. Il venait ré-englober tout un domaine. Ainsi dans les dictionnaires, le roman feuilleton se trouve à la rubrique « littérature populaire » et « paralittérature », tout comme c'est le cas de certaines littératures « de genre » (espionnage, policier). L'essai (qui fait référence) de M. Angenot sur le roman populaire, a pour sous-titre « recherches en paralittérature ». De même, certains genres se trouvent à la fois relevés comme littérature de masse et comme paralittérature (S.F., Bande dessinée). Dans le <u>Dictionnaire des Littératures</u>, on précise que « la paralittérature ne se confond pas nécessairement avec la littérature de masse, mais elle emprunte largement à la culture et à l'idéologie de la société de consommation » (ici, le pont entre les trois termes est lancé). Ailleurs, la formule « paralittérature » s'applique exclusivement à des littératures qui sont contemporaines de sa naissance. Parce que malgré toutes les intersections entre les domaines des trois termes, c'est dans leur principe de délimitation qu'ils différent. Tous dénomment a posteriori : ils sont tous trois postérieurs aux domaines qu'ils décrivent. Il s'agit bien de littératures sans « conscience de soi », la Littérature s'inscrit, elle, dans des courants, des écoles, des tendances qui s'affirment comme tels au moment même de leur production.

Le dernier terme apparaît dans un contexte historique précis : la fin des années soixante, mai 68, la contre-culture[1]. Autour du policier, de la S.F., de la BD :

« Dans ces formes réputées marginales, les aspirations et les thèmes de mai 68 vont s'exprimer bien mieux que dans les formes classiques »[2].

Ces formes touchent alors un public précis, « qui échappe largement à l'influence de la littérature reconnue et à la forme fixée par l'institution » (Dictionnaire des Littératures), « très jeune, rebuté par la culture admise » (Vercier, Lecarme), en rapport avec une presse parallèle (celle des fanzines et de la presse satirique à la « Hara-Kiri »...). Elles sont exclues du circuit légitime ; M. Angenot les qualifie d'oeuvres « tabouées », « privées de feedback critique », à la différence des best-sellers, type de production intermédiaire entre paralittérature et littérature cultivée, oeuvres « avouées ». Le terme apparaît donc dans le domaine universitaire, pendant que dans le champ littéraire explose une littérature qu'il vient qualifier. Aujourd'hui donc, certains écrits limitent la paralittérature à certaines formes développées historiquement au moment où le terme est apparu. En fait, dès sa création, il vient englober des domaines plus vastes. <u>Les Entretiens sur la paralittérature</u>[3], qui datent de 1967, étudient la S.F., la BD, le roman-photo contemporains, mais aussi les domaines toujours référencés parmi les littératures

---

[1] La contre-culture née aux USA vers 1960, autour de la culture beatnik, s'installe en France autour de certaines productions littéraires («genres» : S.F., BD etc...), para-littéraires (magazines satiriques), musicales (rock, pop). On parle aussi, pour le domaine littéraire de contre-littérature, qui englobe «l'ensemble des productions littéraires qui n'ont pas reçu la reconnaissance des institutions littéraires (académies, critiques, université, édition), et échappent au domaine des belles lettres)» (dictionnaire des Littératures). On se trouve devant un quasi-synonyme de paralittérature, si tout n'était dans l'ambiguïté du préfixe «contre» : «opposé à», ou «près de», la littérature légitime ?
[2] B. Vercier, J. Lecarme, La littérature en France depuis 1968, Bordas, 1982, p 249.
[3] Entretiens sur la paralittérature (1er septembre-10 septembre 1967, centre culturel international de Cerisy-la-Salle), parus aux éditions Plon, 1970.

populaires et de masse (roman feuilleton du XIXème siècle, séries du XXème siècle, etc...). Car si aujourd'hui, on confine bien souvent le terme de paralittérature à la production des années soixante, alors qu'il avait la prétention de réorganiser tout un champ de production littéraire, c'est parce qu'il est lié à une idéologie facilement explicable par le contexte historique de la période en question. Il s'agissait alors de décrire un pan de la littérature exclu de la critique, de l'université, du domaine légitime, sans qu'apparaisse l'idée de hiérarchie. C'est aussi l'idée de « ne pas présenter la paralittérature comme une forme dégradée de la littérature mais comme un couple : l'une ne peut exister sans l'autre » (M. Angenot). La paralittérature c'est la possibilité de venir renouveler la littérature :

« Elle est le lieu par excellence de l'imagination et du romanesque, réservoir à la fois de formes et de mythes, aux frontières incertaines du rêve et du fantastique » (Vercier, Lecarme, 1982, p 257-258).

C'est également une position qui a été tenue par les surréalistes, grands promoteurs de certaines formes littéraires importées, nouvelles, « tabouées », pour reprendre l'expression de Marc Angenot. Ce qui nous rappelle la théorie de Chklovsky[1], pour qui tous les genres littéraires légitimes trouvent leur origine dans les productions populaires ou inférieures. Les défenseurs du terme de paralittérature ont, en plus d'une motivation idéologique, un parti-pris théorique :

« Ce que je voudrais souligner dès à présent, c'est que, si la paralittérature est un phénomène social important par les tendances collectives qu'elle révèle et l'influence qu'elle exerce, et si, d'autre part, elle contient assez d'éléments qui nous permettent d'approcher des portes de l'inconscient et de l'imaginaire, alors nous ne pouvons plus la réduire à une caricature ou une simple imitation non réussie de la littérature ; nous devons au contraire savoir si elle a ses propres lois d'expression et de fonctionnement. Par rapport à la littérature,

---

[1] Chklovsky, formaliste russe, propose une théorie sur les lois de transformation de la littérature. Son modèle est celui du kaléidoscope : il postule que les éléments constituant les textes littéraires sont donnés une fois pour toutes, et que le changement réside simplement dans une nouvelle combinaison des mêmes éléments». O. Ducrot, T. Todorov, «Histoire de la littérature», in Dictionnaire encyclopédique des Sciences du langage, Le Seuil, 1972.

elle semble bien être un « ailleurs » en même temps qu'un « à côté », le point de contact étant probablement la rhétorique. C'est pourquoi, du reste, le préfixe para a été choisi - et non pas infralittérature, ou sous-littérature, comme on dit quelquefois, termes qui marqueraient une idée de dépendance, d'infériorité, que nous avons cru devoir éviter ». (J. Portel)[1]

Et la Science-Fiction ?

D'après J. Raabe (elle-même directrice d'une collection de littérature « d'horreur ») et J. Bellemin-Noël[2], c'est la souche du roman exotique du XIXème siècle qui aurait produit une littérature qui sera appelée S.F.. Les premiers récits ne proposent, après tout, qu'une « radicalisation de l'exotisme ».

Des exemples nous présentent les cadres possibles de cette littérature qui n'est pas encore nommée : l'ailleurs et le demain.

Quelques précurseurs sont à noter comme le médecin Charles Defontenay qui écrit en 1854 Star ou Psi de Cassiopée, une utopie. Camille Flammarion (1842-1925), astronome amateur, auteur d'ouvrages de vulgarisation scientifique, malgré cela spirite écrit également des récits imaginaires comme Récits de l'Infini en 1865 ou Uranie en 1889.

A partir de 1890, l'essor est réel[3]. La plupart des auteurs auraient en commun une position idéologique : un rationalisme positif. Dans ce cas il faudrait considérer Villiers de l'Isle Adam comme un contre-exemple. En 1885 avec L'Eve Future, il s'empare du thème de la machine. Bien que subjugué comme Jules Verne par la trouvaille scientifique, Villiers se distingue de celui-ci par sa critique de l'esprit positiviste : rejet de la Science et de ses applications, rejet du progrès matérialiste, rejet de « l'esprit démocratique et bourgeois » (J. Noiray). En tant que

---

[1] J. Portel, «Qu'est-ce que la paralittérature ?», in, Entretiens sur la paralittérature, Plon, 1970, p 16.
[2] J. Raabe, J. Bellemin-Noël, «De l'exotisme à l'anticipation : l'essor de la Science-Fiction», in, Histoire littéraire de la France, tome 5, 1848-1913, Messidor, Editions Sociales, 1977.
[3] On peut citer l'exemple d'Emile-Auguste Driant, qui en 1895, sous le pseudonyme galonné du capitaine Danrit, propose au lecteur une extrapolation militaire et raciste : L'invasion noire. Il est inutile d'en résumer l'intrigue. Avec de la suite dans les idées, il écrit en 1905, L'invasion jaune.

représentant du courant symboliste, Villiers est un héritier des idéaux du romantisme « naturellement hostile à la technique et au progrès ».

Parmi les parrains de la S.F. moderne, on cite Jules Verne. Il est lui, l'exemple même de la croyance en le progrès scientifique. J. Noiray le décrit comme un « accumulateur et condensateur » d'une vision du monde issue de sa société : société bourgeoise de la seconde moitié du XIXème siècle à l'esprit quarante-huitard et Saint Simonien (à l'inverse de Villiers de l'Isle Adam, membre d'une aristocratie déclinante dans cette société bourgeoise). Adéquation à l'esprit de son temps qui explique le succès immédiat de ses parutions. Jules Verne est donc présenté comme le « parrain » d'un genre qui s'est donné un nom plus tard :

« La Science-Fiction correspond aussi à un fait : au bouleversement du monde par la Science. Elle apparaît avec Jules Verne. On écrivit de la S.F. bien avant lui, mais c'est Jules Verne qui en a fait un genre, le roman soumis aux conquêtes et aux techniques de la Science, où l'intérêt se porte, non sur un conflit psychologique, mais sur la réussite d'un exploit technique ». (J. Van Herp, 1975, p 381)[1].

Critiqué par Jules Verne pour son manque de sérieux scientifique, dont J. Verne s'est toujours revendiqué, H.G. Wells (1866-1946), deuxième parrain donné à la S.F., marqué par le darwinisme et le marxisme, élabore à la fois une critique sociale

---

[1] J. Van Herp, Panorama de la Science-Fiction, Marabout-université, 1975. Nous relèverons que J. Van Herp manque de nuance lorsqu'il applaudit à la lecture d'une littérature qui se consacre à «l'exploit technique», qu'il juge donc passionnante, et renvoie le reste de la littérature à une production sans intérêt parce que surtout préoccupée par la mise en scène d'un «conflit psychologique». Intérêt qui lui semble bien futile, laisse-t-il sous-entendre. Rien ne nous permet de taxer l'auteur d'ignorance sur la question de la littérature générale, nous pouvons alors prétendre qu'il s'agit d'un brin de provocation. D'ailleurs, nous trouvons bien souvent dans la bouche des promoteurs de la Science-Fiction, de tels arguments. La littérature générale ne serait pour résumer, qu'un immense réservoir de bavardages snobinards, portant sur des interrogations inutiles, de personnages narcissiques. Ces propos ne sont évidemment pas à prendre «au pied de la lettre», il y a des circonstances qui les laissent se dire. Il y a également des individus du milieu de la S.F. à qui ils sont destinés. Dans la deuxième partie de cette recherche, il s'agira de voir les querelles à l'oeuvre dans le milieu des promoteurs de S.F., et l'on comprendra alors les raisons de ces propos à l'emporte-pièce.

du monde dans lequel il vit et une projection dans un monde futur et imaginaire des théories qui le passionnent. Cela lui vaut d'être présenté de son vivant comme un prophète[1].

On citera encore quelques auteurs, plus ou moins importants de cette époque : Rosny Aîné (Joseph-Henry Boëx, 1856-1940) connu pour le célèbrissime La guerre du feu (paru en 1909 d'après J. Raabe et J. Bellemin-Noël, 1911 selon d'autres sources), roman préhistorique (parmi d'autres romans du même genre). Rosny Aîné a d'abord inauguré sa carrière chez les derniers naturalistes, il écrira, après le succès de ses romans préhistoriques, de l'anticipation. Gustave Le Rouge (1867-1939), écrivain d'aventures spatiales (La guerre des vampires, Le prisonnier de la planète Mars). Maurice Renard (1875-1939), sous la plume duquel apparaît pour la première fois le terme de « merveilleux scientifique ». Albert Robida (1848-1926), auteur de séries dans les fascicules, parodie Jules Verne dans Les voyages très extraordinaires[2]. Jean de la Hire (1878-1956), introduit de l'anticipation scientifique dans ses romans (La roue fulgurante, 1908).

Ce qui frappe à la lecture des titres des romans de cette époque, c'est l'émerveillement (« sense of wonder », dirait-on outre-Atlantique) promis par la Science et par le monde futur qu'elle nous réserve. Mais dans les contenus, des récits apocalyptiques par exemple, la fascination se double d'une inquiétude.

Ces différents auteurs, on les trouve dans un certain nombre de collections et de revues, consacrées essentiellement à l'aventure : « Les voyages extraordinaires », des éditions Hetzel (1867-1910) consacrées à Jules Verne, « les romans

---

[1] On cite quelquefois comme troisième parrain à la S.F., le nom d'E.A. Poe qui se trouve donc au croisement de trois «genres» : S.F., policier, fantastique. Le prestige de cet auteur, sa légitimation (qui doit beaucoup au fait que Baudelaire soit son premier traducteur), explique peut être son «annexion» considérée comme abusive par certains spécialistes de la S.F..

[2] On citera également un certain nombre d'auteurs, moins directement considérés comme des fondateurs : Jules Lermina (1839-1915), José Moselli (1882-1940), André Couvreur, médecin (comme beaucoup d'autres de ses confrères écrivains du domaine du merveilleux scientifique ; profession qui n'est pas caractéristique du recrutement social des écrivains du champ littéraire en général). Maurice Leblanc (1864-1941), R. M. de Nizerolles (Marcel Priollet, 1884- ?), auteur des Aventuriers du ciel, paru sous forme de 108 fascicules, Guy de Téramond (1869-1957), pseudonyme de François Gautier de Téramond.

d'aventures » chez le même éditeur (1884-1905), « les grandes aventures », chez Flammarion (1888-1900) etc... La référence explicite au scientifique, on la trouve chez Fayard, avec la collection « voyages scientifiques extraordinaires » (1892-1894). On trouve également une collection nommée « le roman scientifique », en Belgique (1913). Commercialement, les termes « aventures », « voyages », paraissent bien plus « porteurs » que le terme « scientifique » (si l'on en croit la sur-représentation des premiers, et la faible durée de vie des collections au mot-clé « scientifique »). La référence à l'insolite, au mystère, au bizarre se remarque également avec « les récits mystérieux » (Mericant, 1912-1914), « romans mystérieux » (1927-1950) de Tallandier[1], ainsi que sa collection « grandes aventures, voyages excentriques » (1936-1937).

Outre les collections, des revues publient ces genres : « L'illustration théâtrale », puis « La petite illustration » (1905-1940), « Je sais tout » (1905-1939), « Le journal des voyages » (1877-1949), « Lectures pour tous » (1898-1940), et enfin, les deux revues, « La science illustrée » (1887- ?) et « Sciences et voyages » (1919-1936)[2].

Dans les années trente, le succès de ce qu'on appellera plus tard « Science-Fiction », les romans mystérieux ou scientifiques, diminue.

« Entre les deux guerres, la production de S.F., peu à peu décroît. Paradoxalement peut-être, l'émerveillement devant le prodige scientifique s'amenuise à mesure que le rôle social de la Science s'accroît ». (R. Bozzetto, 1977, p 735)[3]

R. Bozzetto attribue à un changement idéologique le ralentissement des productions du genre, mais il faudrait tout de même ajouter que si le nombre de romans publiés s'effondre pendant l'entre-deux-guerres, c'est peut-être, plus simplement,

---

[1] Les maisons d'édition Tallandier (créée en 1900) et Ferenczi (créée en 1921) sont les deux fleurons d'une littérature populaire qui ouvre ses portes, dans les collections, sans la différencier de l'aventure et du voyage, à ce qu'on appelait alors « anticipation », « roman scientifique » ou merveilleux scientifique ». On remarquera que Ferenczi disparaîtra dans les années cinquante. Tallandier qui existe encore aujourd'hui, subira une baisse de ses parutions.
[2] source : Delmas-Julian, Le rayon S.F., Milan, deuxième édition, 1985.
[3] R. Bozzetto, «La Science-Fiction en France depuis 1914», in, Histoire littéraire de la France, de 1913 à nos jours, Messidor, Editions Sociales, 1977.

parce que nombre d'auteurs sont morts pendant la première guerre ! Malgré cette remarque, le désintérêt pour la Science est évident. Désintérêt qui va pour un certain nombre d'écrivains jusqu'au rejet. Nous sommes dans une époque où sont rejetées les valeurs optimistes du XIXème siècle : libéralisme, rationalisme, scientisme. Rejet des valeurs qui ont précédé la première guerre mondiale. C'est dans ce contexte qu'éclate la révolte surréaliste, mouvement qui recherche l'inspiration dans le merveilleux, le rêve, l'inconscient. Valeurs romantiques qui avaient été redécouvertes par les symbolistes (André Breton, avait d'ailleurs commencé son activité littéraire en écrivant des poèmes symbolistes).

En dépit de la présence d'auteurs comme Régis Messac ou Jacques Spitz, le roman scientifique, l'anticipation, perdent leurs particularités.

« Nous sommes alors en France à un moment de l'histoire où la bourgeoisie nationale a besoin de stabilité pour se remodeler : le refus de toute innovation passe pour sagesse politique. Et dans la S.F., l'invention scientifique - prudente extrapolation - n'est bien souvent que le coup de pouce qui permet le récit ». (R. Bozzetto, 1977, p 736)

Jacques Spitz (1896-1963), avec L'agonie du globe, La guerre des mouches, Les évadés de l'an 4000, produit des romans sur le thème de la fin du monde, de l'invasion d'insectes mutants et surtout sur le thème symptomatique de la dictature scientifique. Régis Messac (1893-1945) (mort en déportation) explore en 1934 avec Quinzinzinzili le thème de la guerre et de ses conséquences.

L'antiscientisme, c'est également un reproche fréquemment fait à René Barjavel (1911-1985), dernier représentant de cette tendance française avant l'arrivée de la vague américaine. Ravage, paru en 1943, a pour décor la guerre, et pour thème le retour à la nature d'un certain nombre « d'élus », après le retour à la sauvagerie d'une société urbaine victime d'une catastrophe (disparition de l'électricité). Auteur « maudit » de la S.F. française en raison de ses professions de foi réactionnaires (la parution de Le voyageur imprudent dans « Je suis partout », en a été la preuve), il ne s'est jamais revendiqué comme appartenant au genre. Si on le considère comme un maître de celui-ci, il a néanmoins une place à part.

Le concept de genre :

Le concept de « genre » si on l'utilise très couramment lorsque l'on est amené à s'intéresser au fait littéraire, ne va pas sans poser des interrogations. Pour le sociologue comme P. Parmentier, qui s'interroge sur la question, il s'agit de savoir s'il est recevable d'utiliser les concepts de genres, comme des concepts sociologiques neutres[1]. Il est vrai qu'ils nous sont fournis par différentes instances de l'institution littéraire. La recherche universitaire nous en donne un corpus et une description. Les diffuseurs, libraires, éditeurs en donnent des limites. Les instances de légitimation en excluant certains de ces genres du domaine de la littérature cultivée, les définissent.

Cela ne signifie pas qu'ils soient figés, qu'il n'y ait pas homogénéité de la production (à l'intérieur d'un même « genre », il existe des différences qualitatives et de consommation), qu'ils ne soient pas discutés par les producteurs et diffuseurs spécifiques (puisque distribués sur des supports spécifiques).

U. Eisenzweig[2], à propos du roman policier, nous fournit un éclairage du problème auquel on se heurte avec cette notion de genre. Ainsi, dans le cas de cette littérature, le concept (de « littérature policière ») apparaît plus tard que les premiers textes qu'il prétend représenter. Puis, « les définitions successives ont un lien problématique avec la réalité des oeuvres individuelles » (Eisenzweig, 1983, p 7). L'histoire que reconstitue U. Eisenzweig est celle de la perception du roman policier comme genre, et de sa critique. Elle vient nous éclairer sur les motifs de la formation du terme de « genre » appliqué à un corpus plus ou moins homogène.

Au sein de la production feuilletonesque du XIX ème siècle, l'usage d'étiquettes pour qualifier les oeuvres était courant (pour des raisons purement commerciales). Le roman judiciaire avait alors les caractéristiques de ce qui allait finir par être nommé, à la fin du siècle, « roman policier » ; à la même époque, les précurseurs de la S.F. se trouvent nommés « anticipation », « merveilleux scientifique ». Alors que rares ont été les critiques

---

[1] P. Parmentier, «les genres et leurs lecteurs», in, <u>Revue Française de Sociologie</u>, vol XXVII, 1986.
[2] U. Eisenzweig, «introduction : quand le policier devint genre», in, <u>Autopsies du roman policier</u>, ed 10/18, 1983.

qui perçoivent les particularités d'une telle production (en 1856, les Goncourt « auront la prémonition d'un genre nouveau »), soudainement, un nouveau terme s'impose, la critique s'empare d'un nouvel objet, entame une recherche en paternité. En 1890, dans la presse anglo-saxonne, apparaît l'expression de « littérature policière » ramenée à un genre spécifique. Et, c'est à E. Poe et Gaboriau que l'on donne, rétroactivement, une cinquantaine d'années après la parution de leurs écrits dits « fondateurs », le titre de « pères du roman policier »[1]. En même temps, la critique vient légitimer l'idée de genre : en s'intéressant à l'ensemble du phénomène et non pas à un auteur ou à une oeuvre. C'est alors le début de la ségrégation, note U. Eisenzweig. Les premiers articles viennent condamner sous des prétextes d'immoralité la littérature policière (type de critique très répandu, en particulier en ce qui concerne les littératures non-reconnues). Et c'est à ce moment que les thèmes criminels s'inscrivent dans la vraie littérature. La ségrégation s'impose. Malgré tout, des critiques « bienveillantes » se font jour. Elles sont favorables au policier, mais lui attribuent des qualités autres qu'esthétiques, ce qui ne fait qu'entériner son classement en dehors de la Littérature (puisqu'on lui réserve une lecture savante particulière). C'est « l'insistance sur le rapport au jeu ». On insiste sur le côté ludique, donc non-sérieux de cette littérature. Dans ces années 1920-1930, cette notion de jeu est poussée à son extrême lorsque les critiques commencent à déterminer les « règles » qui marqueraient l'unité du genre, ce qui est loin d'être vérifié[2]. Cette période d'élaboration de règles par la critique, correspond à un essor important de la production, à son « Age d'Or ».

Ce que nous enseigne U. Eisenzweig, c'est que la constitution de la littérature policière en tant que genre répond à un besoin diffus des instances légitimantes de la littérature (à savoir, essentiellement, la critique) : décrire par le menu une littérature

---

[1] «Ce n'est pas Poe qui a crée le policier, c'est le policier qui pour naître réclame un parrain» (U. Eisenzweig, 1983, p 11).
[2] «...il est tentant de recourir à une observation assez commune. Le genre répond à un code rigoureux qui fixe étroitement les règles d'élaboration du récit, comme d'ailleurs certaines conventions de lecture. De là proviendrait son unité profonde. En fait, cet argument résiste mal à l'analyse. C'est que l'évolution du policier s'est régulièrement accompagné de transformations - et parfois fortes - du code. Nous sommes donc renvoyés par ce biais à la variété plus qu'à l'unité.» (J. Dubois)

qui n'est pas La littérature, c'est définir « négativement ce qu'est la bonne » ; l'auteur nous donne en exemple une spécificité formelle du policier par rapport au roman réaliste, c'est l'inversion de la chronologie : dans le roman policier, la fin - qui correspond au crime - précède le début (l'origine). Et puis, nous dit U. Eisenzweig, si l'idée de littérature de genre a une telle portée négative dans notre esprit contemporain, c'est bien que le policier est une mauvaise littérature parce que « constituée en catégorie ». Et c'est là que l'on peut trouver la raison de la catégorisation, de l'enfermement d'une littérature :

« C'est le nommer, l'exorciser, rétablir la hiérarchie des choses, la sécurité des valeurs ». (U. Eisenzweig, 1983, p 25)

Car, la catégorisation et mise à distance du policier, c'est la protection d'un champ littéraire alors en crise. En effet, le policier explose au moment où le champ littéraire se restructure, rejette « l'héritage balzacien du roman réaliste et de son ultime métamorphose, le roman naturaliste » (1983, p 23), et redécouvre spiritualité, métaphysique autour des romanciers psychologues et des symbolistes.

La constitution d'une littérature en « genre », sa catégorisation, est directement liée à l'histoire du champ littéraire dans son ensemble. Cette littérature se retrouve enfermée au moment même où ses prétentions hégémoniques mettent en danger un champ en pleine transformation. Nous ne pouvons nous empêcher de faire la relation avec les circonstances de l'apparition d'un terme du vocabulaire spécialisé de l'analyse littéraire, celui de « paralittérature ». Parce que nous dit M. Angenot, ce terme comme quelques autres (infra-littérature, contre-littérature), apparaît lorsque le champ littéraire se transforme (dans les années soixante), ils semblent vouloir réorganiser le champ « au moment même où le concept traditionnel de littérature se brise » (M. Angenot, 1975, p 5). En fait, c'est aux marges, aux exclus de la littérature que l'on fait appel pour la définir. Classer, répertorier, analyser la paralittérature, c'est faire apparaître en négatif La littérature. A la manière de M. Angenot pour le concept de paralittérature, U. Eisenzweig nous signale que l'on peut saisir le concept de genre, l'histoire du concept et du genre lui-même, qu'en relation avec l'histoire du champ littéraire.

Ce n'est pas le projet que nous avons pour cette recherche, mais nous pouvons néanmoins essayer de nous interroger, à partir des hypothèses de U. Eisenzweig sur le roman policier, sur le cas de la S.F.. Si l'on fait remonter le genre à Jules Verne et H.G. Wells, si les auteurs précédemment présentés sont également considérés comme des précurseurs à des degrés d'importance variable, la terminologie caractérisant le genre n'était pas fixée, même là où elle aurait pu l'être pour des raisons commerciales (titres de collections...). Les frères Rosny, pour qualifier leur oeuvre, parlent de « merveilleux scientifique », H.G. Wells utilise le terme de « scientific romances ». Termes voisins mais qui ne renvoient peut-être pas à la même chose. Celui de H.G. Wells est assez neutre, celui des frères Rosny, avec sa connotation positive (la science comme source d'émerveillement), ne va pas sans nous rappeler les débuts littéraires du frère aîné auprès du mouvement naturaliste[1], et les tenants idéologiques qui en résultent (foi dans le progrès...). Le terme d'anticipation sera utilisé par les Français jusque dans les années cinquante, « en même temps que s'affirmait la primauté anglo-saxonne en ce domaine, la SCIENCE-FICTION a remplacé l'anticipation et il conviendrait de réserver ce dernier terme à des oeuvres plus anciennes » (Dictionnaire des Littératures).

A l'opposé de ce courant pour le moins pessimiste, aux USA, la littérature d'inspiration scientifique entre dans son « Age d'Or ».

C'est en 1926, aux USA, qu'Hugo Gernsback invente le terme de « scientifiction ». Les lecteurs de sa revue choisiront en 1929 celui de « Science-Fiction ». Il apparaît pour la première fois en France en 1950, dans un article du Figaro, signé du critique Claude Elsen : « La Science-Fiction remplacera-t-elle le roman policier ? ». Il est amusant de voir que par le titre du premier article traitant d'une nouvelle littérature lui attribue déjà un statut, celui de littérature de genre.

En 1951, R. Queneau écrit l'article : « Un nouveau genre littéraire : les sciences fictions ». Suivront des articles signés Audiberti, Butor et Vian. C'est ce dernier qui défendra le genre avec le plus d'entrain ; il signera plusieurs articles véritablement partisans, et fera également des traductions, dont celle de Van

---

[1] Il a d'ailleurs été le premier président de l'Académie Goncourt, créée en 1896 sous l'impulsion des naturalistes.

Vogt. Il est aujourd'hui fréquent d'entendre des membres du milieu S.F. se glorifier de tels parrainages.

« Il ne faut pas oublier que dans les années cinquante, au moment justement où commençaient à se créer des collections et où le public était très intéressé. Il était intéressé sans doute spontanément mais aussi parce qu'il y avait des grands noms, Boris Vian, Raymond Queneau, Michel Butor » (entretien avec Jacques Chambon, directeur littéraire de « Présence du Futur »).

Cependant, le prestige vient, a posteriori, de l'image actuelle d'écrivains comme B. Vian dans l'esprit du public cultivé. Il y a un décalage par rapport à leur situation dans le champ littéraire de l'époque, situation relativement marginale (exception faite de R. Queneau). Si nous tentons de restituer les choses dans leur contexte, nous pouvons noter que c'est au moment où le champ littéraire se restructure, et parmi ses « forces de renouvellement », que le genre fait des adeptes. Des auteurs « traditionnels », déjà reconnus s'étaient essayés à la littérature d'inspiration scientifique, mais avant qu'elle ne soit considérée comme un genre à part entière. Ce fut le cas d'André Maurois avec : Le voyage au pays des Articoles (1928), Le peseur d'âmes (1931), La machine à lire les pensées (1937), décrits par les spécialistes comme des utopies ou de l'anticipation. Léon Daudet (1867-1942) s'y est également essayé avec Le Napus, fléau de l'an 2227 (1927), puis Les Bacchantes (1931). Bien que le premier soit encore en activité lorsque la S.F. fait irruption dans la presse, ce n'est pas de ce côté du champ que le genre trouve des adeptes. C'est un fait qui semble démontrer que l'histoire de la S.F. écrite par les spécialistes, qui décrivent une filiation entre littérature d'inspiration scientifique française (appelons la ainsi), et S.F. anglo-saxonne, est une reconstruction plus qu'une réalité. Il y a un gouffre entre les deux littératures pourtant contemporaines. C'est donc parmi les représentants des nouvelles tendances littéraires que la S.F. fait son nid. Et c'est comme une nouveauté qu'elle est reçue, et comme une nouveauté américaine. Michel Butor, représentant du Nouveau Roman, partisan d'une recherche sur le langage littéraire inspirée par les mathématiques, Boris Vian, importateur de productions américaines, occupent la position des aspirants à une carrière littéraire.

Promouvoir la S.F. (comme le « polar ») procure un double avantage à des écrivains comme Vian. D'abord s'inscrire dans la modernité que véhicule l'image de l'Amérique, sans pour autant être soupçonné de complaisance vis à vis d'un pays envers lequel le regard doit être critique (rejet de l'impérialisme américain chez les intellectuels, forte influence du parti communiste hérité de son rôle dans la résistance, rejet du maintien des troupes américaines en Europe). Car, il faut bien relever que la S.F. présente des thèmes, des contenus, des préoccupations nouvelles, susceptibles de venir renouveler la littérature (rappelons d'ailleurs les théoriciens de la littérature, pour lesquels les « paralittératures » sont des sources de renouvellement de la littérature), et en harmonie avec les interrogations du temps (sur les sciences et les techniques). Et puis la S.F. qui arrive en France, si elle a déjà une histoire, est reçue en France comme un bloc, sans distinction entre les tendances pourtant installées aux USA. Des spécialistes, membres du milieu S.F., nous apprennent qu'était reçue la « S.F. Campbellienne »[1], avec son idéologie de la Science toute puissante et la S.F. « à la Galaxy »[2], ironique, satirique et

---

[1] Le développement de la Science-Fiction doit énormément aux revues, aux «pulps» (revues imprimées sur du mauvais papier). La revue la plus importante, celle qui a permis la parution sous forme de feuilletons et de nouvelles des plus grands auteurs de la période dite de «l'Age d'Or», est «Astounding» lancée en 1930, dirigée à partir de 1938 jusqu'en 1971 par John W. Campbell. Les auteurs découverts par ses soins ne sont pas des moindres : Isaac Asimov, Alfred Van Vogt, Robert Heinlein, Théodore Sturgeon, Clifford Simak. Jusque dans les années cinquante Campbell donne sa préférence à une S.F. «prédictive», technologique, sans négliger la qualité littéraire. Il essaie de distinguer sa revue des revues populaires aux «couleurs criardes». Très conservateur, J.W. Campbell participe à la diffusion des valeurs de l'Amérique triomphante jusque dans les années cinquante, moment où son influence sur la S.F. s'estompe. C'est l'époque où il se dévalorise aux yeux de beaucoup par son appui à la dianétique, théorie lancée par un autre auteur de S.F. : L. Ron Hubbard.

[2] Avec les années, le genre a mûri, le milieu qui permet sa promotion est constitué, des concurrences s'affirment. Les revues «Galaxy», «Magazine of Fantasy and S.F.» drainent le public des amateurs de S.F.. D'après Marcel Thaon une des caractéristiques de cette nouvelle S.F. réside dans l'idéologie : on y lit le renversement de l'optimisme technique et scientifique en son contraire. Il voit dans Hiroshima le véritable propagateur des peurs post-atomiques et de l'installation d'une méfiance croissante face à la Science. (M. Thaon, «Psycho-histoire de la Science-Fiction», Science-Fiction et psychanalyse, Dunod, 1986.
«Galaxy», c'est également la satire, «des récits sophistiqués où les coutumes de vingt-cinq ans de Science-Fiction sont l'objet de réévaluations constantes» (M. Thaon). Récits qui pastichent les thèmes les plus classiques de la S.F..

surtout avec une vision du monde beaucoup plus pessimiste quant aux effets de la Science (cf : l'effet traumatisant d'Hiroshima), critique vis à vis de la société américaine. Il est certain que même la S.F. la plus traditionnelle de « l'Age d'Or », ne pouvait être perçue qu'à travers le prisme déformant du courant parodique, trés minoritaire, et en porte à faux par rapport à « l'Age d'Or ». En effet, les deux revues traduites en français, sont « F and S.F. » (« Fiction ») et « Galaxy » (« Galaxie »). La revue « Astounding » de J. Campbell n'a pas eu de traduction française. Nous ajouterons que la collection « Présence du futur » compte parmi les premiers textes publiés un recueil de nouvelles de Campbell, mais aussi plusieurs romans de R. Bradbury et de F. Brown (dont le très satirique : <u>Martiens go home !</u>, titre original qui en dit long). Nous pourrions objecter cette hypothèse en relevant le fait que Vian a traduit Van Vogt qui est un auteur découvert par Campbell. Cependant, si Van Vogt a bien produit des oeuvres plutôt banales à ses débuts dans les années quarante, il s'est vite orienté vers des oeuvres complexes, pleines de rebondissements, et « nourries de sources aussi confuses que disparates »[1] ; Van Vogt se distingue comme quelques autres auteurs de S.F., par son intérêt vers des philosophies, croyances et religions nouvelles. Nous trouvons ici une autre explication de l'intérêt de touche-à-tout comme Queneau et Vian pour la S.F. : le côté étrange et loufoque, à la Van Vogt et Brown (dans un genre différent), qui se traduit par le développement des thèmes de l'insolite dans « Fiction » (phénomène purement français). Cela explique également l'intérêt porté par les derniers surréalistes à la S.F.. B. Vian, M. Butor, qui sont en début de carrière[2],

---

Lorsque le milieu est constitué, peuvent s'exprimer des critiques vis à vis de son fonctionnement, de ses «moeurs». En 1955, par exemple, Fredric Brown écrit <u>L'univers en folie</u>, où il pastiche le milieu de la S.F. autour du personnage du rédacteur en chef de revue. A l'époque «Galaxy» et «F and S.F.» ouvrent leurs pages à des auteurs qui produisent depuis déjà plusieurs années (Heinlein, Sturgeon, ainsi que Bradbury, Clarke, Blish, Leiber...).

[1] S. Barets, <u>Catalogue des âmes et cycles de la S.F.</u>, Denoël, coll. Présence du futur, 1981.

[2] Cela est important à noter, parce que comme le dit J. Amelon («La Science-Fiction dans la France des années cinquante, un américanisme support d'une acculturation», I.E.P. Paris, 1990-91, mémoire de DEA) ils prennent moins de risques à soutenir un genre nouveau, que n'en prendraient des écrivains reconnus.

peuvent donc, par un phénomène analogue à la « lecture au second degré » des lecteurs cultivés, s'emparer d'une production qui contient déjà intrinsèquement une distanciation par rapport à sa propre histoire (d'autant plus que cette « distanciation » n'est pas connue de ces lecteurs). B. Vian déclare dans un article que la S.F. peut permettre de faire une jonction entre les deux publics : le populaire et le cultivé. Ce qui sous-entend, peut-être, un projet personnel quant au lectorat visé dans sa propre oeuvre.

Nous ne pourrons que poser quelques hypothèses sur les raisons pour lesquelles des écrivains comme Boris Vian n'hésiteront pas à essayer d'éveiller l'attention du public cultivé pour le genre. Ce « parrainage » accorde de multiples bénéfices. B. Vian et les nouveaux venus en littérature, reçoivent un certain profit symbolique en se faisant les défenseurs de la culture américaine dont la S.F. fait partie. On acquiert l'image même du modernisme (indispensable lorsque l'on est un prétendant à l'entrée dans le champ littéraire) en défendant une littérature nouvelle, issue d'un pays moderne (on se place donc en opposition à la « tradition » littéraire, ancienne donc, et européenne). Littérature importée qui a une certaine légitimité, celle de l'exotisme. On marque ses préférences pour une production qui dispense des valeurs modernes, et critiques par rapport à une idéologie réprouvée. On se donne également une image d'ouverture vis à vis des cultures dominées (encore une manière de se revendiquer moderne, en opposition aux valeurs traditionnelles et bourgeoises de la littérature reconnue), et ce d'autant plus facilement que la distance culturelle, et plus prosaïquement géographique, éliminent le désavantage de la compromission. Car il s'agit d'une littérature non-légitime, parce que nouvelle, mais étrangère, comme les « polars » noirs que B. Vian traduit avant de parodier, comme le jazz qui ajoute « l'avantage » d'être le produit culturel original d'une population opprimée, alibi irrécusable en ces temps d'anti-américanisme. Les spécialistes en littérature ajouteront comme intérêt à la S.F., le renouvellement de la littérature par ces nouveaux thèmes et contenus. Il est vrai que quelques auteurs vont essayer de développer des arguments considérés comme typiquement S.F. : Vian, Queneau, Ricardou, Butor...

Le qualificatif « Science-Fiction » renforcé ou non par ce (bref) passage entre les mains des écrivains aujourd'hui reconnus (et qui viennent a posteriori, apporter la caution de prestigieux alliés), persistera malgré les secousses des années post-soixante-huitardes.

L'illégitimité de la Science-Fiction :

La S.F. serait un genre illégitime puisqu'exclu, par les différentes instances de légitimation du champ littéraire : critique, univers scolaire et universitaire, institutions littéraires (prix, académies...). En effet, la majeure partie de la S.F. n'est pas critiquée dans les pages de la grande presse seulement une infime partie se trouve l'être, mais dans des lieux qui lui sont réservés : une page dans le « Magazine littéraire », quelques paragraphes dans « Lire », quelques articles épisodiques dans « Le Monde », toujours en compagnie («en mauvaise compagnie ») du « polar » et des autres genres, et toujours signés par des spécialistes (le critique de littérature générale ne s'aventure pas - ou plus - du côté de ce genre). Il n'est que la presse pour étudiants et lycéens ainsi que celle consacrée aux jeux de rôles pour accorder une place imposante à la S.F..

Mais nous pouvons reprendre la remarque de M. Lits[1] sur le cas du roman policier, la S.F. n'est pas complètement exclue du domaine universitaire. Quelques thèses en lettres et en psychologie lui ont été consacrées depuis les années soixante-dix. L'une d'elle a été écrite par Christine Renard-Cheinisse[2], personnage marquant de la constitution du milieu de la S.F., et écrivain elle-même. Cette association entre acteurs dans la promotion (écrivains, éditeurs, critiques) du genre et université n'est pas isolée, elle peut quelquefois, poser le problème au chercheur de l'objectivité des textes auxquels il est obligé de se référer. Illégitimité, non-reconnaissance d'une littérature qui se trouve parquée dans les dictionnaires et histoires littéraires dans les domaines balisés du populaire, de la littérature de masse, de la paralittérature. Mais au nom de quoi exclut-on un genre ?

---

[1] M. Lits, Le roman policier, introduction à la théorie et à l'histoire d'un genre, Editions du Céfal, Liège, 1993.
[2] C. Renard-Cheinisse, Etudes des fantasmes dans la littérature dite de Science-Fiction, Paris Sorbonne, thèse de 3ème cycle, 1967.

P. Parmentier[1] nous parle de « l'effet catégorie » qui désigne comme mineurs un certain nombre de genres :

« ... S'agissant de textes comme de beaucoup d'autres choses, pas de typologie sans hiérarchie : pas de vraie littérature ou littérature du second rayon, pas de genres nobles sans genres inférieurs. Une oeuvre est jugée d'avance parce que son genre est jugé d'avance ». (P. Parmentier, « Les mauvais genres », 1992, p 27)

Et si une oeuvre trouve grâce aux yeux de la critique, du lecteur cultivé, c'est parce qu'elle « s'élève au dessus du genre » (P. Parmentier). Nous citerons alors Jacques Chambon, directeur littéraire de la collection « Présence du futur », qui dans un entretien nous disait :

« Il y a beaucoup de journalistes, c'est typique d'un certain parisianisme cela, qui jugent du haut de leur pseudo-culture, pour ne pas dire quelquefois de leur inculture, pour dire « la SCIENCE-FICTION c'est nul, mais par hasard, il est arrivé sur mon bureau un livre qui relève du genre, mais alors qui le dépasse largement, parce que c'est une fable, c'est ceci c'est cela », mais qui n'en ont jamais lu de manière sérieuse (...). Pas plus tard qu'il y a une semaine, ou 15 jours, je lisais un article de Mona Ozouf dans le « Nouvel Observateur » sur le bouquin d'Isi Beller, Le feu sacré, où elle disait « je suis allergique à la SCIENCE-FICTION »... (elle l'avouait finalement) « qui nous engage dans ses plates programmations, il n'y a rien à découvrir ». Et à partir de là elle disait : « le livre d'Isi Beller en relève, mais le dépasse tellement ». C'est un discours rigoureusement imbécile, qui repose sur l'ignorance, sur l'incompétence, sur la non-pratique d'un genre, qui, comme toutes les autres littératures à ses sommets et ses creux. Les critiques ont toujours ce genre de discours, par exemple quand on parle de Bradbury : « Oh Bradbury c'est bien au-delà de la SCIENCE-FICTION c'est bien au-delà du Fantastique ». Lui, il dit « non moi j'écris de la Science-Fiction, j'écris du Fantastique. Et parce que c'est moi qui écris, et que j'ai un univers personnel, ça peut paraître au-delà du genre, mais en fait ça en relève parfaitement ».

---

[1] P. Parmentier, «A mauvais genres, mauvais lecteurs ?», Les Cahiers des Paralittératures, n° 3, Actes du colloque «Les mauvais genres» du 25 nov 1989, Ed. du Céfal, Liège 1992.

Remarquons bien que les auteurs de S.F. encensés par la critique ne se contentent pas de « sortir du genre », mais de le « dépasser », « d'aller au-delà », de le laisser à son misérable sort de littérature répétitive. Nous conviendrons que la sanction de la critique du « Nouvel Observateur » est douloureuse. Il s'agit d'ailleurs d'une double sanction, parce que le statut du critique littéraire est ici double : Mona Ozouf écrit son article en tant que critique littéraire certes, mais elle est aussi historienne, universitaire. Deux pôles de l'institution légitimante s'expriment à travers elle. Et puis, autre sanction, tout aussi douloureuse, c'est que cette condamnation s'écrit dans les pages du « Nouvel Observateur », magazine « de gauche », ce qui a de quoi attrister une partie de la S.F., plutôt à gauche, qui aurait pu attendre d'un représentant de ce courant politique un peu moins de conservatisme culturel. Notons également à travers la critique de Jacques Chambon d'une certaine « intelligentsia parisienne » que la consécration passe par Paris, capitale et siège des institutions légitimantes littéraires.

La condamnation contenue dans cette critique relatée plus haut, est celle de la répétitivité, voire de la stéréotypie. Argument de rejet portant sur l'esthétique, déjà largement utilisé à l'égard de la « littérature populaire » et qui est donc avancé en ce qui concerne les littératures « de genre ».

« L'organisation textuelle elle-même est ancrée par la répétition, synchronique et diachronique, à l'oeuvre dans les paralittératures, qui l'inscrit dans des genres ou des sous-genres, met en valeur des scènes typiques, exploite des scénarios de base, narratifs ou culturels. Cela s'oppose à l'originalité valorisée et nécessite aussi bien le refoulement de multiples textes que l'affirmation de la contradiction entre genre et oeuvre littéraire ». (Y. Reuter)[1]

Y. Reuter le note, l'image de l'écrivain est inscrite dans toute une mythologie de l'inspiration, de la révélation, dont l'écrivain de genre « mineur » est quant à lui exclu. Il n'est pas admis à partager cette imagerie de l'inspiration, du caractère exceptionnel génial de la création littéraire. Du côté du prosaïque et du vulgaire, il n'est pas écrivain, il est auteur, il n'a pas des

---

[1] Y. Reuter, «Littérature / Paralittératures : classements et déclassements», in, Les Cahiers des Paralittératures, n° 3, Actes du colloque «Les mauvais genres» du 25 nov 1989, Ed. du Céfal, Liège 1992, p 41.

« pratiques d'écriture », mais des « techniques » (Y. Reuter), il ne fait pas de la littérature mais de la « littérature industrielle ». L'écrivain des mauvais genres voit sa production rejetée d'un point de vue esthétique, parce qu'on y voit trop la marque de fabrique.

« ...Les pratiques d'écriture seront présentées comme des techniques, soumises à une demande c'est-à-dire opposées à l'autonomie du créateur et à la nécessité créative (qu'elle soit posée en termes mystiques ou psychanalytiques). Le scripteur est un fabricant, au mieux un artisan, jamais un artiste. Il se révèle un agent social, repérable et tributaire d'obligations communes, et non plus un individu exceptionnel. Les paralittératures ancrent leurs producteurs dans le social, ce que la littérature - au prix de l'occultation d'un grand nombre d'écrivains et de nombre de pratiques matérielles tente de refouler... » (Y. Reuter, 1992, p 41)

Si les instances légitimantes rejettent les genres mineurs, au nom d'une esthétique « trop transparente » - on y voit trop la répétition, la technique - c'est également un public spécifique qu'on lui reproche.

Il semble que ce qui caractérise le lectorat des genres illégitimes c'est qu'il subit les « mauvais effets » de cette littérature, pour reprendre l'expression de P. Parmentier, et qu'il en fait un mauvais usage.

Mauvais effets d'une littérature qui, en tant que genre mineur, aurait tendance à étaler les sentiments les plus bas, les préjugés les plus repoussants, et propose une évacuation des problèmes quotidiens par l'évasion, l'illusion - problèmes auxquels il faudrait faire face lucidement.

Si l'on s'exerce à une victimologie du genre illégitime, on trouve le peuple (on dénonce « un complot contre la conscience de classe ouvrière »), l'enfant, et la femme « toujours susceptible de bovarysme » (P. Parmentier). A ce propos, il faut lire les analyses que Bruno Péquignot[1] fait des articles et critiques consacrés au roman sentimental à destination d'un public féminin. Le mépris est le point commun entre les différentes sources de commentaire, savant ou non-savant, du roman

---

[1] B. Péquignot, La relation amoureuse. Analyse sociologique du roman sentimental moderne, L'Harmattan, coll Logiques Sociales, 1991.

sentimental[1]. Mépris d'un lectorat qui est un mépris de classe, nous dit l'auteur ; et c'est bien de mépris de classe dont il est question à propos des différentes lectures faites sur les genres illégitimes. B. Péquignot rapporte un commentaire réalisé par un psychanalyste sur le roman sentimental et qui ne va pas sans nous rappeler une anecdote concernant la S.F.. Le roman sentimental serait pour les femmes l'équivalent du roman pornographique pour les hommes (en proposant un matériel fantasmatique approprié à des rêveries plus ou moins actives...). Et, ce qui fait réagir B. Péquignot, c'est que le psychanalyste en question prétend que les femmes ne se rendraient pas compte de ce dont il s'agit. Ce passage nous rappelle donc un épisode dont nous avons été témoin en réalisant cette recherche dans le milieu des promoteurs de S.F.. Un spécialiste (non-universitaire) à qui nous demandions des précisions sur le lectorat de la S.F., ne s'est pas étendu sur le cas du lectorat le plus populaire, et s'est débarrassé de la question en en parlant comme d'un lectorat de gare, qui finalement ne méritait pas d'être considéré comme « lecteur » parce qu'il « lit de la S.F. sans avoir conscience que c'est de la S.F. ». Ce qui prouve bien, s'il en était besoin, que le mépris de classe à l'égard du lectorat socialement et culturellement dominé trouve son expression jusqu'auprès des amateurs des genres dominés : la particularité de ce lectorat populaire, est qu'il lit en dehors de la conscience.

C'est également ce que note Y. Reuter à propos de la description que l'on fait des lecteurs des mauvais genres : « lecture gloutonne », lecture donc irréfléchie, sans recul, qui ne prend pas le temps de construire une critique. « Mauvais usage » dit P. Parmentier, de la littérature, de la part de lecteurs passifs qui ne respectent pas l'usage légitime enseigné à l'école. Le lecteur de genre illégitime « ne lit pas le texte comme il attend d'être lu » (P. Parmentier), il ne lit pas de manière orthodoxe. C'est que le lecteur de genre est formé par le genre. Sa lecture présuppose une véritable initiation, un parcours : « A tel point le

---

[1] Les positions tenues par différentes instances ayant des degrés de légitimité différents, sont proches et redondantes, et traduisent le mépris du lectorat féminin et/ou populaire ; les arguments utilisés valent pour le genre sentimental, mais ils sont pratiquement interchangeables avec ceux qui concernent la littérature populaire du XIXème siècle, et avec ceux qui concernent certains genres illégitimes, certes moins «refoulés» que le sentimental.

lecteur lit par rapport aux autres textes lus avant celui-ci, à tel point la lecture dépend de la connaissance du fonds commun propre au genre » (P. Parmentier). La distinction entre pratiques de lecture du mauvais genre et pratiques de lecture de la Littérature, rejoint la distinction entre la qualité des lecteurs que l'on trouve dans les descriptions des lectorats :

« Le public des paralittératures fait aussi l'objet d'un repérage acharné (...) aussi bien de la part de ses producteurs que de ses analystes. Ce repérage est d'ordre quantitatif (on insiste sur sa masse) et d'ordre qualitatif (on souligne le faible capital culturel et le statut social du lectorat, voire son sexe et son âge). Ce repérage, en tant que tel, s'oppose à l'image du lectorat littéraire, défini paradoxalement par sa valeur individuelle et par son universalité et son intemporalité, mais échappant soi-disant aux classements puisque la littérature s'adresse à tout homme de goût ». (Y. Reuter, 1992, p 41)

La valeur culturelle des productions culturelles, leur degré de légitimité sont dépendantes de la place dans la hiérarchie sociale du lectorat moyen des productions. Si les enquêtes sociologiques confirment ce dernier fait[1], il faut néanmoins modérer cette affirmation. D'abord, un même individu consomme à des niveaux de légitimité culturelle différents, et certains produits sont consommés par des lectorats socialement très différenciés (ce qui explique, par exemple, la lecture au second degré, la consommation « distanciée »).

En ce qui concerne la légitimité culturelle des genres, il faut noter qu'il n'y a pas forcément homogénéité dans la valeur socialement attribuée au sein des différents produits étiquetés comme appartenant à un même genre. Ainsi, dans son article paru dans la Revue Française de Sociologie, P. Parmentier se propose de distinguer les différentes productions du même genre en « S.F. cultivée », « S.F. bis » (qu'il préfère au terme « populaire »), « en référence délibérée à un certain étiquetage ». On touche alors au problème de l'identification du statut culturel des oeuvres par les caractéristiques intrinsèques du livre en tant qu'objet (indices qui viennent s'ajouter au discours produit sur le genre par les instances externes au produit, c'est-à-dire monde scolaire et universitaire, critique littéraire..., et au discours

---

[1] P. Parmentier, «les genres et leurs lecteurs», déjà cité.

produit par l'environnement même du produit, éditeur, auteur...). Indices du statut qui se détectent par la maison d'édition, la collection, la présentation (couverture, illustration, papier, caractères typographiques, format) et le prix. Les littératures de genre affichent leur statut d'objet, de produit par leur présentation. Y. Reuter le note, cela va à l'encontre de l'image « mystique » de la littérature qui ne doit pas être un produit ordinaire, encore source d'illégitimité pour ces productions :

« Les dimensions économiques et commerciales ne sont pas euphémisées, au contraire, dans le cadre des paralittératures. La quantité des produits, la structure de certains groupes, la publicité, les techniques de marketing employées, ainsi que les déclarations qui insistent sur les profits escomptés ou réalisés, en témoignent largement. Le primat du symbolique et de l'esthétique est conséquemment mis en cause dans le dévoilement de pratiques pourtant nécessaires à la littérature, même à un degré moindre ou sous des formes différentes. Ce qui est ici révélé est que le livre, s'il n'est point savonnette, est néanmoins bel et bien un produit » (Y. Reuter, 1992, p 40).

Les séductions de la littérature légitime sur les promoteurs des littératures illégitimes, littératures « de genre », sous-tendent deux stratégies « d'annexion ». Nous avons déjà parlé des ouvrages produits par les amateurs de S.F. qui rattachent, en faisant l'histoire du genre, des auteurs prestigieux ou anciens : Lucien de Samosate, Cyrano de Bergerac... A l'inverse, M. Lits nous cite le cas d'amateurs de roman policier qui réclament son annexion à la littérature légitime (dite générale) :

« Nier l'existence d'une catégorie spécifique, qu'on appelle genre ou non, serait vain, et en contradiction avec les faits comme avec une tradition bien établie, reposant sur des fondements dont on peut discuter la valeur, mais qu'on ne peut récuser totalement. Seuls quelques partisans inconditionnels du genre policier, aveuglés par une passion exempte d'esprit critique, nient cette singularité dans l'espoir d'intégrer à tout prix l'objet de leur admiration dans le champ littéraire général. Ils risquent, à ce jeu, d'oublier les caractéristiques propres à ce genre, le projet original d'écriture qui le sous-tend » (M. Lits)[1].
Ces mêmes propos nous les avons entendus dans le milieu S.F..

---

[1] M. Lits, Le roman policier. Introduction à la théorie et à l'histoire d'un genre, Editions du Céfal, Liège, 1992, p 8.

Nous proposerons, à l'instar de Jacques Dubois[1] pour le roman policier, d'examiner la situation du genre à travers le concept de légitimité. L'utilité de ce concept est qu'il propose au chercheur une hiérarchie des valeurs selon un critère social qui le libère ainsi d'une hiérarchisation selon des critères esthétiques qualitatifs et fortement subjectifs (c'était déjà un problème soulevé par L. Goldmann et par toute la sociologie de la littérature). Constater cette hiérarchie qui se remarque par les discours des institutions et par l'apparence du livre en tant qu'objet, ce n'est pas forcément l'avaliser. L'article de J. Dubois permet de comprendre les relations entretenues entre la littérature policière et la littérature légitime :

« Genre marginal, le policier opère dans les marges de la grande littérature, travaille ses limites, et celle-ci n'y est pas indifférente. »

Parler d'illégitimité de la littérature policière est néanmoins ambigu lorsque l'on observe un des critères qui détermine le classement dans les littératures en marge de la légitimité dominante : l'appartenance sociale du lectorat. Si J. Dubois nous dit le recrutement social des producteurs homogène, il n'en est pas de même pour son public, le lectorat « cultivé » y est important. Lectorat qui d'après l'auteur n'est guère enclin à lire d'autres genres dominés (J. Dubois, lui aussi, parle de paralittératures), si ce n'est la S.F.. Elle partagerait donc cette caractéristique : hétérogénéité du recrutement social du lectorat. Cette constatation amène alors le chercheur à remettre en question la notion de genre pour des récits ayant des consommateurs aussi socialement différenciés : « L'unité du roman policier n'est-elle pas illusoire ? » Cette question, nous pouvons la reprendre pour les mêmes raisons, pour la S.F.. Mais si au niveau des contenus le « genre » présente de multiples formes, si le label s'impose aussi fortement, si « nous sommes devant une catégorie à forte définition », « un élément de contenu » est également unificateur : la présence de l'institution politico-judiciaire. Lorsque J. Dubois reprend Eisenzweig, il nous dit que ce n'est d'abord que dans l'évolution de cette institution que le policier trouve à évoluer, mais il ajoute une

---

[1] J. Dubois, «Champ légitime et genre périphérique : situation du roman policier», p 65.

autre force de renouvellement : l'attrait de la littérature légitime, la « tentation du romanesque ».

C'est dans la forme que prend la relation à la littérature légitime que l'on trouve les éléments qui différencient les oeuvres. Nous résumerons les caractéristiques des oeuvres dont les producteurs présentent des stratégies de recherche de reconnaissance différentes. La première solution est de trouver pour le producteur, un compromis entre les formes reconnues de la littérature légitime (développement du côté « psychologique ») et la marginalité du genre (en réduisant ce problème par la diminution de la présence de l'appareil judicio-policière). Dans ce cas, il y a de la part de l'institution littéraire une acceptation de la production, et donc « une petite légitimation ». C'est le cas de G. Simenon, une des voie d'accès au « roman moyen ». Le deuxième cas se trouve dans la « légitimité de rechange » pour les « exclus de la légitimité dominante ». On explique ainsi le développement des formes calquées sur l'institution dominante : prix, revues. La TV et le cinéma qui utilisent les services des romanciers comme scénaristes apportent également un certain « capital symbolique » par leur succès public, même si le prestige est moindre par rapport à la littérature générale (mais les apports financiers bien supérieurs). Enfin, le troisième cas s'inscrit dans une démarche volontairement « contestataire » par rapport à la culture légitime, par la distance, l'ironie. Cela serait la partie du genre préférée par les lecteurs cultivés.

Pour en revenir à la S.F., il faut s'interroger sur les raisons qui en font une littérature illégitime. La première raison (ou est-ce une conséquence, cela est difficile à dire...) est évidemment qu'elle est constituée en catégorie, en genre. Et en genre qui se donne à voir en se distribuant dans des collections spécifiques.

P. Bourdieu, dans une interview accordée au magazine « Science-Fiction » (Ed. Denoël), se penche sur la non-reconnaissance du genre. Le problème vient de ce que la S.F. est assimilée à une production littéraire de masse (P. Bourdieu lui-même en parle comme d'une littérature « industrielle », alors que les conditions de production et de diffusion sont variables à l'intérieur même des genres). Cette situation sous-entend donc : dépendance vis à vis du marché, soumission des producteurs à des nécessités économiques. Ce qui entraînerait, par nécessité, l'obligation de produire, et beaucoup, en ayant « moins de souci (chez les auteurs) pour la forme que pour le fond » (P.

Bourdieu). Cette particularité s'accommode mal au discours dominant à propos de la littérature : les conditions de production sont le moins visibles possible. Or, dans le cas de la S.F., considérée comme une production de masse, la forme même de l'objet-livre assume ces caractéristiques. De plus, la production de masse permettrait à ses producteurs de vivre de leur plume, ce qui va à l'encontre d'une certaine mythologie de l'écrivain dont la production n'est pas motivée par la recherche d'une quelconque rémunération financière.

L'illégitimité de la S.F. serait également due à la qualité sociale du lectorat (appartenant aux classes dominées, prétend-on) et à sa jeunesse supposée. Genre au public jeune et qui s'en trouve donc disqualifié. C'est en effet, cette image de la littérature pour adolescents, pour jeunes, qui est souvent donnée par les amateurs du genre lorsqu'ils relatent les préjugés négatifs dont ils se sentent victimes. Jacques Chambon, directeur de collection, nous dit :

« On a quand même des choses pour montrer qu'on est loin d'être des adolescents attardés un peu débiles et un peu incultes qu'on veut voir en nous sur la foi de ces images caricaturales qui sont données de la Science Fiction ».(Et il cite les personnalités de la S.F., éditeurs, toutes largement diplômées)

Ceci est l'image dominante, utilisée pour dénigrer les amateurs, même si le dit P. Bourdieu, il y a ici aussi une lecture « au premier degré » et une « lecture cultivée » qui établit des différenciations dans le corpus.

Entièrement spécifique à la S.F., l'illégitimité due au contenu : le mélange des genres. Condamnation de la présence de thèmes réservés à la philosophie dans la littérature (G. Lardreau, philosophe, s'est livré à une analyse philosophique des produits S.F.[1]) : alors que depuis Flaubert, dit Bourdieu, les deux discours, littéraire et philosophique se sont séparés. Or, la S.F. propose de traiter des thèmes qui reviennent aux philosophes, en s'interrogeant sur l'environnement social, politique... il s'agit « d'un des seuls genres qui parle du monde social et très souvent de manière non-triviale » (P. Bourdieu).

Pour la même raison - intrusion d'éléments extra-littéraires dans le littéraire - le mélange science et fiction est intolérable. On cite souvent dans le milieu S.F., les propos de Michel Tournier et

---

[1] G. Lardreau, <u>Fictions philosophiques et Science-Fiction</u>, Actes Sud, 1988.

de Jean Dutourd, qui répondaient en ces termes aux frères Bogdanoff [1] :

« Science-Fiction. Ces deux mots jurent à mon oreille. Ils se font l'un à l'autre une guerre inexpiable qui condamne le produit de leurs amours malheureuses à n'être qu'un avorton minable ». (M. Tournier, p 330)

« ...Il n'y a pas, à mes yeux, de bon ou de mauvais genre littéraire, seul le talent de l'auteur qui les traite en décide. Ce qui m'ennuie un peu cependant, dans le genre Science-Fiction, c'est le mot science. Il évoque toujours pour moi quelque chose de rationaliste, de primaire, d'étroit. Cela explique qu'il y ait si peu de bons livres de Science-Fiction. La science (ou la pseudo-science) y tient, en général, plus de place que la fiction. » (J. Dutourd, p 329)

Parce que, nous dit P. Bourdieu, la culture légitime s'est constituée contre la Science. Chose que les amateurs connaissent bien et dont ils se défendent en prétendant qu'aux Etats-Unis - très souvent pris en référence par certains fans français pour critiquer les positions tenues par rapport à la S.F. en France - la situation est différente : la culture scientifique (encore deux termes jugés incompatibles par les milieux cultivés) y aurait droit de cité, et la S.F. ne serait pas considérée comme un genre « scandaleux » par le mélange qu'elle propose. Il faudrait dire que l'on peut contester la vérité de ce fait quelquefois mis en avant en toute bonne foi par des fans, et se demander s'il ne s'agit pas d'une stratégie de défense de plus. Nous citerons une anecdote qui peut nous faire douter. En juin 1992, la librairie Cosmos 2000 organisait la remise de son prix annuel. Parmi les invités, se trouvait David Brin, écrivain de S.F., américain et professeur de physique à l'Université de San Diego (on trouve ce genre de précisions sur la jaquette des ouvrages de S.F. - en poche surtout - et cela n'est évidemment pas gratuit...), qui dédicaçait ses oeuvres. D'un abord facile, David Brin se renseignait sur les activités professionnelles de chacun de ses admirateurs afin de personnaliser la dédicace. A un étudiant en lettres dont le projet était de faire un travail sur la littérature de S.F., il conseilla, en substance, de ne pas trop parler de cette passion coupable à ses collègues et professeurs, d'attendre

---

[1] I. et G. Bogdanoff, L'effet Science-Fiction, R. Laffont, coll. Ailleurs et Demain, 1979.

d'avoir un statut respectable avant de chercher à réaliser sa recherche.

Une autre clé de la condamnation de la S.F. en France s'explique par la domination de la S.F. anglo-saxonne - et surtout américaine - sur le marché. Domination quantitative, économique et symbolique : le label n'est qu'imparfaitement français, et il est imprégné d'Amérique. Les rares auteurs contemporains s'apparentant au genre, reconnus ou ayant une certaine légitimité, sont des anglo-saxons (Orwell, Huxley, Bradbury, Lovecraft) ou, pour les plus anciens, ne se sont jamais revendiqués comme auteurs de S.F. (R. Barjavel). Il y a même un certain étonnement chez certains lecteurs, pourtant avides de livres du genre, lorsqu'ils apprennent qu'il y a une production française. Nous rappellerons un épisode cocasse raconté par un écrivain lors d'une conférence dans une manifestation consacrée au genre : un lecteur aurait pris à partie un directeur de collection en lui recommandant de ne pas publier de Français, « pour qu'il y ait davantage de place pour les Américains » (!). Le même genre de demande avait déjà été fait dans le courrier des lecteurs de la revue « Fiction ».

Dans les « milieux cultivés », peut-être empreints d'un certain anti-américanisme distingué, la promiscuité avec l'Amérique est impensable. Les préjugés contre l'Amérique et ceux contre la S.F. s'ajoutent, et ainsi, on se conforte dans l'idée que l'Amérique ne produit rien d'un point de vue culturel sinon des produits de masse. La S.F. ne peut être respectable parce qu'américaine, et l'Amérique ne peut être considérée comme une nation de culture puisqu'elle produit des littératures méprisables comme la S.F.... J. Chambon regrette pour sa part le manque d'échange entre les directeurs littéraires se consacrant à la S.F., et le monde de la littérature générale :

« Peut-être qu'on leur paraît ressembler aux choses que l'on publie : des rêveurs, des espèces d'extraterrestres lancés dans l'univers de l'édition, qui publient pour des happy few, qui publient aussi beaucoup de littérature étrangère. Beaucoup d'Américains, beaucoup d'Anglo-saxons, ce qui paraît, aux yeux de certains éditeurs, qui eux défendent la francophonie, un peu suspect. Oui c'est ça... nous sommes des vendus aux américains. Des vendus à cette vilaine culture anglo-saxonne ».

Cette S.F. américaine est celle qui est encensée au début des années cinquante par de jeunes parisiens, qui sera éditée par des éditeurs recherchant des produits « en vogue », et celle avec laquelle la S.F. française entretiendra par la suite des relations conflictuelles faites d'admiration et de ressentiment pour sa prédominance sur le marché hexagonal.

II APPARITION D'UN GENRE ET DIVERSIFICATION

La constitution d'un milieu d'amateurs : de l'avant-garde à la contre-culture

L'avant-garde :

En France, la S.F. américaine fait son apparition dans les années cinquante. Elle bénéficie d'un véritable lancement médiatique et de l'appui, ou de l'intérêt, d'un certain nombre d'écrivains de littérature générale : R. Queneau, M. Butor et surtout B. Vian. L'ambiance décrite par les promoteurs de l'époque évoque un monde littéraire tenté par l'avant-garde.

Un article de Claude Elsen paraît dans « le Figaro », le 8 avril 1950, et présente sous le terme générique de « Fantastique », deux sous-genres : S.F. et Fantasy. L'auteur les décrit comme des genres capables de capter l'intérêt d'un public « lassé par la monotonie du Roman Noir ». Cet article est le premier consacré au genre, il provoque immédiatement un intérêt des éditeurs à la recherche de produits littéraires nouveaux. Après la parution de cet article, des éditeurs se manifestent :

« La réaction fut immédiate, Elsen reçut des lettres intéressées de plusieurs grandes maisons d'édition. Il m'en fit part et, tous deux, nous eûmes d'assez étonnantes prises de contact avec leurs dirigeants. Je dis étonnantes parce qu'il était visible qu'aucun de ceux-ci n'avait la plus nébuleuse idée de quoi il s'agissait au juste » (G.H. Gallet, journaliste, un des premiers amateurs du genre, 1975, p 155).

Le genre n'est envisagé que comme un produit n'apportant aucune passion littéraire ; on parle par exemple de Robert Kanters qui fut le directeur de « Présence du Futur ».

Les traductions de « Galaxy » et de « F and S.F. » apparaissent sur le marché français : « Galaxie » et « Fiction ». Cette dernière revue verra la partie rédactionnelle proprement française s'accroître. Elle a également la particularité, par rapport à la revue-mère américaine, de s'ouvrir à des thèmes hors du « domaine S.F. » : à l'insolite, au mystère[1], et à une

---

[1] Dans les années cinquante, « Fiction » se définit, en couverture, comme la « revue littéraire de l'étrange ». Le mot «étrange» bénéficie de caractères plus larges que les termes «fantastique» et «Science-Fiction». Dans les années

école finissante, le surréalisme à travers deux auteurs de S.F. française, qui ont été proches de ce mouvement. Philippe Curval (amateur de la première heure) dit à plusieurs reprises s'inspirer de ce courant, et André Ruellan (alias Kurt Steiner) est un « compagnon de route » des derniers surréalistes[1]. Néanmoins l'importance du rôle des surréalistes dans le lancement du genre est très surévaluée dans les discours de certains auteurs et éditeurs actuels.

Hachette va placer à la tête du « Rayon Fantastique » (collection d'anticipation scientifique, précise G.H. Gallet qui note le rôle négatif du terme « Science-Fiction » sur le public français[2]), Claude Elsen (de son vrai nom Gérard Delsenne) et G.H. Gallet. Bientôt, Hachette s'associe à Gallimard. Cette maison d'édition a un avis différent (plus « littéraire », moins « populaire ») sur ce que doit être le genre. Elle accorde à Stephen Spriel (pseudonyme de Michel Pilotin) la direction de son secteur. La S.F., dès son arrivée en France, est soumise à trois stratégies différentes : celle de l'éditeur non-connaisseur qui l'ajoute à ses collections de littérature populaire, celle du connaisseur qui cherche à faire des adeptes dans le grand-public, celle du connaisseur qui voit dans la S.F. un renouvellement de la littérature et un nouveau mode de discours sur le monde (G.H. Gallet fait ouvertement référence « à la crise de mauvaise conscience de la S.F. » aux USA qui séduira les premiers « fans », et des écrivains - en position de nouveaux arrivants - de la littérature générale[3]).La double direction de la collection

---

soixante, «Fiction» perd sa définition, il n'est plus précisé à côté de son nom que «Science-Fiction», «insolite», «fantastique». Enfin, dans les années soixante-dix, le mot «Fiction» se suffit à lui-même. Notons également pour preuve de l'intérêt de la revue naissante pour le domaine de l'étrange, la présence de Jacques Bergier parmi la rédaction, futur coauteur du « Matin des magiciens », et acteur du mouvement «Planète».

[1] Citons un extrait d'une interview d'André Ruellan, réalisée par Joseph Altairac en 1992, en ma présence :
«A. R. : Le groupe «Panique» s'est constitué peu après mon entrée dans le groupe surréaliste, j'ai plus ou moins participé à sa fondation, vers 64-65.
J. A. : Ce sont les héritiers du surréalisme ?
A. R. : Complètement. Il comprenait Arrabal, Topor et Jodorowsky. Et moi, j'étais ce qu'Arrabal appelle un compagnon de route».

[2] G. H. Gallet, «Vie et mort du Rayon Fantastique», in, Univers, n°3, «J'ai lu», 1975.

[3] «Mon expérience de journaliste me poussait à penser qu'il fallait d'abord tenter d'attirer un large public à la Science-Fiction qu'il ne connaissait pas,

« Rayon Fantastique » est un des éléments qui lui coûteront son existence, mais la collection contribuera au lancement d'une S.F. française dès 1954 avec Francis Carsac et fera connaître (avec « Fiction », « Galaxie », et « Présence du Futur ») le genre à un public varié.

La date qui marque la naissance d'un cercle de passionnés du genre, parmi lesquels se retrouveront les éléments les plus structurants de la S.F. française (Philippe Curval, Gérard Klein, Alain Dorémieux, Jacques Sternberg, Jacques Goimard, etc.) est 1953, autour de la librairie de Valérie Schmidt, « La Balance » et de l'exposition « Présence du Futur » (expression que Denoël s'appropriera selon V. Schmidt, achètera selon Jacques Sternberg...).

Valérie Schmidt après sa découverte du genre (voir l'entretien accordé à « Présences d'esprit »[1]), décide d'organiser une exposition et, par l'intermédiaire du propriétaire de la librairie, Jean Aubier, fils de l'éditeur (la librairie est alors consacrée aux encyclopédistes), rencontre Michel Pilotin. A partir de cette première rencontre, elle va faire la connaissance d'autres passionnés et organiser des échanges entre la plupart des futurs promoteurs du genre, des amateurs plus moins de passage. Elle rencontre Jacques Sternberg, qui sera bientôt le premier Français publié dans « Présence du Futur » créée moins d'un an après cette exposition.

Arrive bientôt Philippe Curval, référence de nombreux auteurs actuels de la S.F. ; en rupture avec son milieu familial (fils de la grande bourgeoisie cultivée parisienne) et avec l'institution scolaire, il vit de ses trouvailles livresques dans les brocantes. Son intérêt pour la S.F. trouve un terrain fertile car il a déjà le goût pour « l'exotisme extraterrestre ». Il fournit donc des livres à l'exposition ainsi qu'un fameux robot fabriqué par un ingénieur russe et abandonné sur une décharge. D'autres personnalités apparaissent dans la librairie. Les noms sont les

---

en lui offrant des romans surtout d'action dans lesquels il serait moins dépaysé. Spriel y voyait, lui, une forme nouvelle de littérature intellectuelle, un moyen d'expression neuf, touchant à tous les domaines de la pensée, et appelé, lui semblait-il, à prendre une très large place dans la production littéraire. De leur côté, les services commerciaux, dont on oublie trop souvent le rôle parfois déterminant, considéraient cette collection comme populaire» (p 156).
[1] Entretien avec Valérie Schmidt, par J.P. Saucy et Y. Maillard, « Présences d'esprit » numéro 2, mars 1993.

mêmes suivant les témoignages de V. Schmidt, P. Curval et J. Sternberg interrogés par le fanzine (revue d'amateurs) « Présences d'esprit », mais l'assiduité de leur fréquentation du microcosme en formation varie selon les témoins... D'après J. Sternberg, R. Queneau suivait l'activité « d'assez loin » et B. Vian « d'encore plus loin ». V. Schmidt lui doit pourtant des rencontres :

« Et nous avons fait appel à Boris Vian qui nous a mis en relation avec un de ses amis, le centralien Maurice Gardel qui nous a apporté des tas de choses inconnues, comme la première sculpture animée de Nicolas Schöffer, dont on a tellement parlé par la suite... »

Quant à Philippe Curval, il dit :

« On rencontrait à la Balance des écrivains aussi divers que Vian, Queneau, Carrouges, Carsac, Obaldia, Butor ; la présence assidue de ce dernier m'a toujours étonné, les objectifs du Nouveau Roman dont il a tout de suite été l'un des grands noms me semblaient à l'opposé de ceux que nous défendions »[1].

« Il m'est arrivé de vendre de la S.F. à des gens aussi divers que Tristan Tzara, Albert Préjean, Henri Jeanson, qui passaient par là, ou encore à Yves Klein, qui exposait en face, à la galerie de l'Art contemporain français où est né le Nouveau Réalisme ».

Valérie Schmidt cite également des scientifiques : Francis Carsac (pseudonyme de F. Bordes), paléontologue qui écrit de la S.F., Charles-Noël Martin, physicien. Car Valérie Schmidt décrit dans l'entretien l'intérêt du milieu en train de se créer pour les avancées de la Science.

Contrairement à ce qui a souvent été dit par des amateurs interrogés pendant la recherche, les surréalistes n'ont pas été parmi les premiers amateurs. A la question, « cet essor de la S.F. était-il lié au mouvement surréaliste ? » Jacques Sternberg répond :

« Non. André Breton aimait surtout la poésie et les romantiques allemands et affichait un certain mépris pour la littérature anglo-saxonne. Je crois qu'il a manqué quelque chose d'énorme. »

Valérie Schmidt va dans le même sens :

---

[1] Entretien avec P. Curval, par E. Henriet et Y. Maillard, « Présences d'esprit » numéro 3, octobre 1993.

« Les surréalistes, on ne peut pas dire qu'ils aient été très chauds... Mais il ne faut pas oublier ce qu'était devenu André Breton ; un homme remarquable en son époque, mais qui avait mal vieilli... Du moment qu'on ne lui avait pas demandé la permission d'ouvrir cette librairie de Science-Fiction, il n'allait pas se déplacer ! »

En fait, la soi-disant promotion de la S.F. faite par les surréalistes (dont les proches de la collection « Présence du Futur » se glorifient), n'a été qu'épisodique, essentiellement liée à la collection en question qui se voulait intellectuelle (ses choix le démontrent). Et puis, il faut tout de même ajouter que l'effet de prestige de ce parrainage (qui n'en est pas vraiment un, si l'on en croit les spécialistes interrogés), est atténué, si l'on tient compte du fait que le surréalisme était alors un mouvement esthétique finissant.

« La collection « Présence de Futur » présente des textes jouant sur des ressorts autres que ceux de la S.F.. C'est à lier au fait que les derniers débris du surréalisme s'intéressent à la S.F.. Ils font une promotion qui ne va pas durer très longtemps. Ça correspond au début de la collection « PDF ». Ils vont écrire des articles dithyrambiques sur la S.F., en disant que c'est la littérature de notre époque... Benayoun par exemple. Il s'intéressait aussi au cinéma. A tous ces trucs branchés de l'époque. Mais ça ne durera pas très longtemps ». (Joseph Altairac, entretien)

Ce qui ne veut pas dire que les héritiers du surréalisme, Topor surtout, Arrabal, n'aient pas été très vite intéressés par ce genre. J. Sternberg, P. Curval revendiquent eux aussi cet héritage :

« ...La S.F. m'a fait écrire normalement, parce que j'avais trouvé mon tremplin de délire. Je n'avais plus besoin de jouer avec les mots, les images. Il me suffisait d'écrire de façon réaliste des trucs surréalistes ». (J. Sternberg)

Le même type de remarque peut être appliqué au cas de Michel Butor. Souvent présenté comme un « promoteur » du genre parce qu'il a écrit des articles dès les années cinquante sur la S.F., Butor en avait une vision plutôt négative[1].

---

[1] J.M. Gouanvic, <u>La Science-Fiction française au xxème siècle (1900-1968)</u>, Rodopi, Amsterdam, 1994.

Dès le début, la S.F. aurait fait l'objet du mépris des sphères de la culture légitime :

« Jamais je n'ai vu un genre aussi vilipendé, aussi calomnié que la S.F.. La pornographie, comparée à nous, c'était de la culture. Moi qui avais choisi la S.F. en partie pour dire merde à tout le monde, j'ai vu ce que c'était que d'entendre ce mot, indéfiniment répété, venir de tous les horizons ; il y avait de l'écho ». (Jacques Goimard, 1984, p 73)[1].

« La S.F., comme la série noire ou le dessin d'humour, sont des genres qui sont restés marginaux, alors que c'étaient les modes d'expression les plus modernes de l'époque parce que les universitaires français sont d'irrécupérables passéistes. En fait, ils n'ont jamais aimé le genre. Cela leur a toujours paru être un genre populaire... » (J. Sternberg)

C'est en réponse à ce mépris que le milieu se serait replié sur ses premiers supports de promotion :

« Et pour répondre à toutes les injures, à tous les ricanements, à tous les silences, nous n'avions que les colonnes de « Fiction ». Notre énergie critique était constamment mobilisée par deux genres : la polémique ou l'éloge. La polémique n'était pas difficile, puisque nos adversaires traînaient la S.F. dans la boue sans la lire et que ça se voyait ; l'éloge était plus dangereux, car nous avons fini par nous constituer une panoplie d'arguments, toujours les mêmes, qui resservaient à chaque attaque. (.../...) Mais nous étions des écorchés vifs et nous avions le sentiment à la fois juste et dangereux que notre union faisait notre unique force. On nous enfermait dans un ghetto ; nous nous y barricadions ». (Jacques Goimard, 1984, p 73)

Valérie Schmidt - qui contrairement au précédent n'est plus active depuis longtemps dans la promotion du genre - inverse les composantes de l'hypothèse : c'est l'organisation d'un milieu replié sur lui-même qui a détourné l'intérêt des universitaires.

« Quoiqu'en dise Sternberg, il y avait des prises de position de la part des intellectuels et des scientifiques. Mais les milieux S.F., BD et humour tenaient à rester marginaux, c'est pourquoi les universitaires ne s'y sont pas intéressés ».

Marginaux ou marginalisés, nombreux sont les anciens du « milieu de la S.F. » à se complaire dans le rôle des exclus de la

---

[1] J. Goimard, «Génération Science-Fiction», in, <u>Esprit</u>, février 1984.

littérature, des avant-gardistes méconnus. Par contre, ce que les témoins de l'époque décrivent tous, c'est une ambiance de liberté qui régnait alors dans ces premières années de la constitution d'un milieu littéraire. Philippe Curval le décrit dans le contexte de l'époque :

« Toutes ces personnes se retrouvaient là l'après-midi dans des fauteuils de cuir rouge, on buvait le Sancerre du bistro voisin, dans une formidable effervescence. C'était le lieu de rencontre absolu où passait tout ce qui touchait de près ou de loin à la S.F., où les éditeurs qui ont créé par la suite des collections comme « Métal » ou « Satellite » recrutaient leurs auteurs. Il régnait là une grande émulation, une grande force vitale était en train de naître en nous. Il y avait dans la jeunesse de l'époque une très grande joie d'exister. La libération avait radicalement changé notre point de vue sur l'avenir de la société (...). Nous n'étions pas des pionniers, au sens exact du terme, puisque la S.F. existait outre atlantique sous forme de « pulps » depuis plus de vingt ans, mais nous l'ignorions absolument. Nous étions en train de recréer la S.F. dans la plus parfaite innocence. Bien sûr, il existait en France une tradition de romans extraordinaires dont j'étais imprégné ».

Philippe Curval fait référence ici aux romans extraordinaires « à la Maurice Renard et André Maurois », mais d'autres romans extraordinaires, d'anticipation, de récits de voyages extraterrestres de production française sont publiés en France dans les fascicules. On y publie toutes sortes de récits de « littérature populaire », et ce qui ne s'appelle pas « S.F. » y côtoie l'espionnage, le policier, l'aventure. Un écrivain comme Maurice Limat y commence sa carrière en 1934, avant de rejoindre dans les années cinquante, les collections étiquetées « S.F. », lancées par les éditeurs dans la grande vague de création de collections qui s'étala entre 1951 et 1954 (collection « Cosmos », du « Grand Damier », puis « Anticipation » au Fleuve Noir). Si Philippe Curval se réfère à ces productions, il le précise néanmoins, c'est la production d'outre-Atlantique qui est pour lui un objet d'exaltation.

Jacques Goimard décrit lui aussi cette ambiance de liberté, et également le rôle structurant de ce cercle en parlant de la librairie « L'Atome », librairie qui a succédé à « La Balance » :

« Il y avait là Michel Pilotin, Jacques Bergier, Philippe Curval, Jacques Sternberg, Gérard Klein et bientôt André

Ruellan, Jacques Sadoul et beaucoup d'autres, bourdonnant autour de Valérie Schmidt qui était la reine de cette ruche. Ce fut là, sans le moindre doute, l'événement décisif. Salon où l'on causait en complète liberté, creuset où s'élaboraient les auteurs en herbe, GQG d'une nouvelle école littéraire, « l'Atome » était un peu tout cela à la fois » (J. Goimard, 1984, p 72).

Notons dans cette énumération que l'on trouve les personnalités les plus structurantes du milieu, les trois éditeurs actuellement encore actifs (Jacques Goimard lui-même, Jacques Sadoul, Gérard Klein), les auteurs qui sont aujourd'hui des « références » pour les auteurs (G. Klein, A. Ruellan et P. Curval). Les mêmes seront à la base de l'appareil de célébration : historiens (J. Goimard, dans le domaine universitaire, J. Sadoul, dans le domaine S.F. lui-même), théoricien (G. Klein), critique (P. Curval, critique S.F. attitré du « Magazine Littéraire »).

Les revues qui se créent simultanément sont le moyen de recrutement des amateurs, futurs acteurs du genre :

« Un référendum [de « Fiction »] m'a donné l'occasion d'envoyer une lettre circonstanciée, à laquelle, très surpris, j'ai reçu une réponse non moins circonstanciée d'Alain Dorémieux, le rédacteur en chef ; un an d'échanges épistolaires transforma le lecteur boulimique que j'étais en lecteur critique, et amorça une amitié d'un quart de siècle. C'est aussi une annonce de « Fiction » qui me conduisit à la librairie « l'Atome », où je trouvai tout un cénacle d'amateurs. » (J. Goimard, 1984, p 72)

Ce passage révèle sans aucun doute le rôle des revues dans la création d'un milieu, mais également l'importance des échanges de courrier dans la socialisation des amateurs (phénomène encore bien réel aujourd'hui, c'était même un des moyens pour notre recherche, d'établir des réseaux de contacts, permettant l'obtention d'adresses, de documents, ou de relais), ainsi que dans l'appropriation d'un corpus, d'un ensemble de références communes et des modes de lectures de ce corpus.

Les revues ont rendu possible la prise d'autonomie par rapport à la production américaine :

« Fiction » avait été créée par Maurice Renault sur la base d'un deal qu'il avait conclu avec le magazine américain « The Magazine of Fantasy and Science-Fiction ». Au début, il se contentait de puiser dans le fonds américain et d'y ajouter quelques curiosités françaises d'avant-guerre. Sa prescience a été d'engager Dorémieux comme rédacteur en chef (occulte !). Alain a publié régulièrement nos nouvelles, nous confrontant de bonne guerre aux écrivains US de première magnitude. Il a fallu que nous fassions rapidement des progrès » (P. Curval)[1].

Elles entraînent une plus grande diversification de la production française (rupture avec les productions essentiellement « populaires ») :

« Malheureusement, [G. H. Gallet] était un admirateur du space opera[2] classique et la S.F. moderne qui était en train de se faire ne l'intéressait pas outre mesure ». (P. Curval).

« Une collection de Science-Fiction sophistiquée était en projet chez Gallimard. Je suppose qu'elle aurait été dirigée par S. Spriel-Pilotin, mais c'est finalement chez Denoël qu'elle est parue, sous la direction de Robert Kanters, ancien Premier Lecteur chez Julliard (et grand ennemi de ce que j'écrivais à l'époque). Valérie [Schmidt] a cédé à cette collection le nom de son exposition : « Présence du Futur ». (...) Maurice Renault, le directeur de « Fiction », m'avait conseillé d'écrire un synopsis et le premier chapitre d'un roman de S.F., qu'il proposerait au Fleuve Noir. Mais De Caro [créateur de la maison d'édition Fleuve Noir] l'a refusé en disant : c'est plutôt pour « PDF »... mes lecteurs ne le liront pas. Il jugeait le sujet intéressant mais trop intellectuel ». (J. Sternberg)

Les revues permettent également la constitution d'une équipe de spécialistes qui remplaceront peu à peu les personnalités sans passion pour le genre, placées par les éditeurs, comme Robert Kanters :

« Kanters m'a dit : je suis très content , c'est un très beau roman. Et il a ajouté cette phrase qui est devenue légendaire : voyez, Sternberg, vous que j'ai trouvé nul dans vos tentatives de romans, je dois reconnaître que dans un genre mineur, vous vous débrouillez très bien. Et si vous persistez, à mon avis, vous ferez une grande carrière dans la S.F. ».

Après le temps de la structuration du milieu, qui se fait autour du principe unificateur de la défense d'un genre méprisé, essentiellement traduit de l'américain, vient le temps des premières querelles et dissidences autour de questions littéraires,

---

[1] Entretien avec Philippe Curval par E. Henriet et Y. Maillard, « Présences d'Esprit », n°3, octobre 1993.
[2] romans d'aventures spatiales.

ou extra-littéraires, mais toujours en rapport avec la définition du genre. De cette époque des premiers affrontements, qui sont aussi des querelles pour la prise de pouvoir, date la rupture de Valérie Schmidt :

« ...Après j'ai été extrêmement choquée quand cette littérature a été prise en mains par des écrivaillons - vous pouvez le dire, je ne le cache pas, ils le savent - qui ont éliminé petit à petit les gens de qualité. Il y a eu nettement une baisse d'intelligence, une grande éclipse. Ce n'était plus que de l'enculage de mouches après ça. C'était devenu le catéchisme, avec ces clans et ces clubs qui se réunissaient, quand on entendait ces engueulades de bas niveau, ces...C'était impossible de participer à ça ».

Car si, pour Philippe Curval (en adéquation avec son héritage surréaliste), et pour d'autres comme A. Dorémieux, la S.F. est une passion littéraire, c'est pour Pilotin et surtout pour Gérard Klein, le vecteur d'un discours critique sur la société :

« Les fratries sont naturellement instables et la nôtre, si unie dans les beuveries et les virées, fut vite secouée par des querelles sur le fond. Un numéro d'Arguments, avec des articles de Klein et de Pilotin, fut attaqué par Dorémieux au motif qu'il était écrit en charabia. Le vrai problème fut escamoté, car le texte de Klein, par son titre même - « Rêver l'avenir et le construire » - était en contradiction avec Dorémieux, qui assignait au genre une fonction purement littéraire ». (J. Goimard, 1984, p 72)

La deuxième crise qui a des implications dans le monde de la S.F., parce qu'elle touche des intérêts qui sont ceux des lecteurs du genre, a pour déclencheur J. Bergier et sa participation à la revue « Planète » et au Matin des magiciens avec L. Pauwels :

« La deuxième faille, beaucoup plus radicale, s'ouvrit en 1960, avec la publication du Matin des magiciens : Klein se retourna contre Bergier, coauteur de ce livre, en l'accusant - non sans raison - de jouer les mages. Nous voulions de la Science-Fiction, non de la pseudo-science. Du coup nous nous sommes tous retrouvés, Dorémieux en tête, sur une position que nous n'avons jamais cessée de défendre : la S.F. est d'abord une littérature, même s'il est vrai qu'il y a en elle un petit grain de prophétie ». (J. Goimard, 1984, p 72)

Nous reviendrons sur cette première querelle, car elle est au coeur d'une des définitions du genre en concurrence dans le milieu S.F. actuel, et trouve son expression dans certains affrontements ou simples discours actuels.

Ce qui malgré tout, sert de ciment à ce petit groupe de promoteurs, c'est le front contre la collection du Fleuve Noir[1], dont les auteurs ne participent à aucune des activités de promotion, exclus des revues et de la critique. Certains auteurs, producteurs d'autres genres (essentiellement de l'espionnage), sont conduits à écrire des récits de ce nouveau genre porteur. La production est extrêmement importante (une quarantaine d'ouvrages exclusivement écrits par des Français entre 1951 date de création de la collection « Anticipation » - et 1955, une soixantaine entre 1956 et 1961).

« Cette fièvre obsidionale fut sans doute pour beaucoup dans notre acharnement contre la S.F. populaire : le Fleuve Noir était sans cesse dans notre ligne de mire. Je ne veux pas discuter ici des mérites littéraires de cette collection (...). Mais nous voulions être une école littéraire, voire une avant-garde, et assurément nous l'étions dans une certaine mesure ; nous avions cependant une vision naïve de l'institution littéraire et de la façon dont elle fonctionne en France. En gros, il faut choisir entre le statut d'auteur ambitieux, écrivant pour la gloire, et celui d'auteur alimentaire (...). Mais ces choses-là ne se savent pas dans les ghettos. » (J. Goimard, 1984, p 73)

Ce que ce passage permet également de relever, c'est peut-être la marginalité qui s'entretient à cause de la méconnaissance des règles de fonctionnement du champ littéraire en général. Et, surtout nous remarquons encore dans cet article de Jacques Goimard, un discours insistant sur l'exclusion.

En même temps que les premières querelles qui marquent des positions différentes dans le champ, le succès public se fait trop attendre pour des éditeurs qui avaient escompté un intérêt dans la ligne du « polar ».

Les années soixante voient donc disparaître nombre de collections, les occasions de publier pour les écrivains deviennent rares et le milieu rétrécit, d'autant plus que les quelques personnalités du monde littéraire et intellectuel hors-S.F. se font très discrètes. C'est d'ailleurs en 1966 que Gérard Klein écrit « Pourquoi y a-t-il une crise de la Science-Fiction française ? »

---

[1] Les attaques envers le Fleuve Noir, sont parmi les raisons invoquées par Valérie Schmidt pour illustrer sa rupture : «On mettait toujours le Fleuve Noir au pilori alors que des marques prétendues supérieures publiaient de véritables tissus de sottises et de prétention, et qui n'étaient souvent, il faut oser le dire, qu'une prise de position fasciste du genre».

dans « Fiction ». Cette période voit le milieu se replier sur lui-même. Les premiers fanzines (contraction des mots « fan » de - fanatic - et de « magazine ») datent de cette époque, ce qui n'est guère étonnant puisque les fanzines sont des supports servant à la diffusion d'informations pour les amateurs exclusivement (et ne sont distribués que par abonnement[1]).

A partir de 1968, la S.F. redevient un genre littéraire fortement investi, la plupart des acteurs de l'époque y voient l'arrivée d'un nouveau public, celui de la contre-culture, de la « petite bourgeoisie nouvelle » dont parle Pierre Bourdieu.

Mais pour ce qui est de son premier public, de ses fondateurs français, quel est t-il et que représente la S.F. pour lui ? Rares sont les informations sur les origines des membres du milieu de cette époque, mais elles sont accompagnées d'un discours qui révèle que leur présentation à une importance.

Jacques Goimard décrit ses compères de l'époque comme les membres d'une avant-garde très « rive-gauche ». A la lecture de son article, on pourrait conclure à une origine éloignée des milieux supérieurs[2]. La scolarisation dans les écoles de l'élite parisienne aurait été vécue dans l'isolement, et c'est grâce aux amateurs de S.F. rencontrés par l'intermédiaire de « Fiction », que selon ses propres dires, il se serait « ressocialisé » :

---

[1] Claude Dumont, fan de la première heure, les décrit ainsi : «La publication artisanale d'un magazine n'est pas une activité nouvelle. Elle a occupé, et occupe toujours un certain nombre de mordus qui, avec plus ou moins de brio, mijotent avec amour, dans leur coin, de petits fascicules irréguliers dans lesquels ils font circuler informations diverses, courrier personnel, certains textes de jeunes auteurs que l'on retrouve beaucoup plus tard aux sommaires de revues plus élaborées. Ces magazines publiés par des fans, avec les moyens du bord (d'abord par la polycopie, puis par l'utilisation du stencil à encre, la photographie, l'offset et, de nos jours, par la reprographie de qualité) s'appellent, dans le jargon spécialisé, des fanzines». Alain le Bussy, C. Dumont, «trente ans de fanédition», éditions Octa, Belgique 1991.
[2] «Depuis un siècle et plus, l'économie moderne et l'Etat républicain demandaient du personnel, les élites faisaient tache d'huile, il y avait de la place pour les débrouillards et les bons élèves, il suffisait de jouer des coudes» .»Certains des rescapés commençaient à attraper la grosse tête et je vis que les bâtards légitimés comme les nouveaux riches, deviennent facilement des personnages de Feydeau. Moi qui jusque là n'avais pas vraiment choisi mon destin, j'ai piqué une crise : mort aux classes d'âge, mort aux compagnonnages passivement subis ! Fin d'un épisode où, jouant les bâtards, je m'étais acharné à jouer un rôle qui n'était guère le mien. Est-ce un hasard si mon entrée en S.F. a coïncidé avec cette rupture ?» (1984, p 71)

« Quand je devins lecteur de « Fiction », en 1956, j'étais prêt à tout pour échapper au cercle étroit de mes références khâgnales. Je me suis jeté dans la S.F. comme on allait à la taverne ou au bordel, ou comme on se shoote. Ce fut tout de suite la passion, mais si mêlée de fureur que je mis longtemps à réaliser combien l'objet élu répondait peu à l'esprit de sarcasme et de dérision qui m'avait aidé à le choisir » (1984, p 71).

Un autre acteur de cette époque a contredit ces propos et nous a assuré qu'il s'agissait là de ce que l'on pourrait appeler un « discours de présentation ». Ce discours est à lier à la présentation exagérée d'une certaine marginalité, du mépris de la part des sphères cultivées pour le genre. Ce que l'on pourrait appeler « euphémisation » des origines, se constate également chez G. Klein : dans le questionnaire que nous lui avons fait parvenir, il répondait à la demande de définition de son milieu d'origine et d'appartenance sociales, « upper middle class ». En fait, le père de Gérard Klein était inspecteur général à la banque de France. Et lui-même suivra une des voies d'excellence (Sciences Politiques). Nous pouvons nous interroger également sur un phénomène remarqué à la lecture de la biographie de Gérard Klein écrite par l'écrivain Michel Jeury [1]. Nous y apprenons, certes que le père de Klein a terminé sa carrière comme « inspecteur général hors classe », à la Banque de France (il est docteur en droit), mais nous y apprenons également, de manière plus détaillée, les origines de ce père[2]. Nous apprenons également que l'arrière-grand-père maternel était ébéniste et le grand-père maternel, « entré comme grouillot aux Aciéries de Longwy, avait accédé au poste de chef de la comptabilité de cette firme onze années plus tard ». Nous pouvons donc nous interroger sur la présence d'un « roman familial » de la réussite sociale due à la volonté individuelle et non aux bénéfices de l'origine sociale, dans la biographie du Klein-écrivain. Nous demander quelles sont les raisons de cette nécessité de présenter

---

[1] Le livre d'or de la Science-Fiction : Gérard Klein, anthologie réunie et présentée par Michel Jeury, Presses Pocket, 1979.
[2] «Son grand-père paternel [grand-père de Gérard Klein] était ouvrier boulanger à Frankaltrof, localité proche de Sarreguemines. Parti aux Etats-Unis, il a travaillé sur la côte est, au tout début du siècle, et connu le monde très dur que décrit Jack London dans certains de ses romans. Rentré en France après une longue maladie, il a pu réaliser quoique tardivement, son vieux rêve : devenir le propriétaire de sa boulangerie. Et il a fait faire des études assez poussées à la plupart de ses enfants» (1979, p 24).

les origines modestes... même si on saute une génération...[1] Et par là-même nous demander s'il n'y a pas là un indice qui explique la problématique du Klein-théoricien, à savoir son interrogation sur le recrutement social des producteurs et le public de la S.F. et sa conclusion d'une origine sociale moyenne... En effet, Gérard Klein prétendait vers 1975, que le public de ce genre était globalement constitué de certains membres des classes moyennes. Nous verrons plus loin que les chiffres lui donnent à la fois tort et raison.

Philippe Curval quant à lui, est issu de la grande bourgeoisie parisienne (le père vend des tableaux dans sa galerie après avoir été pharmacien, la mère est médecin). P. Versins est le demi-frère de l'académicien André Chamson. Notons que ces deux derniers marquent leur rupture avec leur milieu par l'utilisation d'un pseudonyme. P. Curval a quitté les chemins conventionnels de son milieu d'origine puisqu'il a quitté le système scolaire bien avant le baccalauréat et poursuivi son éducation en autodidacte. Nous sommes tentés de dire que dans ces cas, être actif dans un genre alors « d'avant-garde », c'est marquer son opposition par rapport au goût bourgeois, alors qu'on se trouve en rupture par rapport à son milieu.

André Ruellan (qui débuta sous le pseudonyme de Kurt Steiner car choisir un nom allemand c'était se distinguer de la tendance alors fréquente de prendre des patronymes anglo-saxons dans les collections populaires du Fleuve Noir), autre grande figure de la S.F. française, fait exception. Il doit en grande partie à l'école ses « dispositions cultivées »[2]. La carrière d'enseignant qu'il amorçait était placée sous le signe de la recherche de promotion sociale :

« Ma mère voulait faire de moi un instituteur (...) c'était passer de la cotte bleue au col blanc. Ce raisonnement était tout à fait judicieux, car c'est grâce à l'école normale que j'ai obtenu

---

[1] Il ne faudrait pas pour autant mésestimer l'hypothèse de ce qu'on appellera, avec un peu d'excès, la «projection» du biographe sur le «biographé» : M. Jeury reproduit-il sa propre situation, lui qui au jour de la parution de son grand roman dans la prestigieuse collection «Ailleurs et Demain», était... ouvrier agricole.

[2] «Ma première date de naissance, se situe en 1922 et la seconde en 1936, lorsque j'ai réussi le concours d'entrée à l'Ecole Normale d'Instituteurs, et, là, le monde de la culture s'ouvrait devant moi» (entretien avec André Ruellan, par Joseph Altairac, libro-space progress-report à la convention nationale de S.F. «Redu 1992»).

un diplôme de l'enseignement secondaire et que j'ai passé le bac, c'est à partir de là que j'ai pu m'inscrire en fac ».

Nous trouvons dans le passage suivant, la raison, économique, du choix de l'école normale, nous y voyons également la trace d'une certaine incompréhension de la part des camarades des nécessités économiques. Incompréhension traduisant la distance sociale qui le sépare des autres élèves ; ils choisiront, eux, la voie classique du lycée :

« J'avais été reçu à la fois à l'examen d'entrée en première de Condorcet et au concours d'entrée de l'Ecole Normale de Versailles, or j'arrivais de la troisième et j'avais fait le programme de seconde avant, je ne sais plus à quel moment. La famille étant ce qu'elle était, on a choisi l'école normale parce qu'on devait arriver avec un costume, une paire de chaussures, deux-trois chemises et à partir de là, c'était fini, on ne payait plus rien pendant trois ans. Des amis m'ont dit : tu pouvais aussi bien aller au lycée, c'est gratuit. Tu parles, il y a des gens qui ne se rendent pas compte »[1].

Pour André Ruellan la carrière d'enseignant ne durera pas bien longtemps, au cours de l'entretien mené en notre présence par Joseph Altairac, amateur du genre, il fera allusion en décrivant le déroulement de son enseignement, à son goût pour les cultures minoritaires américaines. Intérêts entrant dans la sphère des goûts d'avant-garde « à la Boris Vian » :

« Je n'étais visiblement pas fait pour l'enseignement, ce qu'un inspecteur du primaire ne m'a pas envoyé dire en ce qui concernait mes capacités pédagogiques. Je ne tenais aucune discipline (...) je faisais des cours sur Duke Ellington et sur la poésie négro-américaine contemporaine et ça les intéressait vraiment ».

Le terme « d'autodidacte nouveau style » (c'est-à-dire longuement scolarisé mais issu de classes sociales peu familiarisées avec la culture légitime) s'applique assez bien à André Ruellan. Il raconte comment il va, selon son expression, « butiner les certificats » : chimie générale, physiologie générale, anglais, esthétique, sciences de l'Art, littérature, philologie, puis médecine. Il sera donc médecin, avant de mener une carrière

---

[1] Ces quelques phrases démontrent que la voie de la promotion sociale est fait par la famille : opposition des pronoms personnels : je/on («j'avais été reçu au concours»/on a choisi l'école normale, on ne payait plus pendant trois ans»).

d'écrivain (Fantastique, S.F., humour), puis de scénariste (avec Yves Robert, puis Alain Jessua, et Jean Pierre Mocky - et de feuilletons télévisuels).

Pour en revenir à la structuration du milieu, si l'on compare les propos de deux personnes aussi différentes que V. Schmidt et P. Curval, nous nous apercevons que nous pouvons les utiliser pour illustrer l'hypothèse de J. Noiray[1] selon lequel il subsisterait dans la S.F., une opposition (dont l'expression la plus frappante se déroule au XIXème siècle), entre un regard critique porté sur la Science et sur le progrès (héritage de la génération romantique, des symbolistes) représenté en ce siècle par les surréalistes, dont P. Curval se réclame (ainsi que Sternberg et Ruellan) et un enthousiasme vis à vis du progrès dû à la Science (héritage du courant moderniste, représenté en littérature au XIXème siècle par E. Zola et les naturalistes).

Ce dernier courant, Valérie Schmidt semble le présenter, lorsque nous lisons le rôle qu'elle assignait à la S.F., rôle que les promoteurs de ce genre n'auraient pas assumé :

« Moi, ce que j'avais compris, c'est que la S.F. pouvait faire évoluer les consciences. Toutes ces propositions scientifiques pouvaient familiariser les lecteurs à des possibilités d'évolution, nous rendre aptes à grandir avec les événements sans les craindre. Un exemple : quand le premier Spoutnik est parti, en 58, et que nous mettions des panneaux en vitrine pour l'annoncer, des gens venaient nous insulter, prétendant que nos trucs allaient détraquer le temps ! Et aujourd'hui encore, on panique à cause de cette fameuse couche d'ozone ! C'est contre cet obscurantisme que nous voulions agir... »

Philippe Curval, décrit ce même mouvement dans la littérature :

« A l'époque on avait comme préoccupation première l'influence de la science et de ses bienfaits sur l'humanité. Toute la littérature de ce temps célébrait plus ou moins cet avènement d'un monde moderne au sein duquel personne ne travaillerait plus. Ce qui est en train de se produire d'ailleurs, mais pas comme on l'imaginait ».

---

[1] J. Noiray, Le romancier et la machine, tome II, «Jules Verne, Villiers de l'Isle Adam», ed José Corti, 1982.

Mais cette tendance ne fut que de courte durée, tandis qu'une autre vision du monde s'instaurait dans la S.F., vision qui s'affirmerait avec plus de force encore après 1968 :

« La vision du progrès scientifique était en train de basculer : les auteurs de mon âge, ceux de « Galaxie » et Sheckley en particulier, lançaient un ricanement amer à cette idée de la science salvatrice. On commençait à comprendre que l'avance technologique avait son revers de médaille, et que le progrès social s'accompagnait de systèmes comme le taylorisme, fort pénalisants pour les ouvriers. Finies les visions édéniques d'un monde tout de luxe et de volupté. Cette situation offrait aux écrivains de S.F. la possibilité de révéler ces choses dans une vision contestataire et la possibilité de faire de la S.F. une littérature encore plus vivante ». (P. Curval)

Nous n'avons, à aucun moment, évoqué les caractéristiques des auteurs du Fleuve Noir, c'est qu'ils n'ont pas alors d'activité dans la structuration d'un « milieu » de S.F.F.. Non qu'il s'agisse de passivité, mais plutôt d'inexistence. Caractéristiques des producteurs de « littérature populaire », les auteurs sont des producteurs passant d'une collection à l'autre, donc d'un genre à l'autre, en fonction de l'état du marché. Certains se sont spécialisés dans la S.F., d'autres n'y ont fait qu'un court séjour. Ignorés par le milieu des promoteurs de la S.F.F., les auteurs du Fleuve Noir (« Anticipation »), le sont également (comme tous les auteurs de ce secteur de production), des représentants de la littérature légitime[1]. En ce qui concerne le profil socioculturel de ces auteurs, grâce au questionnaire et au dépouillement des sources livresques, nous savons que Maurice Limat, Morris, André Caroff, Max-André Rayjean sont issus de milieux très modestes, et que Pierre Barbet, Peter Randa, H.R. Bessières, Daniel Piret, Robert Clauzel sont issus de milieux aisés (on compte un fils d'industriels, de chef d'orchestre, de directeur de théâtre...). On sait également que B.R. Bruss (alias Roger Blondel) était secrétaire d'Etat sous Vichy (selon Jacques

---

[1] On peut malgré tout trouver un point d'intersection, très anecdotique, par l'intermédiaire de Jean Cocteau, qui a entretenu une correspondance avec André Ruellan/Kurt Steiner, compagnon de route des derniers surréalistes avant qu'il ne soit auteur du Fleuve Noir (d'abord dans la collection «Angoisse»), et qui fit la préface d'un des premiers ouvrages sur le phénomène des soucoupes volantes de l'écrivain Jimmy Guieu.

Sadoul, il a adopté son pseudonyme à la Libération). En revanche, nous ne disposons pas d'informations précises sur les origines de Jimmy Guieu, Jacques Hoven, P.J. Garen, et de Jean Mazarin. Ce que nous savons en revanche, c'est que le Fleuve Noir a recruté un certain nombre d'auteurs ayant fait des études de médecine, de pharmacie (certains ont exercé continuent à exercer - Robert Clauzel, cardiologue, Pierre Barbet pharmacien, dirigeait un groupement professionnel, P.J. Garen, Jacques Hoven). Nous reviendrons plus loin sur les profils socioculturels des auteurs et promoteurs.

La contre-culture :

1968, c'est l'arrivée d'un nouveau public, celui de la contre-culture, contestataire, à la recherche de produits nouveaux, celui de la « petite bourgeoisie nouvelle » :
« Les éditeurs, qui venaient d'enterrer la S.F. un peu vite, furent contraints de s'adapter et les médias suivirent, parfois en rechignant. De nouvelles collections se créèrent à partir de 1969 ; elles proliférèrent si bien que leur nombre dépassa la trentaine, ce qui était trop ; mais l'inévitable dégraissage n'empêcha pas la montée de la lecture, et le nombre de volumes vendus chaque année, qui n'atteignait pas 500 000 avant 1968, s'élevait à près de 6 millions vers 1980. » (J. Goimard, 1984, p 74)
« Le grand succès a été en parallèle avec celui de la BD. Ça fait partie de la même mouvance. Ça doit correspondre à l'époque de « Pilote », et de plus tard « Métal Hurlant », « Fluide Glacial », « l'Echo des Savanes ». Il y a tout un mouvement dans lequel s'inscrit la S.F.. A l'époque, le jeune lecteur de base de 17 ans, il lit « l'Echo des Savanes », il lit « Métal Hurlant », et il lit de la S.F. ». (Joseph Altairac, entretien).
Arrivée d'un nouveau public actif, demandeur, selon Jacques Goimard, qui semble là contredire l'idée répandue dans l'analyse des productions populaires et mineures, selon laquelle la production est imposée par le haut. Ici médias et éditeurs sont les suiveurs. Multiplication des supports et éclosion de nombreux jeunes auteurs : les pages de la revue « Fiction »

s'emplissent de patronymes nouveaux (certains sont aujourd'hui oubliés, même par les fans les plus investis dans le genre).

A partir de 1968, les anciens promoteurs se retrouvent, logiquement, placés à la tête des collections (Gérard Klein en 1969 chez Laffont, Jacques Sadoul en 1970 chez « J'ai lu », Michel Demuth et Jacques Bergier au CLA - Club du Livre d'Anticipation, etc...) et contribuent à la diversification, à la spécialisation des supports, traduisant ainsi des conceptions différentes du genre, des définitions opposées :

« Une bonne dizaine d'entre nous se retrouvèrent dans les grands quotidiens, anthologistes, rédacteurs en chef, directeurs de collections, conservateurs de musées, directeurs de festivals, que sais-je encore ? Quelques uns, (...) trouvèrent là l'occasion de s'installer dans des positions de pouvoir dont généralement ils jouissent encore ; d'autres extérieurs à ce tumulte, lâchèrent prise et coulèrent à pic au moment précis où le vaisseau S.F. sortait du cyclone ; d'autres enfin avaient un instinct de conservation suffisamment développé pour se laisser porter par le courant, non sans se pincer à l'occasion pour vérifier qu'ils ne rêvaient pas. Mais la fratrie fut irrémédiablement brisée ; chacun poursuivit son parcours en solitaire ; la croisade victorieuse s'éparpilla en occupant le territoire conquis ; nous continuions à rêver d'autres univers en nous établissant dans des châteaux-forts, on ne peut plus tangibles et on ne peut plus distincts les uns des autres ». (J. Goimard, 1984, p 74)

Ce que Jacques Goimard sous-entend ici, c'est la diversification du milieu en tendances, représentées par des promoteurs installés dans les « châteaux-forts », lesquels, puisque « tangibles », ne peuvent être que les collections de S.F.. Il fait allusion, sans trop préciser de quoi (et de qui) il s'agit, à la « situation de pouvoir » de certains anciens promoteurs, situation enviée et convoitée dés les années soixante-dix, années qui mettent à jour des rivalités pour la domination dans le milieu.

Des encyclopédies, des histoires, des dictionnaires paraissent. Pierre Versins[1] publie son encyclopédie qui bénéficie d'une cote de confiance assez immense encore aujourd'hui dans la S.F. française. On lui reproche quelquefois d'avoir contribué à la diffusion de l'opinion, très présente dans le camp des

---

[1] P. Versins, Encyclopédie de l'utopie, des voyages extraordinaires et de la Science-Fiction, Ed. L'Age d'homme.

universitaires, que la S.F. est d'origine européenne (le genre aurait fait un « aller-retour » les deux continents). Sa démonstration s'appuie sur une multitude de textes français et européens. Peut-être, à la lecture de l'exemple donné par Jacques Sadoul dans son histoire de la S.F., peut-on trouver une explication à l'anti-américanisme de Pierre Versins et à sa mise en avant de la production européenne. Son livre, <u>Les étoiles ne s'en foutent pas</u>[1]) « se veut une dénonciation du racisme », « d'un anti-américanisme primaire », « lorsque le capitaine d'une expédition américaine, arrivée sur une lointaine planète, s'aperçoit que le chef de cette dernière est un Noir, il sort son pistolet et l'abat » (J. Sadoul, 1973, p 64)[2]. Ajoutons que nous sommes alors en 1954, l'idéologie dominante est alors largement anti-américaine, et s'appuie sur cette question « raciale », ce qui ne peut que concerner Pierre Versins, dont Jacques Sadoul nous dit qu'il a été interné dans un camp de concentration pendant la seconde guerre mondiale. Il faut également ajouter que cette histoire du genre s'accorde avec toute une série de tentatives de glorification du genre résultant d'une volonté de se faire admettre par les sphères les plus cultivées, sinon reconnaître d'elles. Dire que cela obéit à une recherche de légitimité ne signifie pas pour autant que l'origine du genre est européenne. Même si certains spécialistes rencontrés pensent qu'il y a eu surévaluation de l'influence européenne.

Jacques Sadoul produira donc lui-même son histoire du genre, où, bien qu'il accorde également un rôle important à la S.F. française, rend compte de la diversité et de la richesse de la S.F. américaine. Dans son introduction, une phrase attire l'attention : « Longtemps ignorée dans notre pays, cette littérature a fait l'objet depuis 1950 de nombreuses études, un peu par réaction contre la Science-Fiction américaine supposée connue ». La question de savoir si l'origine européenne de la S.F. est véritablement fondée, ou si ce n'est qu'une hypothèse abusivement admise par les universitaires (poussés par certains

---

[1] D'abord publié par les éditions « Métal », le livre sera réédité en 1980, fait très significatif, par la très « gauchiste » maison d'édition « Kesselring ».

[2] Jacques Sadoul donne un extrait du discours tenu par le personnage de l'explorateur américain : « vous savez dans mon pays ce que l'on fait aux mal blanchis comme vous ? (Sa voix devint suraiguë). On les bat, on les pend, on les lapide, ils n'ont aucun droit et pas un n'oserait toucher à un Blanc » (J. Sadoul, <u>Histoire de la Science-Fiction moderne</u>, 1973, p 64).

promoteurs) car obéissant à une stratégie inconsciente de légitimer le genre, se pose de nouveau. En fait, certains spécialistes semblent, aujourd'hui, vouloir relativiser l'influence de la S.F. française sur la S.F. américaine. D'après Joseph Altairac, la raison objective de cette surestimation, serait le manque de documentation traduite en français portant sur les précurseurs américains de la S.F.. J. Altairac, cite le monumental ouvrage de 1000 pages d'Everett F. Bleiler[1], paru en 1990, qui analyse 2500 ouvrages de S.F. américaine d'avant 1930, comme preuve de la surévaluation de l'influence française et anglaise sur la S.F. américaine, qui était déjà largement développée. Le spécialiste en question (lors d'une de nos conversations informelles) ne semble pas contredire l'influence qu'auraient eu Jules Verne et H.G. Wells, il précise le rôle d'Hugo Gernsback (créateur du label « Science-Fiction ») dans la promotion de ces deux auteurs (en 1915-1930, alors que leurs oeuvres sont déjà anciennes et que les américains ont déjà développé une littérature à intrigue scientifique). H. Gernsback a la particularité d'être un émigré luxembourgeois installé aux Etats-Unis. Alors cet « aller-retour » du genre d'un continent à l'autre est-il réellement fondé, ou n'est-il que la conjonction des désirs des promoteurs des deux continents de donner une origine noble car ancienne et européenne, à un genre littéraire découvert en 1950 au moment où règne en France un anti-américanisme sévère ? Nous ne pouvons que proposer l'hypothèse d'une construction par les promoteurs de l'histoire du genre. Construction motivée par la volonté d'inscrire le genre dans une tradition européenne et de lui donner ainsi « ses lettres de noblesse ». Nous posons cette hypothèse sans chercher à la vérifier par une étude comparée des différents corpus, puisque ce travail sortirait du cadre de cette recherche. Ce que l'on peut en revanche affirmer, c'est qu'en menant cette étude, nous ne pouvons que développer une méfiance vis à vis des différentes sources savantes, qu'elles émanent des spécialistes-promoteurs ou des spécialistes-universitaires (ce sont quelquefois les mêmes), lorsque l'on recherche éléments d'histoire et définitions du genre. Ceci parce que le genre est nouveau et qu'il n'est objet de recherche que depuis peu, mais surtout parce que définition et

---

[1] E. F. Bleiler, The early years, The Kent State University Press, Kentucky, Ohio, 1990.

histoire du genre sont des éléments qui vont jouer pour sa classification dans la hiérarchie des biens culturels, et que les personnalités organisant sa défense ont tout intérêt à mettre en avant telle ou telle caractéristique (en toute bonne foi, sans calcul cynique, parce qu'ils se plient aux canons de ce qui est digne et de ce qui ne l'est pas).

Dans un article paru en 1975, L. Boltanski[1], décrit une troisième période de l'histoire du champ de la BD qui révèle son début de légitimation : l'appropriation de la BD, comme objet d'étude savante par des universitaires décrits par L. Boltanski comme occupant une situation dominée dans le champ universitaire. Début de légitimation qui vient renforcer chez les producteurs de BD des attitudes propres aux producteurs des créations légitimes : interrogation intellectuelle sur sa propre production. Cette période suit la période de création d'un champ autonome avec un appareil de célébration spécifique (jurys, festivals, prix, fanzines...), création suscitée par l'arrivée d'un nouveau public en homologie avec les nouveaux producteurs, après 1965 : issus des classes moyennes ou populaires mais longuement scolarisés. Période qui se différencie de la première : domination par la culture légitime, entière soumission au marché, absence de critique, auteurs issus des classes supérieures ayant échoué dans une carrière artistique classique, reconvertis dans la BD.

Le cas de la S.F. a des similitudes avec celui de la BD : arrivée à partir de la fin des années soixante d'un nouveau public, développement d'un appareil de célébration spécifique, et apparition de la critique universitaire. Ainsi Boris Eizykman publie en 1974 son ouvrage, Science-Fiction et capitalisme ; il y épingle Pierre Versins et sa tentation de faire remonter la S.F. à l'Antiquité grecque.

Cependant, si l'on peut noter des analogies, il existe une différence de taille. Contrairement à la BD, la S.F. en France n'a pas subi une évolution « du populaire vers l'intellectuel ». Les deux pôles « intellectuel » et « populaire » ont coexisté dés les années cinquante. La S.F. populaire (du Fleuve Noir surtout), d'expression française était éloignée de l'appareil critique. Quant aux représentants de la S.F. « intellectuelle », ils se sont

---

[1] L. Boltanski, «La constitution du champ de la bande dessinée», Actes de la recherche en Sciences Sociales, janvier 1975.

intéressés d'abord à une littérature traduite, dont ils ont fait la promotion avant de devenir, pour certains, des auteurs.

Situer comme Boris Eizykman, la S.F. résolument au XXème siècle, s'exprime par le rejet de l'héritage, c'est ce qui est énoncé clairement et violemment en 1978, avec la proclamation explicite de Bernard Blanc : « Pourquoi j'ai tué Jules Verne »[1]. En 1987, un amateur du genre, Stéphane Nicot revenant sur cette période épingle les « sectaires » de la S.F.F.[2] avec une citation de Léon Trotski. Il y critique le pouvoir de certains membres du milieu en mettant en introduction à ses propos une citation du trotskiste et promoteur de S.F., Pierre Giuliani. Cela n'est pas sans rappeler les affinités de certains amateurs, dans les années soixante-dix, avec ce mouvement politique. Mouvement qui représentait un des courants politiques (regroupant un nombre très restreint d'individus), représentatif de ce qu'on appelait alors « la nouvelle Science-Fiction politique française ». Le développement francophone du genre se fait alors à travers des revendications politiques (écologie, anti-nucléaire, dénonciation des totalitarismes).

Lors des interviews réalisées avec des acteurs de cet épisode de la S.F., nous notons des allusions à des pratiques, des modes de sociabilité, typiques de la contre-culture (réunions informelles en zone rurale ; nous trouvons également dans pourquoi j'ai tué Jules Verne des allusions au second degré, à une « libération des moeurs », ainsi qu'à la consommation de drogues, etc...). L'unité se fait également autour de la contestation des « anciens » et des « dominants » (la S.F. « à la Fleuve Noir » d'une part ; la domination des éditeurs et écrivains héritiers des années cinquante, P. Curval, J. Goimard, mais surtout G. Klein).

Dominique Douay, dans un entretien accordé en mars 1994, raconte l'expression nouvelle de la politisation de la S.F. :

« Au début c'était une atmosphère boy-scout. Des collections se sont créées très rapidement, il y avait l'esprit boy scout. Nous étions tous copains. Et puis des trublions sont arrivés. Des trublions... (rires)... entre guillemets. Je pense par exemple à

---

[1] B. Blanc, Pourquoi j'ai tué Jules Verne, coll Dire, Ed Stock 2, 1978.
[2] «Les sectaires ne sont capables de distinguer que deux couleurs : le noir et le blanc» (S. Nicot, «Splendeurs et misères de la Science-Fiction française», Univers, 1987).

Bernard Blanc. Alors des clivages se sont dessinés. Mais des clivages qui étaient uniquement destinés à permettre à certains de conserver un pouvoir sur un groupe. Et c'était la technique de Bernard Blanc de créer un groupe et d'arriver à s'affirmer grâce à ce groupe. Mais les autres groupes agissaient de même. Tous se choisissaient des gourous, des porte-paroles. Ce qui a laissé penser que la S.F. était un conglomérat de petites chapelles. Ce n'était pas du tout ça. Je crois que c'était aussi ce qui existait dans la société française à l'époque, c'est-à-dire une multitude d'écoles de pensées. Et dans la S.F., ça devenait caricatural ».

Outre le groupe de Bernard Blanc, qui s'exprime d'abord dans « Fiction » puis dans « Alerte ! », des enquêtés nous ont cités celui « anarchisant » de Joël Houssin, celui des trotskistes autour de Pierre Giuliani (il s'agissait plus d'un ensemble de personnalités s'inscrivant dans ce courant plutôt que d'un véritable groupe). Avec l'émergence, en 1977, du mouvement punk, les individus libertaires se sont regroupés et sont allés vers « un anarchisme militant et violent » (les mots sont de Dominique Douay). On cite dans ce courant, Joël Houssin (qui a publié récemment dans la collection « Présence du Futur », et qui est aujourd'hui scénariste pour des feuilletons télévisuels policiers) et Christian Vilà.

L'après 68 est l'époque de l'expression des marginalités, la S.F. représentante alors de la « contre-culture », ne fait pas exception, et ses multiples groupes et courants, essentiellement basées sur des professions de foi politiques, illustrent la tendance générale. Investie par une bourgeoisie nouvelle[1] en tant que contre-culture, la S.F. d'alors glorifie une modernité littéraire (tout en critiquant les créations du monde moderne : pollution, nucléaire,...). Modernité qui se choisit une terminologie :

« Bernard Blanc était un type qui saisissait très bien les modes. Il avait une certaine intuition. Et, l'époque était au

---

[1] Sur les 90 auteurs à propos desquels nous avons pu trouver des éléments bio-bibliographiques, sept sont des auteurs de la S.F. politique ou des précurseurs (nombre ont «disparu» du milieu). Quatre sont originaires des classes moyennes et plus exactement du pôle exécutif (deux origines sociales nous sont inconnues - refus de répondre à la partie du questionnaire concernée chez J. Mondoloni et J.P. Andrevon), et ils ont presque tous intégrés des professions en rapport avec la culture (J. Mondoloni dans l'audiovisuel, P. Pelot, J.P. Andrevon, J. Wintrebert vivent de leur plume, Y. Frémion intégré dans une profession para-littéraire, J.P. Hubert est enseignant). Seul D. Douay est cadre de la fonction publique.

« nouveau quelque chose ». Nouvelle cuisine, nouveaux philosophes, et c'est lui qui est à l'origine de cette appellation nouvelle Science-Fiction politique ».

Autour des activités lancées par Bernard Blanc (« en 76-77, Blanc était devenu un homme très fort du milieu, il lançait des collections de tous les côtés, il était presque incontournable », Denis Guiot, entretien, juin 1993), nous pouvons nous étonner de voir les noms de personnalités du milieu qui ne sont pas des « proches » de ce courant : dans « pourquoi j'ai tué Jules Verne », Michel Jeury et Pierre Barbet, par exemple[1]. C'est un fait que l'on a pu constater dans le milieu de la S.F., malgré les oppositions, les prises de positions quelquefois exprimées en termes violents, il existe un accord entre ces promoteurs d'une même littérature (dont la popularité est récente ; y règne le souvenir de sa période de purgatoire), autour de la valeur « S.F. », accord qui se remarque donc, par la participation à des supports, à des manifestations, communs (reste le cas des « anciens du Fleuve Noir », manifestement à l'écart).

---

[1] M. Jeury, publié par Gérard Klein et auparavant au «Rayon Fantastique» (sous le pseudonyme d'Albert Higon), avait un certain pouvoir dans le milieu S.F. : «Quelques mois avant (en 1974), M. Jeury avait fait paraître « Le temps incertain », et il avait dans le milieu, une position de gourou. C'est à dire que c'était la personne qu'il fallait rencontrer, qui aidait tout le monde etc...» (D. Guiot, entretien). Il publie à l'époque des articles dans «Fiction» (les auteurs critiqués, lus, présentés par M. Jeury à l'époque, en parlent aujourd'hui, au cours des entretiens, comme d'une mini-consécration), sert d'intercesseur pour certains fans ayant le projet de devenir critique... Sa situation semble donc celle d'un prétendant aux positions dominantes du milieu, mais bien que s'inscrivant dans une S.F. de gauche, s'il apporte son soutien par sa présence aux débats menés par Bernard Blanc («il s'exprimait dans les colonnes de B. Blanc, mais parallèlement, il donnait des gages à d'autres groupes, ce qui était très bien», D. Douay, entretien), il n'entre pas dans ce combat : «Jeury n'est pas dans la lancée politique à la Blanc. Ses écrits sont politiques. Mais la S.F. à la Blanc c'est de la Science-Fiction-tract, activiste. Il se fichait pas mal de l'écriture. Pourvu qu'on dénonçât le béton, le fric... Jeury était trop au dessus». (D. Guiot, entretien). Quant au nom de P. Barbet, écrivain du Fleuve Noir, qui n'est pas décrit par les spécialistes du milieu comme un «sympathisant de gauche», il apparaît dans l'ouvrage cité ci-dessus, ainsi que dans les témoignages oraux relatant les premières manifestations consacrées au genre (pourtant le plus souvent organisées par le «pôle de gauche»). Or, nous apprenons qu'il est également dans une situation de prétendant aux positions dominantes : «Barbet a une époque avait eu l'ambition de fédérer tout ça. C'était lui qui représentait la S.F.F. dans les conventions à l'étranger. Il faut dire qu'il était pratiquement le seul à être traduit aux Etats-Unis». (D. Douay, entretien)

« Tout le monde était un peu irrité par cet activisme du groupe Bernard Blanc, mais peu en arrivaient à rompre les ponts » (D. Douay, entretien)

Les premières décisions de « fédérer » les auteurs de S.F. se seraient manifestées lors d'une convention, en 1975. Première tentative qui restera sans effet. Cette expérience de « fédération » est l'une de celles qui sont accomplies dans ces années soixante-dix. La véritable organisation syndicaliste est le « SELF » (en dehors du milieu S.F.), auquel participent Yves Frémion (écrivain de S.F., critique, spécialiste de BD), Joëlle Wintrebert, Dominique Douay, Jean-Pierre Andrevon et d'autres auteurs « de gauche »[1]. Yves Frémion devient quelques années après sa création le président du « SELF ». Cette prise de présidence est présentée en ces termes par un auteur alors actif :

« Comme le « SELF » n'était pas une organisation très structurée, et qu'a priori, les écrivains qui acceptaient d'y avoir quelques responsabilités, avaient autre chose à faire, c'est-à-dire écrire, le pouvoir a été relativement facile à prendre. C'est comme ça que Frémion s'est retrouvé président ».

On sent poindre dans cette déclaration un thème relativement courant dans le fandom, en l'occurrence celui de la quête du pouvoir dans et par la S.F.. Certains auteurs, promoteurs, éditeurs sont plus particulièrement visés par ces attaques (comme par exemple certains directeurs de fanzines - qui auraient par trop, le « fantasme » de devenir professionnels, à travers une diffusion en kiosque ; et puis évidemment les éditeurs, G. Klein, et plus récemment J. Goimard, pour des raisons différentes, nous reviendrons sur ce point). Des écrivains militants des années soixante-dix, ont intégré des carrières dans le champ politique et/ou institutionnel (B. Blanc qui a milité au

---

[1] Bien que Joëlle Wintrebert raconte son expérience de syndicaliste, elle insiste pour se présenter comme une dilettante en ce domaine. Des avantages auraient été obtenus : « C'est de là que vient le fameux code des usages, qui essaie de faire avancer les relations entre auteurs et éditeurs. On avait obtenu un certain nombre de choses, par exemple que la passe soit supprimée par les éditeurs qui avaient signé. La passe c'est 10 % qui sont prélevés par l'éditeur sur les droits d'auteur de l'auteur, pour couvrir, prétendument, les défraîchis etc...Et c'est extrêmement abusif. Ca a été supprimé par les éditeurs qui avaient signé le code des usages, mais il y a un certain nombre d'éditeurs qui n'ont pas signé le code des usages, donc qui pratiquent encore la passe»(J. Wintrebert, entretien, convention nationale de S.F., Orléans, août 1993).

parti écologiste « les Verts », serait actuellement traducteur à l'Unesco, Yves Frémion, était encore récemment co-député européen dans ce même parti, D. Douay a eu des activités auprès de personnalités du Parti Socialiste et est actuellement « technocrate » - le terme est le sien - dans une Cour des Comptes Régionale...)

D. Douay explique la mise en avant du discours politique dans les polémiques entre membres du milieu, comme un prétexte à la recherche du pouvoir (le thème du pouvoir est un de ceux qui caractérisent le mieux la problématique de D. Douay dans son oeuvre littéraire[1]). Les remises en question de la position dominante de G. Klein (qui détient à la fois une des clefs de la diffusion en tant qu'éditeur, un pouvoir symbolique - prestige - important en tant que promoteur et un des premiers fondateurs du milieu, et le quasi-monopole du discours savant, en tant que théoricien du genre), mobilisent surtout l'énergie de B. Blanc. Sur ces attaques de B. Blanc envers G. Klein, D. Douay, apporte son explication :

« Je crois que c'était uniquement un problème de pouvoir, parce que sur le point des idées... Oui, il y avait cet activisme qui irritait profondément Gérard Klein. C'est un problème de tactique. Bernard Blanc ne pouvait arriver à s'ériger comme gourou d'un groupe, qu'en faisant passer ceux qui avaient le pouvoir avant lui pour des vieilles barbes. Et c'est ce qu'il a fait contre G. Klein. Il a pas mal réussi, même si ça n'a été qu'un feu de paille. Sa collection chez « Kesselring » s'appelait « Ici et maintenant » par référence tout à fait explicite à celle de Gérard Klein (cf : « Ailleurs et Demain ») ».

Dominique Douay utilise pour décrire ce phénomène d'exagération des différences, le terme de « jeu » qui est souvent utilisé par les fans actuels lorsqu'il s'agit de décrire les querelles, polémiques entre amateurs et éditeurs :

« C'était plutôt un jeu de la part de Bernard Blanc. Quel intérêt matériel y-avait-il ? Je pense qu'il n'y en avait pas ».

Fédérer la S.F. française, c'est également protéger les intérêts des producteurs français, accentuer l'autonomisation par rapport

---

[1] «L'éternel espoir de la Science-Fiction française, d'abord catalogué comme auteur engagé (à gauche), puis, au côté de Michel Jeury, comme émule de Dick : jeux sur la réalité, interrogations sur le pouvoir et dérives temporelles». (L. Murail, <u>Les maîtres de la Science-Fiction</u>)

à la S.F. américaine. Récemment interrogés par voie de questionnaire sur leur situation par rapport à la S.F. anglo-saxonne, Jean-Pierre Hubert écrit : « Son impérialisme économique et culturel m'agace ». Il remet en question la valeur des auteurs américains dans une phrase qui indique bien les relations d'amour-haine entretenu avec une littérature souvent modèle (mais inégalée tout du moins au niveau des ventes) : « J'adore ces écrivains, mais faut-il les porter aux nues ? » Yves Frémion, lorsqu'il énumère ses préférences cite les « auteurs « littéraires » qui travaillent « à l'européenne » et non « les auteurs d'action qui négligent l'écriture », « j'aime ceux qui ont un travail d'écriture original - Michel Jeury, Emmanuel Jouanne, Jacques Barbéri... - pas les plagiaires de l'Amérique ». Ce point de vue s'approche de celui tenu par Philippe Curval, qui n'est certes pas un auteur de ce courant même s'il a participé à ces débats, mais qui ajoute que les écrivains français de S.F. sont soumis « à la domination économique et culturelle des USA ». A l'inverse, on insiste sur la filiation culturelle européenne, sur les liens avec la littérature générale de la S.F. française : « Elle est plus apte que sa consoeur américaine à squatter la littérature générale » (Jean-Pierre Hubert), « elle est imprégnée de la culture française et européenne et elle traduit un autre mode de fonctionnement de la spéculation narrative » (P. Curval).

Nous avons déjà évoqué les oppositions entre Gérard Klein et Alain Dorémieux sur leur représentation de la S.F. dans les années cinquante. Si aux dires de J. Goimard, A. Dorémieux circonscrit le domaine S.F. à la littérature, G. Klein y voit l'occasion d'y développer un discours plus vaste. Dans les années soixante-dix, cette opposition se manifeste encore, lorsque le premier quitte Paris pour une lointaine et petite ville de province :

« A l'époque ou A. Dorémieux était directeur de publication de « Fiction » et G. Klein directeur « d'Ailleurs et Demain », le milieu était trop petit pour eux deux. D'autant que certains commençaient à avoir les dents longues, Sadoul, par exemple (directeur de la collection « J'ai lu - S.F. ») ». (acteur des années soixante-dix, entretien)

Révélatrice de l'aspect primordial du « littéraire » sur le « discours » pour A. Dorémieux : la fameuse « anecdote des pommes de terre » [1] (il quittera alors « Fiction », bien que d'après J. Sadoul, il aurait continué à diriger la revue sans que son nom soit cité, avant de céder la place à la génération « punk » représentée par Joël Houssin) :

« Il a écrit dans « Fiction » (en avril 1974) que les auteurs français feraient mieux d'aller cultiver des pommes de terre. Il devait crouler sous les manuscrits exécrables. Et il a très bon goût... Il a eu une phrase malheureuse. Il y a eu une polémique. Je ne sais pas ce qui s'est passé, mais il a quitté « Fiction » ». (Denis Guiot, entretien)

Malgré la multiplicité des tendances, l'union se fait, une fois encore, contre le Fleuve Noir. L'attaque se fait sous le prétexte politique. Fin 1993, l'écrivain Roland C. Wagner, grand spécialiste du Fleuve Noir (il y a été publié) et fan (membre du fandom) depuis 1974 (il avait 14 ans), nous racontait cette opposition. Nous reprenons ici la partie de l'entretien consacrée à ce thème de manière intégrale :

« Enquêteur : Dans les années 75, tout le monde est tombé sur le Fleuve pour des raisons idéologiques, j'ai même lu l'interview de Patrick Siry (alors directeur de collection au Fleuve Noir) dans lequel il raconte que « Minute », dans un article, accuse Fleuve Noir de virer à gauche.
R.C. Wagner : ça doit être à cause de Pierre Pelot ça (qui écrivait au Fleuve Noir sous le pseudonyme de Pierre Suragne). En gros au Fleuve la plupart des auteurs sont plutôt de droite. Pour B.R. Bruss, son appartenance politique n'est pas claire, mais c'est pas très important, il est suffisamment humaniste et libéral pour qu'on s'en foute un peu. Guieu, Randa et Bessière sont de toute évidence de droite. Limat a l'air très à droite aussi. Politiquement, les Le May (deux auteurs écrivant en collaboration) ne sont pas nets. K. Scheer et C. Darlton (pseudonyme collectif de plusieurs auteurs allemands de la saga

---

[1] Cité par J. Sadoul dans son histoire de la S.F. moderne : «une fois de plus et plus que jamais, nous croulons sous les piles de manuscrits français à lire ! Chers auteurs amateurs, nous vous aimons bien et ne voudrions pas vous décourager. Mais, dans le meilleur des cas même si votre texte génial était reconnu pour le petit chef d'oeuvre qu'il est, il lui faudrait attendre des années avant de paraître dans la revue, en raison de l'embouteillage au portillon. Alors...reconvertissez-vous, recyclez-vous, lancez-vous dans la culture de la pomme de terre. C'est sain et c'est rentable...»

« Perry Rhodan ») c'est du space opera militariste. Et puis Gilles D'Argyre et Kurt Steiner étaient plutôt à gauche.
E : C'est-à-dire G. Klein et A. Ruellan.
R.C. Wagner : Louis Thirion, difficile à dire s'il est anar de droite ou anar de gauche. Il est aussi très humaniste. Il y a une charge contre les multinationales dans un bouquin. Tout ça c'est au début des années soixante-dix. Et puis Alphonse Brutsche (J.P. Andrevon) et Pierre Suragne (P. Pelot) arrivent. Lui est ouvertement gaucho. C'est pas que Fleuve Noir était plus à gauche, c'est surtout qu'il n'y avait plus seulement des auteurs de droite ! Pelot publiait beaucoup, et c'était très violent. Guieu, par exemple avec l'irruption de ces nouveaux auteurs devient de plus en plus extrémiste. C'est là qu'il commence à faire des couplets franchement douteux.
E : Mais en dehors du côté réactionnaire de leur oeuvre, ils ont eu des prises de position ouvertement politiques, dans les interviews.
R.C. Wagner : Oui, on trouve ça dans des fanzines. Je t'en avais lu. Le truc de Gabriel Jan qui finissait par : « L'urine est tirée il faut la boire ». Le grand clash c'était à Salon de Provence. J'y étais pas, mais tous les gens m'en ont parlé. En gros tu avais les auteurs du Fleuve, les gens de droite d'un côté, et la bande à Bernard Blanc de l'autre. Les jeunes et les vieux, c'était aussi le conflit des générations, plus ou autant qu'un truc politique ».

Nous reviendrons plus loin sur le Fleuve Noir et son histoire à partir notamment de ce fanzine cité par Roland C. Wagner, publié au lendemain de la réunion de Salon de Provence, au cours de laquelle l'opposition entre les auteurs s'est concrétisée. Néanmoins, nous pouvons en dire deux mots avec l'intention de faire se révéler cet antagonisme anciens/modernes, droite/gauche, populaire/intellectuel.

L'ouvrage de Bernard Blanc, meneur principal de ce conflit, confronte les arguments. Il cite par exemple un passage d'une interview de Jean-Pierre Andrevon (de gauche) au magazine « Charlie-mensuel » (le support journalistique même est porteur de sens, en tant que produit de la contre-culture contestataire). Y transparaissent les ambitions de ce « pôle intellectuel » de se faire reconnaître en dehors du cercle des pairs, c'est ainsi que les auteurs du Fleuve...

« Enragent de voir la S.F. française, mais l'autre, celle qu'ils exècrent, sortir du ghetto, attirer l'oeil des critiques, faire gloser.

Ta prose à toi, Gabriel Jan, et la tienne, Maurice Limat, n'ont jamais suscité le moindre commentaire, et cela vous ne pouvez le supporter »(B. Blanc, 1978, p 50).

Ces propos, tenus en octobre 1975, sont une réponse aux attaques lancées par les « anciens » dans le fanzine publié après la convention de Salon de Provence, de juillet 1975. Il semble présenter les « modernes » (et ils le sont modernes puisque auteurs de la « nouvelle Science-Fiction française ») comme les victimes des injures des « anciens ». En fait, si l'on se réfère au fait que les auteurs du Fleuve n'ont pas eu accès, à notre connaissance (ce fanzine entièrement consacré au Fleuve serait même une première) à autant de tribunes (et notamment de tribunes à destination d'un public large, comme celui de « Fiction », ou non-exclusivement amateur de S.F., comme celui de ces publications satiriques) et au fait que les mots insultants des anciens étaient une défense, les nouveaux s'avéreraient être les attaquants ... Ce qui est dans l'ordre des choses...

Les auteurs du Fleuve Noir n'ont pas les supports leur permettant de s'exprimer (si ce n'est leur production littéraire proprement dite qui serait le moyen d'exprimer leurs griefs - cf. ce que dit R.C. Wagner à propos de Jimmy Guieu : « Guieu avec l'irruption de ces nouveaux auteurs devient de plus en plus extrémiste »), ils sont également absents des manifestations de promotion.

« Ce qui est dommage, c'est qu'on ne les voyait nulle part. Alors tout se passait par fanzines interposés. Les seuls que j'aie rencontrés c'est Georges Murcie, Jan de Fast. Les choses se passaient bien parce qu'on pouvait discuter, et s'apercevoir que si on s'étripait, c'était vraiment pour des clopinettes ». (D. Douay)

De la même manière que Jimmy Guieu devient de plus affirmatif dans ses convictions politiques, le ton employé par les auteurs du Fleuve dans les réponses publiées dans le fanzine suite à cette « rencontre » de Salon de Provence paraît tellement outré qu'il semble entrer dans un processus de renforcement des oppositions, qui ne fait qu'entretenir les antagonismes. B. Blanc cite dans son livre des passages outranciers du discours des auteurs du Fleuve. Nous y trouvons l'accusation de récupération de la S.F. à des fins politiques :

« Des intellectuels au-dessous de la ceinture tentent de salir la Science-Fiction, de la prostituer en ornant leurs infâmes écrits de l'étiquette S.F.. Ne sachant placer leurs oeuvres (et pour cause) dans un autre domaine littéraire, ils ont choisi la S.F. comme bouillon de culture, sous prétexte que celle-ci permet tout ». (Gabriel Jan, p 48)

Plus que sur la tendance politique, les attaques s'expriment dans le domaine de l'injure (ordurière, c'est le cas de le dire) à thématique sexuelle et scatologique[1] (qui ne va pas sans rappeler les écrits des militants d'extrême-droite, auxquels on les soupçonne de ressembler fortement[2]). Ce qui fait dire à Bernard Blanc : « Monsieur Freud, s'il vous plaît, une consultation gratuite ! ».

Il y a manifestement un rejet violent de ce courant politique, culturel (« contre-culturel »), qui n'est que la manifestation dans la S.F. de ce qui se passe dans la société globale. Et l'appartenance à ce courant se signifiait par le vêtement et l'apparence physique (« Il y avait tous les chevelus du coin. Il y avait moi. Si, si, j'étais chevelu... » D. Guiot), ce qui est très bien décodé par les auteurs du Fleuve, et repoussé comme quelque chose de complètement étranger à leurs pratiques :

« Il y a dans la salle un escogriffe maigre et sale, cheveux longs et gras, lunettes archaïques à montures de métal, qui voudrait bien tout contredire, mais qui ne trouve pas un traître mot de son franglais... » (G. Murcie, cité par B. Blanc, p 54)

Chaque élément traduisant un « rapport au corps » qui fait partie de cette nouvelle culture est relevé : la maigreur n'en fait pas un homme mais un « escogriffe », le manque d'hygiène est noté (ce qui rappelle la comparaison de Maurice Limat avec les parasites), les cheveux sont longs et donc bien peu masculins, les lunettes sont « archaïques » en contradiction avec le sens de l'esthétique. Enfin, ce qui est très révélateur c'est l'observation à propos du langage, qui est corrompu parce que composite (français et anglais - ce discours rappelle celui du pôle le plus traditionnel du champ culturel sur l'américanisation de la langue française).

Nous pouvons suspecter un certain anti-américanisme, si l'on se fie à la tentative de l'association des écrivains français de S.F. et de Fantastique, fondée par Richard-Bessière, de proposer une

---

[1] «Ils ne sont que des morts-vivants qui se croient ferments du futur alors que n'étant rien d'autre que résidus de cette société qu'ils haïssent, morpions vilipendant le pubis qu'ils dévorent»(Maurice Limat, p 50).
[2] Soupçon tout à fait fondé pour certains, nous reviendrons sur ce point.

restriction des entrées étrangères (en grosse majorité américaines), dont nous avons parlé plus haut. Ajoutons que d'après Bernard Blanc, parmi les statuts de l'association, on trouve la dénonciation de la « pornographie ».

Les auteurs du Fleuve Noir sont alors un véritable handicap qui discrédite une S.F. qui se veut moderne et politisée (dans le bon sens) dans le cadre d'une recherche de reconnaissance auprès d'un public cultivé (par l'influence de la critique de la presse). Maurice Limat nous racontait à l'automne de 1993, que « Fiction », sous l'impulsion des précurseurs de gauche (Pelot, Andrevon), mettait un veto sur les productions du Fleuve. A propos d'un critique ayant proposé à « Fiction » un article favorable à Maurice Limat :

« Il m'a raconté qu'un jour il avait écrit un article élogieux sur moi dans « Fiction », puisqu'il y était collaborateur. Et Andrevon l'a vu et l'a déchiré en disant « non, il faut démolir Maurice Limat ». Il n'a jamais réussi à me démolir, il s'est surtout démoli lui-même. Tout ça parce que j'exalte dans mes bouquins, des valeurs que les gauchistes détestent : la joie, l'amour, le bonheur de vivre, la loyauté, la chevalerie. Et comme mes héros sont souvent des souveraines et des chevaliers ou des magiciennes et des demi-dieux, tout ce que ces gens-là détestent... Tout le côté poétique ».

Nous pouvons nous douter que les valeurs que Maurice Limat présente comme des valeurs poétiques, sont interprétées comme le signe d'une nostalgie du monde féodal, par la critique politique frénétique de l'époque ! L'expression « ces gens-là » est véritablement significative du ressentiment encore présent vingt ans après. « Ces gens-là », ces termes que l'on applique à l'autre que l'on rejette et qu'on ne connaît pas, ou plutôt que l'on ne reconnaît pas en ne le nommant pas, en ne le qualifiant pas, traduisent parfaitement cette rancune teintée d'incompréhension. Il est vrai que les critiques sur les « valeurs » défendues par les anciens du Fleuve Noir sont nombreuses :

« Les attaques sur le Fleuve Noir c'était facile. Parce qu'en général ces livres sont des livres qui s'écrivent très vite, sur des schémas qui sont ceux de la littérature d'action. C'était très facile de décrypter tout ça et d'y trouver du colonialisme et du racisme. Et c'est sur le fond ce qui était reproché au Fleuve Noir ».(D. Douay, entretien, mars 1994).

Denis Guiot, même s'il porte un regard très critique sur les méthodes, sur l'activisme de cette tendance de la S.F., voit malgré tout un point positif dans cette dénonciation des valeurs réactionnaires :

« La S.F. à la Blanc c'est de la Science-Fiction-tract. Activiste. Il se fichait pas mal de l'écriture, pourvu qu'on dénonçait le béton, le fric... (...) C'était quand même intéressant d'aller contre tous ces space opéras fachos, et de clamer sur tous les toits que tout est politique. Je suis tout à fait d'accord. Ces space opéras soi-disant distrayants, mais où on va dégommer tous les extraterrestres sous prétexte qu'ils ont la peau verdâtre, ça se décode facilement ! Ce que je reproche à Blanc et compagnie, c'est que c'était fait à la truelle. Ça se fichait des qualités littéraires pourvu que ça parle correctement. Ça donnait neuf fois sur dix des textes illisibles ». (entretien)

Parmi les reproches portés à l'encontre des anciens du Fleuve Noir, l'un touche à la question de la rétribution économique. Nous savons le champ littéraire, et artistique en général, plutôt enclin à considérer l'Art et la littérature comme des activités qui se doivent d'être désintéressées. Le fait que les auteurs « populaires » vivent de leur plume est certainement pour beaucoup dans la déconsidération qu'ils subissent. Déconsidération qui par contre-coup, frappe leurs écrits et le genre dans lequel ils s'inscrivent. Il n'est alors guère étonnant de constater des critiques vis à vis des auteurs « qui vendent », de la part des auteurs qui frappant à la porte du monde de la culture légitime, veulent se conformer à ses usages :

« Des auteurs qui, malgré tout, ont un gros public et de gros tirages. Ils gagnent tellement de fric avec leurs merdes qu'un Richard-Bessière, par exemple, a pu créer sa propre collection de poche, dans laquelle, bien sûr il republie tous ses romans ». (B. Blanc, Pourquoi j'ai tué Jules Verne , 1978, p 59).

Les écrits des auteurs du Fleuve Noir, sont en contradiction avec les ambitions littéraires de la « nouvelle S.F.F. », et les références ne sont plus les mêmes :

« Si le Fleuve Noir était attaqué, c'est parce que ça représentait une S.F. qui était dépassée. C'était une S.F. qui s'écrivait dans les années cinquante aux Etats Unis. Après il y avait eu toutes les recherches formelles menées par des gens comme Ellison, Silverberg, et surtout en Angleterre avec Ballard. Et là, tout à coup, il y avait un fossé énorme entre ce qui se faisait au Fleuve Noir et ce qui se passait dans les autres collections ». (D. Douay, entretien, mars 1994).

Les fans, les auteurs, et ce qui est dit dans les ouvrages, donnent un jugement négatif sur ce qui a été cette époque et sur ces quelques courants, celui de Bernard Blanc surtout. J. Wintrebert, dans un entretien, décrit quant à elle les mérites de ce discours politisé, en ce qui concerne la dénonciation de certaines tendances de la société moderne :

« Enquêteur : Vous n'avez pas été militante mais vous avez accompagné le mouvement de la S.F. politique ?
J. Wintrebert : Oui. On peut même dire que mon premier roman a appartenu à cette mouvance là. Et ce que je trouve important à dire, c'est pas le sujet de votre étude mais on a dit pis que pendre de cette S.F. politique. Et ça continue. Certes, c'étaient des livres tracts dans l'ensemble (...) Il y a eu quelques beaux livres. Mais la littérature ça ne doit pas être un tract. Ça ne doit pas être quelque chose de caricatural, ça ne doit pas être didactique, donc il y a eu des défauts. Mais il y a eu des dénonciations dans ses livres-là, et malheureusement, on est rattrapé par...ça. Ça parait ridicule de dire qu'on a fait figure de prophète... mais quand même...Parmi les anglo-saxons il y a eu Brunner... Et qu'est ce qui se passe maintenant ? On a eu Tchernobyl, on a eu les problèmes de l'eau, de pollution de la mer. Et dans mon roman Les Olympiades truquées, j'avais parlé du problème du dopage. J'ai été rattrapée par l'actualité beaucoup plus vite que je ne pensais l'être. On a les problèmes de la sélection du sexe, on voit ce que ça a donné en Chine avec l'infanticide des filles, et ce que ça donne en Inde, quand on sait ce qui se passe avec les problèmes de dot. Donc, qu'est ce qui se passe ? Les Indiennes, qui vivent dans un pays développé sur le plan médical, font une échographie. A trois mois, on connaît le sexe du bébé. A trois mois on avorte si le bébé est une fille. Moi, c'est ce que j'avais soulevé dans mon roman, le choix du sexe du bébé. Comme dans la majorité des cas on choisirait d'avoir un garçon, on arrive à un déséquilibre tel que les relations sociales en deviennent changées. On est sur cette pente là. »

En ce qui concerne l'appareil de célébration, les années soixante-dix voient se multiplier les publications à faible diffusion, qui s'accompagnent d'une « provincialisation » (« la nouvelle S.F., délaissant le VIème arrondissement, s'est développée surtout en province, voire à la campagne », J.

Goimard, dans « Esprit »). En plus de la chapelle littéraire, autour du déjà rituel « déjeuner du lundi » (qui réunit toute la « S.F. qui compte » - l'expression est celle d'un fan - dans un restaurant du quartier des éditeurs, près de la place Saint Sulpice), la S.F. s'éparpille en de multiples petits supports et petits groupes, très représentatifs de l'esprit des années soixante-dix. De nombreuses manifestations s'organisent : le festival de Metz, en 1976, sous la tutelle de Philippe Hupp (directeur de la collection Fleuve Noir Anticipation à l'époque de notre recherche), le festival de Clermont-Ferrand, en 1974, autour de Jean-Pierre Fontana (qui a une production littéraire). Celui de Metz durera jusqu'au milieu des années quatre-vingt. Et puis, une convention européenne va se tenir en 1974, à Grenoble. Cette convention a été racontée par un certain nombre de fans, ou d'écrivains ayant été des fans (Denis Guiot, Roland C. Wagner, Danièle Martinigol). Ils la décrivent comme un véritable « passage de témoin » entre les anciens et les modernes promoteurs de S.F., qui sont dans l'un cas comme dans l'autre, quelquefois écrivains, toujours amateurs (ce qui n'a rien à voir avec les querelles entre anciens écrivains français du Fleuve Noir, absents de la promotion, et les nouveaux écrivains, qui eux, sont présents dans les manifestations de célébration) :

« Enquêteur : Il y avait déjà les gens de la Science-Fiction politique française déjà, non ?
Danielle Martinigol : Oui, il me semble que Frémion était là. Il y avait Bernard Blanc et Julia Verlanger *(écrivait notamment au Fleuve Noir, sous le pseudonyme de Gilles Thomas)*, Jacqueline Osterrath *(traductrice de S.F. allemande)*, Michel Jeury, J.P. Andrevon, Georges Barlow *(critique)*. Les grenoblois étaient là. Je me souviens que l'organisateur était J. Boczke qui a complètement disparu du milieu. D'ailleurs en général, les organisateurs de conventions disparaissent après les conventions, c'est pourquoi c'est un peu inquiétant d'organiser une convention (rires).(...) Ça serait intéressant de savoir qui était à Grenoble parce que je pense que cette première grande convention à été une plaque tournante entre les anciens et les nouveaux. Parce qu'il y avait aussi Roland C. Wagner qui du haut de ses quatorze ou quinze ans est arrivé avec son appareil photo, son crayon et son bloc-notes pour interviewer tout le monde ». (entretien, automne 1993)

Les anciens-promoteurs (et/ou écrivains) de la S.F. française sont en position dominante dans le milieu autour des années 75 (à la différence des anciens-écrivains du Fleuve Noir), sont l'objet du persiflage de Bernard Blanc, dans ses écrits de 1978 :
« Comment les anciens, ceux de la génération d'avant, les Klein, les Steiner-Ruellan, les Goimard, ont-ils pris la chose ? On aurait pu penser que, bien à l'aise dans leurs livres, leurs collections, ils cracheraient sur les petits jeunes qui viennent foutre la pagaille. Eh bien non, et c'est à leur avantage. Ainsi Jacques Goimard écrit maintenant des les « Metal Hurlant », où il signe un article sur le « sperme-opera », à côté d'un article dévastateur sur les Sex Pistols (groupe punk). Le voilà qui disserte avec un clin d'oeil sur « la littérature de pissotière », pour la défendre. Il n'y a pas si longtemps, Goimard chroniquait la S.F. dans les très sérieuses colonnes du « Monde ». On s'adapte vous voyez, dans ce milieu. » (1978, p 182)

Les anciens en position de domination dans le milieu de la S.F. ont le monopole de la parole savante sur le genre, et ils ne cèdent pas une parcelle de ce pouvoir : ainsi les nouveaux interprètent-ils l'adaptation des « dominants » au contexte, par l'investissement des médias de la contre-culture (et adaptation en ce qui concerne le ton et les thèmes) s'ajoutant à l'investissement de la grande presse[1].

En plus des premières conventions, des rencontres plus informelles entre fans et auteurs, plutôt de la tendance politisée (à gauche) s'organisent. Certaines aboutissent à des bulletins de liaison :
« Denis Guiot : « Remparts »[2] ça veut dire rencontres de Parisot. Du nom d'une petite ville dans le sud de la France. (...)

---

[1] Outre la grande presse, les autres médias sont investi par la S.F., et notamment la TV : «il y a eu l'émission des frères Bogdanoff (Temps X). Il y a eu l'émission «Apostrophes» consacrée à la S.F.. Il y avait Klein, Curval aussi, il me semble et puis Michel Polac qui avait écrit un bouquin qui s'avérait être de la S.F.. Je crois que c'était une histoire de «pouvoirs psy». Il s'était disputé avec Klein pendant l'émission. Pivot avait demandé à Klein : «d'après vous est-ce de la S.F. ?» Klein avait répondu : «oui, c'est un livre de S.F., mais de très mauvaise S.F.». Quelque chose comme ça. C'était pas la chose à dire. Enfin, ce numéro d'Apostrophes consacré à la S.F., c'était la preuve de sa notoriété». (J. Altairac, entretien).
[2] Il faut noter ces noms que la S.F. donne à ses courants, à ses supports, ici «Remparts», plus loin nous verrons «Nouvelles Frontières», «Limite» (voire les banlieues des «Banlieues rouges»), mots qui mettent bien l'accent sur ce

Il y avait B. Blanc, J. Wintrebert, J. P. Hubert, M. Jeury. C'était une bande de joyeux lurons. Et puis c'est devenu une habitude. C'est devenu la rencontre de Parisot : « Remparts ». Et depuis ça continue...Moi je suis allé aux trois premiers. Ça a longtemps été repris par Frémion dans le Larzac. Lui c'est la tendance Science-Fiction-fromage-de-chèvre. Très sympathique. C'est le député écologique européen bien connu, comme quoi la Science-Fiction mène à tout. Ce type de rencontres, c'était informel, surtout informel. Ça pose des problèmes, mais ça a débouché à un petit bulletin « Remparts » qui était envoyé trois fois par an avec des articles. Il y a eu des articles de Dominique Warfa, Pierre Stolze (deux écrivains) ».

La présentation que Bernard Blanc fait de quelques anthologies parues à partir de 1975, nous permet de représenter concrètement les courants par leurs supports. En mai 1975, Daniel Walther, aux Editions Opta (collection dirigée par Alain Dorémieux), fait paraître un recueil de nouvelles intitulé « Les Soleils Noirs d'Arcadie ». Il se présente comme le « manifeste de la Science-Fiction française » (l'expression est de D. Douay). Version française de la Speculative-Fiction (courant littéraire anglo-saxon faisant une large part aux Sciences Sociales et à la recherche formelle), l'anthologie est ouverte à tous les auteurs écrivant à l'époque, et même Gérard Klein qui sera bientôt « contesté par les jeunes Turcs » (D. Douay). Cette anthologie sort quelques mois avant que n'éclate véritablement le courant de la S.F. politique. S'il y a des intersections avec ce qui sera bientôt la S.F. politique, les courants ne sont pas confondus. La préface de Daniel Walther, par exemple, place clairement les textes dans une perspective purement littéraire. L'esthétique prédomine sur le discours, politique ou autre. Sont privilégiés les thèmes individuels, la « vie intérieure » de l'écrivain. L'objectif de Daniel Walther est :

« (D') inciter (les auteurs) à me donner des récits adultes, violents, poétiques, n'importe quoi pourvu qu'ils fussent le reflet de leurs obsessions, de leurs préoccupations, même les plus intimes. En fait, les éternelles attaques contre la S.F. française avaient fini par m'échauffer les oreilles, et je tenais à prouver que mes compatriotes, mes camarades dans une lutte à l'époque

---

qui est toujours sous-jacent dans les rivalités : la défense, ou la volonté d'abolir, des frontières.

obscure, étaient capables, si on leur en donnait la chance, de faire aussi bien que leurs collègues anglo-saxons ». (D. Walther, préface aux « Soleils Noirs d'Arcadie »).

Le même phénomène se produit aux USA et s'accompagne de la remise en question du label[1]. Ainsi, Philippe Curval déclare :

« J'aurais bien aimé tuer Hugo Gernsback s'il n'était pas mort déjà il y a dix ans. J'ai une horreur physique des formules, de tout ce qui conditionne, qui interdit, qui limite. Jules Verne s'est contenté d'écrire, Gernsback a voulu devenir le prophète d'une nouvelle religion, la Science-Fiction » (1978, p 66).

Il est vrai que la tentative d'imposition du nouveau label, qui était aussi une remise en question de la S.F. des années précédentes, et une revendication de qualité littéraire, n'a jamais réussi à détrôner la déjà ancienne appellation, passée dans le langage commun ; on se contente aujourd'hui de qualifier de « speculative fiction » quelques oeuvres ayant un certain profil[2]. En France, c'est donc l'époque de la « Nouvelle S.F. française », ou « S.F. politique française », littérature politisée, confondant « littérature et tract » (D. Guiot) qui, en empruntant aux formes légitimes du Nouveau Roman, en se lançant dans « l'expérimentation littéraire » se serait coupée d'un lectorat[3]. La tentative fut un échec puisque le label, ancien, restera. Comment

---

[1] Significative est l'anecdote racontée par J. Sadoul, à propos de la prise de position par rapport à la guerre du Vietnam en 1968. Dans les pages de «Galaxy» et de «If», les plus grands auteurs de S.F. et des débutants américains, achetèrent deux pages (l'une regroupant 72 signatures, l'autre 82) où ils exprimaient leur opinion. Le clan Campbell et les auteurs d'une S.F. «expansionniste» signèrent le texte : «nous soussignés, croyons que les Etats-Unis d'Amérique doivent rester au Vietnam pour remplir leurs responsabilités envers le peuple de ce pays». Les auteurs les plus contestataires, quelquefois membres de la tendance «speculatice fiction», approuvèrent le texte suivant : «nous nous opposons à la participation des Etats-Unis à la guerre du Vietnam». (J. Sadoul, 1973, p 336)
[2] textes qui «se proposent de renouveler les vieux thèmes, et de considérer avec un regard critique, certains aspects de notre société». (C. Grenier, J. Soulier, La S.F. ? J'aime !, Messidor, La Farandole, 1981.
[3] «Pour avoir négligé les règles évidentes du jeu de la S.F. : imagination et idées, pour avoir accordé trop de place à des émois trop personnels, pour avoir oublié qu'un récit, fût-il aussi éclaté qu'un cocktail Molotov, se doit de charrier un certain nombre de contraintes telles que personnage, action, intrigue, décor, autant d'éléments dont l'absence transforme le roman en pamphlet ; pour tout ça cette «école» a joué les étoiles filantes des années 75.» S. Barets, Catalogue des âmes et cycles de la S.F., Denoël, coll. Présence du futur, 1981.

peut-il en être autrement, puisque le terme passait alors dans le grand-public. Passage dans le grand-public définitivement (?) confirmé par la naissance de collections de poche au début des années soixante-dix, par le florilège des collections et revues qui à la même époque assenaient le label en première page[1]. Sans compter, le cinéma qui donnera progressivement, pour le meilleur ou pour le pire, l'image dominante de la S.F.. Nous parlerons plus loin du groupe « Limite » et nous comprendrons en quoi les auteurs qui en ont fait partie sont les héritiers du courant de la Speculative Fiction.

En 1976, chez le même éditeur Christian Vilà et Joël Houssin (courant dit « punk » et « nihiliste »), font paraître une anthologie (on peut la percevoir comme une réponse à la précédente puisqu'elle paraît chez le même éditeur, alors que le tome II des « Soleils Noirs d'Arcadie » qui devait suivre le premier, ne paraîtra jamais). Ce courant s'oppose déjà à « l'ultra-gauche ». Les textes sont violents, provocateurs, la préface elle-même est agressive et donne le ton[2]. Cette anthologie est extrêmement mal reçue par la critique S.F. (plutôt « à gauche ») pour ces propos nihilistes.

Le recueil concocté par A. Dorémieux dans les numéros spéciaux de « Fiction », a un ton très nettement optimiste. Il a l'intention de « célébrer l'éclatement de la S.F. française et son nouvel essor » (A. Dorémieux, cité par B. Blanc). Ce recueil s'intitule « Nouvelles Frontières », qualificatif à interpréter, , comme un encouragement à cette S.F. qui va vers de nouvelles formes.

L'autre recueil de nouvelles parait plusieurs fois par an tout d'abord, puis deviendra annuel au début des années quatre-vingts (avant de disparaître à la fin des années quatre-vingts). Il s'agit d' « Univers ». Le rédacteur en chef est d'abord Yves Frémion, lui succédera Joëlle Wintrebert. Ces deux noms, ainsi que ceux

---

[1] «Malgré de nombreuses critiques portant le plus souvent sur la part inutile de la science dans le sigle, la permanence du texte atteste de sa popularité. Permanence dans le temps : des tentatives violentes à la fin des années soixante pour imposer l'alternative Speculative Fiction, en gardant les initiales tenaces, ne débouchèrent sur rien». (M. Thaon, 1986, p 4)

[2] «J'imagine, au fond de la ruelle qui borde le flanc droit de mon immeuble, un gros type nu assis sur l'arête du trottoir. Il dévore des boîtes de conserve et des bouteilles de plastique en bavant sur ses genoux. Entre deux bouchées, il se met à hurler : Respirez ! Marchez ! Travaillez ! Mourez ! Obéissez ! Vous ne sortirez jamais d'ici !» (cité par B. Blanc, 1978, p 171).

qui apparaissent au sommaire (par exemple : B. Blanc, D. Douay, D. Riche, D. Guiot, S. Nicot, Pierre Giuliani...), la placent du côté de la S.F. politique.

Avec les revues et les manifestations, les fanzines sont donc des lieux où s'expriment les oppositions entre les tendances [1].

Dans les années quatre-vingts, en fait dès la fin des années soixante-dix, les collections disparaissent. La grande presse se détourne de cette littérature. On peut parler d'un échec de la reconnaissance auprès du public cultivé. La contre-culture n'est peut-être plus là pour porter le genre (nous poserons plus loin quelques hypothèses sur « l'illégitimité » de la S.F.).

« Il y a une dichotomie entre l'accueil du monde de la littérature, très conservateur - même pendant les années soixante-dix, il y avait une reconnaissance du bout des lèvres, mais le monde littéraire n'a jamais admis que c'était une littérature, et le grand-public. L'exemple le plus célèbre c'est Pivot qui déteste la S.F.[2]. Mais cette attitude est générale. Sous la pression du succès, ils ont mis de l'eau dans leur vin. Mais, dès que la pression est retombée, tout cela s'est remis en place - d'un autre côté, la S.F. est quelque chose qui est très bien compris par le grand-public ». (J. Altairac, entretien)

Le « grand public » admet la S.F. dans ses consommations culturelles, plus pour ce qui concerne la S.F. au cinéma que pour

---

[1] Claude Dumont et Alain le Bussy dans leurs «mémoires» de fans font commencer le phénomène dans l'après 1968 : «à partir de cette période, dans pratiquement tous les fanzines, les règlements de compte se succèdent, soit à la suite d'une parution arbitraire ou d'une critique mal acceptée, soit à la suite d'un courrier un peu trop acide ou tout simplement par jalousie». (C. Dumont)

[2] Joseph Altairac interprète en termes de «goût», l'attitude de B. Pivot face à la S.F., ce qui lui paraît une réalité moins douloureuse à admettre qu'une condamnation pure et simple en termes de valeurs : «Pivot a toujours dit que la S.F. ne l'intéressait pas, mais sans porter de jugement de valeur. C'est un domaine qui ne l'intéresse pas. Mais il n'a jamais dit que c'était ridicule, que ça ne valait rien. Les trucs sur le futur, c'est pas assez actuel pour lui, c'est pas dans le monde réel. Donc ça ne lui plaît pas. A l'inverse d'autres, il n'y a pas de discours négatif. C'est un discours de goût, d'absence de sensibilité pour le genre.» Mais admettre que l'on a pas de «goût» pour la S.F., c'est démontrer que l'on peut se permettre de ne pas avoir de «goût» pour la S.F. sans courir le risque de passer pour un ignorant, c'est donc avaliser implicitement la condamnation que d'autres se permettent de faire explicitement.

ce qui concerne son expression littéraire (les collections disparaissent, les ventes baissent, les tirages diminuent) :

« La S.F. est très bien reçue par le grand-public. Par l'intermédiaire du cinéma par exemple. Pas toujours de manière très raffinée, hélas. L'image de la S.F. est très médiatique. Même dans la publicité, c'est devenu une image qui est très bien comprise par les gens. Mais le monde littéraire n'arrive pas à la considérer comme une littérature. C'est un peu le même cas pour le policier. Mais le malentendu est moins vif. Il y a davantage de personnalités de la littérature générale qui considèrent le policier comme une littérature, certes un peu canaille, mais une littérature. Alors qu'on a du mal à en trouver pour la S.F.. Il y a une coupure entre S.F. et littérature générale ». (J. Altairac, entretien)

Au niveau des ventes, pour la S.F. populaire représentée par la collection FNA (et pour la littérature populaire en général), la concurrence de la télévision et de ses séries et feuilletons se serait fait durement sentir à partir des années quatre-vingts :

« En fait, le Fleuve ça a bien marché jusqu'au début des années quatre-vingts et ça a commencé à se casser la figure. Je pense qu'il y a l'influence de la télé ». (R.C. Wagner, entretien)

Et puis la télévision aurait également joué un rôle négatif au niveau de l'image de la S.F.. Des amateurs nous ont très souvent cité l'exemple de l'émission des frères Bogdanoff, « Temps X ». Cette émission, aurait diffusé une image « peu sérieuse » (l'expression est celle d'un fan) de la S.F., et notamment en raison de l'amalgame possible entre la S.F. comme genre esthétique et certaines « croyances bizarres », ou certaines réalités contestées scientifiquement (nous pensons aux fameux reportages sur les « dossiers secrets de la NASA » sur les OVNI). Sans compter le fait que TV et cinéma ont propagé une image « populaire » de la S.F..

« Le cinéma donne une image qui lui nuit au point de vue culturel. On est toujours plus impitoyable avec un film de S.F. ringard qu'avec une adaptation d'une oeuvre littéraire de qualité. On fustigera les acteurs, le metteur en scène, mais pas l'oeuvre. On dira l'oeuvre a été déformée, c'est scandaleux. Par contre, pour la S.F., il est à jeter. C'est de la S.F., et c'est mauvais. Quand on essaie d'expliquer aux gens que le film « Dune » est nul, mais que le bouquin ce n'est pas la même chose, ça ne sert à rien, c'est peine perdue. (J. Altairac, entretien)

« Le grand public tenait toujours la S.F. comme une des familles de la littérature populaire, et il se trouve que le cinéma est venu brouiller les pistes, en ancrant l'idée que la S.F. ne pouvait être qu'un genre populaire (D. Douay, entretien)

Il faut préciser que si les deux personnes citées ci-dessus constatent l'effet négatif sur la reconnaissance de la S.F. auprès des populations les plus cultivées, des productions populaires audiovisuelles, cela ne signifie pas qu'elles rejettent forcément les productions populaires.

Dans la production cinématographique, on cite souvent à l'instar de Joseph Altairac, le contre-exemple que constitue le film « 2001, l'odyssée de l'espace » (il date de 1968) :

« Je crois que « 2001 l'odyssée de l'espace », le film, date de 68. C'est un film qui a eu un succès commercial. C'était la première fois qu'on filmait de la S.F. avec de vrais moyens, un vrai scénario. Ça a incité pas mal de gens à venir à la S.F. ». (J. Altairac, entretien)

Mais c'était bien avant la fin des années soixante-dix, qui sont représentées par le film réprouvé : « la guerre des étoiles » :

« R.C. Wagner : Ce qui est certain c'est que « la guerre des étoiles », ça a fait beaucoup de bien pour les ventes et ça fait beaucoup de mal pour l'image de marque. Ça a réinscrit dans l'esprit de gens que la S.F. c'était des histoires de fusées, avec des rayons laser et des grands empires.

Enquêteur : ça a fait régresser finalement une image qui commençait à s'imposer.

R.C.W. : Une image plus intellectuelle. Mais je ne sais pas si elle était en train de s'imposer. C'était en 1977 qu'il n'y avait le plus grand nombre de collections et de titres. Je crois qu'il y avait quarante collections, plus de 400 titres publiés, rééditions comprises. Et puis après ça commence à s'effriter. Et les années quatre-vingts, c'est le cauchemar ». (Roland C. Wagner, entretien)

« Ça se casse la figure à la fin des années soixante-dix, je ne sais pas pourquoi. Je dirais peut-être avec le film la guerre des étoiles, peut-être (rires). Je dis ça en rigolant mais c'est un film qui a eu un grand succès mais qui a donné une image de la S.F....(rires). Je crois que c'est une coïncidence. Mais ça veut dire que l'image de la S.F. a été récupérée. On le voit dans la publicité. Il y a beaucoup de publicités de S.F.. Mais curieusement, ça continue à ne pas bien entrer dans les moeurs en matière littéraire. Ça entre en publicité. Si les publicitaires l'utilisent c'est que ça parle aux gens. Il y un public qui est imprégné de S.F.. Il l'a peut-être été davantage par la BD, par le cinéma que par la littérature. Je n'ose pas m'avancer, mais il y a un phénomène curieux : l'image de la S.F. est entrée dans l'imaginaire français par l'audiovisuel et par la BD, plus que par la littérature » (J. Altairac, entretien)

La S.F. entre donc dans l'arsenal de l'imaginaire publicitaire, mais pas comme objet d'intérêt sérieux chez les critiques littéraires.

D. Douay a participé à la diversification de la S.F., à sa volonté de prendre ses distances par rapport au pôle populaire, au développement d'une S.F. française. (éléments qui révèlent les ambitions des écrivains et promoteurs de se faire reconnaître par les représentants de la culture légitime). Il développe aujourd'hui un discours qui rappelle celui prononcé lors d'une conférence par Gérard Klein (la S.F. française disait-il, n'aurait fait que d'utiliser « les vieux trucs de la littérature d'avant-garde ») :

« Je ne sais pas s'il y a eu une véritable reconnaissance. Je me demande comment il y aurait pu avoir une reconnaissance... En toute honnêteté, je crois que la S.F. a toujours été à la remorque de la littérature générale. C'est-à-dire que je dis que j'ai été influencé par le Nouveau Roman et Dos Passos. Il me semblait que les principes sur lesquels reposaient les romans de Robbe-Grillet trouvaient toute leur illustration dans la S.F.. Dans la mesure où la S.F. est un genre où l'on peut jouer avec le temps. Ça rentre dans la problématique même de la S.F.. Alors, que lorsque Robbe-Grillet en parlait dans ses romans, c'étaient des choses qui ressemblaient plutôt à des subterfuges Voilà ce qui me semblait intéressant. N'empêche que c'est utiliser des méthodes utilisées par d'autres, des années auparavant. La S.F. de l'époque a redécouvert le surréalisme ! (rires) Et je ne pense pas que du point de vue du style il y a véritablement quelque chose qui en soit sorti. Donc, il pouvait difficilement y avoir reconnaissance comme genre d'avant-garde, ce que je crois, la S.F. de l'époque recherchait. Je crois que c'était une erreur. » (D. Douay, entretien)

Nous pouvons faire le parallèle avec les mots de Jacques Goimard qui interprète l'échec de la reconnaissance comme le résultat d'une résistance de la culture dominante.

« La S.F. peut flirter avec l'avant-garde politique et littéraire ; elle est vouée à chercher un compromis avec la culture dominante - même si cette culture est de moins en moins dominante et si, menacée dans ses oeuvres vives, elle se défend par tous les moyens, y compris les moins loyaux ». (J. Goimard, 1984, p 76)

Concrètement, on assiste à un resserrement du milieu autour de ses promoteurs les plus actifs, resserrement progressif dont les premiers signes sont la « mise à l'écart » du fait du pôle légitime (et manifestement parisien, ainsi pouvons-nous interpréter les « dîners en ville » cités ci-dessous) :

« (Un) effet de ghetto qui perdure malgré l'élargissement du public et la prudence nouvelle de nos adversaires. Les médias ont cru que la S.F. n'était qu'une mode parce que c'est là leur façon de mettre les choses en perspective. Au bout de quelques années, on s'est dit dans les dîners en ville que décidément nous n'étions plus à la mode. Le silence est retombé sur nous, du moins en partie ». (J. Goimard, 1984, p 76)

Le phénomène continue à s'amplifier depuis le début des années quatre-vingt-dix, c'est ainsi qu'est expliqué par un fan, le « retour » de certains directeurs de collection dans les conventions (c'est le cas à Thionville en 1990, cela ne s'est pas reproduit dans les conventions suivantes) :

« Depuis que c'est retombé, toutes les tentatives de créer des revues de S.F. se sont cassé la figure. Depuis que c'est retombé, le nombre d'individus qui professent leur intérêt pour la S.F. a diminué et on assiste à un resserrement du milieu. Les professionnels frayent plus volontiers avec les fans. Ce qu'ils ne faisaient pas avant parce qu'ils avaient autre chose à faire. C'était une entreprise commerciale et littéraire sérieuse. Ils n'avaient pas besoin des fans. Or, depuis que les débouchés commerciaux se sont réduits, que les collections ont des tirages moindres, et que le milieu intellectuel français peut recommencer à afficher son mépris pour la S.F., les éditeurs, disons les directeurs de collection reviennent. Klein ne venait pas aux conventions, mais il vient maintenant parce qu'il cherche des gens à qui parler, parce que dans les autres milieux qu'il fréquente, il est obligé de parler d'autre chose... » (J. Altairac, entretien)

Cet extrait d'interview permet de se rendre compte de la distance (symbolique sinon spatiale) entre professionnels et amateurs qui règne dans le milieu de la S.F.. Nous donnerons plus loin quelques exemples de manifestations de cette distance (ou volonté de prise de distance).

Toujours aussi pessimiste, la S.F. française est pourtant dépolitisée :

« Le désespoir qui avait inspiré le militantisme a survécu à la dépolitisation ; il n'en est même que plus poignant, et la génération de 1978 - Serge Brussolo, Jacques Mondoloni, Bruno Lecigne, Emmanuel Jouanne et quelques autres - est la plus inspirée depuis longtemps. La plus menacée aussi : la faveur du public n'a jamais cessé d'aller aux Américains et, parmi les Français, à ceux qui comme Pelot ont toujours tenu à offrir un « bon produit » ; les structures parallèles créées dans la foulée de mai 68 n'ont jamais été économiquement viables et il n'en reste pas grand-chose ». (J. Goimard, 1984, p 76).

Parmi les quatre auteurs « précurseurs » alors, d'un renouvellement de la S.F., seuls Jouanne et Brussolo ont été des « premiers rôles » dans la S.F. des années quatre-vingts (Bruno Lecigne - qui a tenté la mise en place d'un cycle[1] d'Heroic Fantasy sans grand succès - et Jacques Mondoloni après quelques productions prometteuses, ont bifurqué vers la BD et/ou le « polar »). Emmanuel Jouanne s'est trouvé être le meneur du groupe « Limite » dont nous reparlerons plus loin, quant à Serge Brussolo il est celui qui en se diversifiant quant aux genres produits, a réussi à intéresser la critique non-spécialisée en S.F..

Jacques Goimard met également le doigt sur ce qui est bien souvent présenté comme le malheur de la S.F. française : la concurrence anglo-saxonne, surtout américaine.

Comme explication à ce recul des ventes qui touche d'abord, dit J. Goimard dès 1984, les Français, les auteurs invoquent pour beaucoup, la concurrence anglo-saxonne. S. Nicot[2] donne en exemple un échange de courrier entre un éditeur et un auteur (anonymes). L'éditeur y écrit son refus du manuscrit envoyé par un auteur, tout en félicitant ce dernier pour son roman « aussi bien écrit que les précédents, sinon plus » - même si ajoute-t-il, l'écriture est malgré tout « trop solennelle » - pour son

---

[1] ensemble de romans ayant pour cadre un même univers imaginaire.
[2] S. Nicot, «Splendeurs et misères de la Science-Fiction française», Univers, 1987.

« remarquable effort pour s'adapter à la sensibilité du nouveau public ». Mais ce roman « flamboyant et hiératique », devra trouver sa place ailleurs que dans sa collection. Le cynisme de la lettre de refus suscite une réponse de l'auteur, où il accuse la préférence des éditeurs pour les anglo-saxons, et la domination du commercial sur le littéraire (au sein même des maisons d'édition).

La domination américaine s'est fait sentir dès le début - nombre d'auteurs ont adopté des pseudonymes anglo-saxons dans les années cinquante - dans les années soixante-dix, c'est même en partie contre la S.F. américaine que la S.F. française s'est développée en essayant d'imposer des valeurs typiquement françaises (un phénomène analogue s'est déroulé en Grande-Bretagne). Mais, contrairement au roman policier, la S.F. française n'a pas réussi à imposer une école française. De nombreux amateurs du genre tentent de trouver des réponses internes à ses questions.

Dans l'article de S. Nicot, l'auteur reprenant les propos de directeurs de collections propose un certain nombre de solutions pour dépasser la crise de la S.F.F.. Le grand changement serait, à la suite de la S.F. américaine, dans le retour du thème oublié (voire relégué) de la Science. Chez Gérard Klein, l'opinion est la même, c'est ce que dit en 1987 S. Nicot, c'est ce qu'on l'entend dire aujourd'hui alors que les années quatre-vingt-dix ont commencé (dans les conférences, les articles et notre questionnaire).

« Les microprocesseurs font leur entrée dans la vie quotidienne (...) et la S.F. française ne s'en fait aucunement l'écho : c'est aux Etats-Unis que se publient <u>Neuromancien</u> et <u>Comte Zéro</u> de William Gibson (courant cyberpunk - si quelques oeuvres de ce genre ont été publiées depuis en France, écrites par des Français, c'est un courant, résolument porté sur les problèmes des technologies et moyens de communication modernes, assez peu représenté encore aujourd'hui en France). Lorsque Patrice Duvic (anthologiste, directeur d'une collection d'épouvante, auteur, ainsi que scénariste) concocte une anthologie sur le sujet, <u>Demain les puces</u>, il ne trouve à adjoindre aux Anglo-saxons que deux écrivains français, Philippe Curval et Gérard Klein, qui flirtent eux avec le siècle. Un comble ! Même chose en ce qui concerne les manipulations génétiques (...). En France, rien ni personne ! » (S. Nicot, 1987, p 18)

L'autre entrave à la réussite de la S.F.F. citée ici est celle du manque d'intrigue, de récit, d'histoire, des romans :

« A force d'avoir voulu rompre avec le récit et favoriser l'introspection à outrance, les écrivains français de littérature générale ont fini par se taire. Ou plus exactement par produire des livres d'une effrayante vacuité, bien écrits certes, mais sans autre objet que la contemplation nombrilique de leur propre impuissance littéraire. A force de se refuser à raconter, l'auteur français de S.F. n'écrit plus ».

Alors pour sauver la S.F. française, la résurrection serait dans le retour de ce qui a fait sa spécificité, les interrogations sur la Science, la technologie, et dans le retour des « raconteurs d'histoires » (l'expression nous vient d'un certain nombre d'auteurs interrogés), héritiers de la « littérature populaire ».

Deux des auteurs cités en 1984 (voir plus haut) par J. Goimard comme les auteurs les plus prometteurs, sont aujourd'hui emblématiques des caractéristiques de la transition entre la S.F. de la fin des années quatre-vingts, et le début de cette décennie : E. Jouanne, directement descendant de la Speculative-Fiction, créateur du groupe « Limite », et promoteur d'une S.F. « littéraire », « esthétique » (il parle lui de S.F. « littératurante », en opposition à une S.F. « narrative »), et S. Brussolo, « raconteur d'histoires ».

« Je crois que c'est à partir de là (fin des années soixante-dix, disparition de collections, échec de la reconnaissance), que la Science-Fiction a recommencé à se chercher avec des épigones qui ont duré très longtemps... Parce que Jouanne c'est toujours ça - toujours les recherches stylistiques...Je pense que des gens comme Brussolo sont arrivés quand il le fallait. Eux, racontaient des histoires, mais, sans prétendre à faire partie d'une quelconque avant-garde ». (D. Douay, entretien).

Invité par Bernard Rapp dans son émission télévisée « Jamais sans mon livre », début 1994, Serge Brussolo décrit des ambitions : capter le lecteur avec une littérature qui s'inspire de la construction cinématographique...

« Ce qui m'intéresse c'est de travailler dans la puissance d'évocation, c'est d'arriver à mettre en place une fresque...J'écris comme on fait un film. C'est pas une écriture abstraite, j'écris toujours de manière à ce qu'on voie ce que j'écris. Mes romans sont conçus pratiquement comme des films et ils nous submergent d'images. »

« Ce qui m'intéresse c'est de dire aux gens : la lecture c'est un plaisir. Quand vous rentrez le soir et que vous êtes fatigués, ne zappez pas pendant une heure devant votre télévision. Prenez ce livre, plus particulièrement (...) et vous verrez que vous prendrez du plaisir et que ce livre vous ne pourrez plus le lâcher. Voilà, c'est à ça que je travaille, c'est ça qui m'intéresse.(...) Moi je suis content quand je vois des lecteurs au salon du livre qui viennent me dire : Monsieur, je n'avais pas lu de livre aussi passionnant depuis dix ans. Je me dis : j'ai réussi mon coup. »

S. Brussolo est un auteur qui sort de la S.F.. Il sort du genre, puisque publié souvent dans les collections de S.F., il produit des genres variés (littérature générale, policier, Fantastique, roman historique...). Il intéresse - relativement - la critique non-spécialisée en S.F.. Et, il ne fréquente pas le milieu de la S.F.. Il y est d'ailleurs contesté, et a fait l'objet de débats. Pourtant, il nous semble qu'il est le précurseur d'un changement dans la S.F. perceptible dans la toute nouvelle génération apparue pendant la réalisation de ce travail. Faisant preuve de moins de « complexes » par rapport à l'héritage populaire, ces auteurs s'apparentent à la tradition américaine : pratiques de plusieurs genres, sens du récit, questionnement autour du monde moderne...

Les différentes productions

La S.F. peut se diviser en courants.

Hard Science : romans « à forte plausibilité scientifique » (S. Barets).

Space Opera : terme datant des années quarante, il désigne des aventures de l'espace à l'exotisme extraterrestre.

Speculative Fiction : découle d'un projet littéraire ambitieux (critique du monde moderne, recherche formelle, intérêt pour les Sciences Humaines) autour des anthologies de H. Ellison, « Dangereuses visions » aux USA et de la revue « New Worlds » en Grande-Bretagne.

Cyberpunk : romans angoissants décrivant un monde urbain, violent, entièrement dominé par la technologie. Les créateurs de ce courant sont William Gibson et Bruce Sterling. En France, ce courant a touché quelques individualités (comme Joël Houssin ou Jean-Marc Ligny), sa thématique s'est assez développée, sans pour autant se constituer en mouvement. Le mot lui-même, à l'instar de certains autres vocables de la terminologie du genre, connaît une vulgarisation dans le grand-public (rock, cinéma).

Il existe également deux littératures que l'on peut voir associées à la S.F.. Tout d'abord le Fantastique[1] lui-même constitué en genre avec sa propre histoire. En second lieu, la Fantasy (on dit aussi Heroic Fantasy)[2] sous-genre de la S.F.

---

[1] Né à la fin du XIXème siècle, début XXème, héritier du roman gothique, le Fantastique a donné avec des auteurs comme Lovecraft, des productions à mi-chemin de la Science-Fiction. Certains auteurs les différencient par le traitement de l'extraordinaire : ambiant dans le Fantastique, en dehors de notre quotidien dès le départ, il est surgissant dans la Science-Fiction. On le distingue également par l'utilisation d'un bestiaire mythologique : vampires, loup-garous, et par la référence à des valeurs surnaturelles. Le Fantastique Classique se distingue du Nouveau Fantastique ou Fantastique Moderne qui s'écrit depuis les années cinquante aux USA. R. Bozzetto, distingue les deux tendances par une série d'éléments. D'abord le cadre représenté, rural dans le Fantastique classique, il est urbain dans son pendant moderne. Le surnaturel est lié à une culture traditionnelle, elle est inscrite dans les mémoires, elle laisse des traces et son irruption dans le monde est provoquée par une recherche de la part d'un individu. Au contraire dans le Fantastique Moderne, le surnaturel apparaît soudainement, dans un monde totalement ignorant de sa présence, qui le perçoit comme un désordre dans un univers quotidien rationnel.

[2] La Fantasy ou Heroic Fantasy (on définira le genre au sens français, sens plus restreint que le sens anglo-saxon) : d'après L. Murail il existerait deux grandes tendances, une lignée qui se trouve être dans la continuité du roman épique (cadre médiéval, héros combatifs, arsenal guerrier et luttes incessantes contre des ennemis naturels ou surnaturels). La seconde lignée serait plutôt féerique, et utiliserait les mythologies traditionnelles, le plus souvent nordiques ou celtiques. Pouvant ajouter à ces thématiques traditionnelles de la technologie moderne, on la trouve alors catégorisée de «Science Fantasy» sur les jaquettes de certaines collections. On trouve également les appellations «sword and sorcery» («épée et sorcellerie», ce qui a l'avantage de bien indiquer le contenu...), ou encore «Dark Fantasy», étiquette éditoriale qui curieusement vient rebaptiser un corpus jusqu'alors considéré comme partie du Fantastique...

Certains spécialistes de la S.F. la considèrent comme une «branche particulière de la S.F.» (Christian Grenier), mais elle est aussi souvent méprisée par les auteurs et promoteurs du genre. Même l'anthropologue Louis-Vincent Thomas, qui analyse la S.F. puisqu'il y trouve nos obsessions modernes, l'exclut de son corpus, tout comme le sous-genre également longtemps méprisé, le «space-opera» : «Nous excluons de la présente étude le space opera et l'Heroic Fantasy, cette littérature purement ludique, étrangère à tout usage concernant notre destin, car elle nous entraîne vers des mondes autres et gratuits, non compossibles avec notre univers» (L.V. Thomas, 1988, p 26) selon certains, genre voisin mais autonome selon d'autres. Outre le fait qu'essayer de les définir est un pari périlleux tant les intersections sont nombreuses (des auteurs s'essaient aux trois genres, des romans semblent relever de deux des genres, voire des trois, des collections les éditent sans distinction sous le label « S.F. »...), les polémiques sur la frontière du genre sont au coeur des oppositions qui structurent le milieu des amateurs les plus investis et des professionnels. C'est donc dans une autre partie que l'on traitera des relations « passionnelles » entre promoteurs exclusifs ou non-exclusifs.

Les dictionnaires consacrés au genre, écrits par des spécialistes issus du milieu, le découpent en thèmes. Dans « le monde de la Science-Fiction », on trouve comme entrées à ces dictionnaires, les thèmes de la catastrophe, qu'elle soit due à des facteurs humains ou non-humains (simples récits destinés à faire peur, ces thèmes peuvent traiter des désordres naturels comme des conséquences de la modification de l'équilibre terrestre). On trouve également les thèmes de la modification de la personne humaine par mutation, par le thème des greffes ou celui du clonage, pouvant aller jusqu'à l'exploitation du vieux thème du surhomme. On relève également les récits traitant de l'espace et du temps : du voyage à travers l'espace, des déplacements à travers les âges (paradoxes temporels, uchronies, univers parallèles). Le thème de la machine connaît un renouveau avec celui du robot et de l'ordinateur (et les interrogations sur leur effet dans la société). L'exotisme se maintient avec les rencontres avec des « extraterrestres ». Si au cours de l'Age d'Or de la S.F., on a « cassé de l'extraterrestre » (l'expression est de D. Guiot), en harmonie avec l'idéologie très impérialiste des auteurs de l'époque, la S.F. est allée vers moins d'anthropomorphisme avec les années, et vers des récits empreints d'un relativisme tout ethnologique.

Les thèmes considérés comme les plus « nobles », sont les sujets touchant à « l'anticipation » sociologique, ou aux interrogations sur les effets des sciences et des techniques sur le monde à venir. C'est un sentiment qui frappe surtout lorsque l'on examine les dossiers pédagogiques écrits dans les années soixante-dix à destination des enseignants, dossiers présentant des lectures pour les petites classes ou les collèges et qui sont donc motivés par le désir de promouvoir la S.F. auprès des professeurs. La revue BT2, par exemple, présente les thèmes de

« la société », « les sciences et techniques », « les robots », « les mutants », « les autres mondes », « le temps » : elle présente les « rôles » de la S.F., le divertissement on reconnaît à certaines oeuvres leur « onirisme », mais on remarque que cette S.F. « ne pose aucun problème de fond », qu'elle est « trop conventionnelle », « naïve », le style en est « bâclé », et que les sciences ne sont que prétextes à « péripéties ». C'est par son rôle d'avertisseur, de critique « sur le plan scientifique, social ou politique » que la S.F. atteint la noblesse. Nous pouvons lire des revendications de qualité pour la S.F., une revendication conventionnelle : la volonté de respecter les canons de la littérature, le style, l'écriture. Et une revendication particulière à cette littérature : une volonté d'ancrage dans le monde moderne en train de se faire, de susciter des interrogations sur le présent et sur sa complexité. C'est du côté de la Speculative-Fiction que l'on trouve ces thèmes nobles dans les années soixante-dix alors que les revendications menées par les adeptes de cette autre « S.F. » s'exprimaient. Ajoutons que parmi les « rôles de la S.F. » cités par BT2, on trouve « le renouvellement de l'Art », ce qui est également un argument typique de cette tendance (on connaît ses accointances avec le Nouveau Roman - cf. Philippe Curval - et l'on connaît l'usage fait par ce courant littéraire légitime des genres « paralittéraires »). Nous relèverons également que les promoteurs de ce genre littéraire ont une attitude typique des milieux littéraires dominés : mettre en avant, explicitement, des « rôles », comme s'il fallait justifier l'existence de cette littérature. Discours que l'on retrouve rarement exprimé de manière aussi directe dans la littérature légitime, pour laquelle on penserait qu'elle se suffit en tant qu'art.

Cette division du genre en fonction des sujets traités, est utile, certes, pour le lecteur amateur qui recherche ses thèmes de prédilection. Mais elle est insuffisante pour décrire la complexité de cette littérature, et même parce qu'on utilise une description qui n'est pas celle utilisée pour la littérature générale, affirme la différence, entérine la domination.

D'autres modes de description de la S.F. existent. Si l'on s'intéresse à ses contenus les plus explicites (énumération des thèmes), on peut aussi se pencher sur ses valeurs, les représentations diffusées. Henri Baudin (en 1971), propose une différenciation des contenus de la S.F. selon les valeurs auxquelles elle se réfère : S.F. rationaliste (cette S.F. est rationaliste parce que « la science est son point de départ et au moins de justification à l'essor de l'imaginaire), S.F. philosophique (« S.F. où le support et la justification sont constitués par une thèse idéologique, utopique, politique, moraliste », domaine privilégié des Sciences Humaines), S.F. littéraire.

Pour l'anthropologue L.V. Thomas, la S.F., est l'expression actualisée de mythes anciens, « un mode de pensée récupérant nos fantasmes les plus profonds, les plus inviscérés dans notre inconscient, dans nos pulsions, et prenant prétexte entre autres du développement technique pour s'exprimer » (...) « le propre de la Science-Fiction c'est de montrer qu'en définitive nos fantasmes les plus lourds, les plus universellement humains, continuent toujours d'exister, même s'ils ont été réprimés par plusieurs siècles de rationalisme ». (interview à la revue « Mouvance »). Parmi les différents thèmes évoqués par la S.F., L.V. Thomas retrouve un certain nombre d'obsessions mortifères concernant le monde moderne que l'on peut repérer à sa suite grâce à quelques catégories : l'apocalyptisme, le désir d'immortalité, la ville comme lieu d'expression privilégié des fantasmes mortifères, le monde urbain comme danger le plus immédiat...

Quant à Boris Eizykman, il rejette le classement thématique, et par là critique en fait le postulat de genre homogène.

« Le critère retenu par les tenants de ces postulats (postulats de genre homogène) est généralement celui d'une communauté thématique. Dans cette optique quelque peu simpliste et totalement tautologique, est réputé appartenir au genre S.F. tout récit faisant intervenir l'un ou plusieurs des thèmes constitutifs de la S.F., comme le voyage dans le temps et l'espace, mutants, robots, etc... ». (Dictionnaire des Littératures)

Ce type de postulat obéirait à une nécessité : celle de trouver des « ancêtres prestigieux » au genre. Il est vrai que l'on trouve, par exemple dans la chronologie des « faits marquants de l'histoire du genre sous le nom qui est le sien depuis les années vingt » de L. Murail, les noms de : Lucien de Samosate (Histoire véritable, 180), Thomas More (Utopie, 1516), Cyrano de Bergerac (Histoire comique des Etats et Empires de la Lune, 1657), Jonathan Swift (Les voyages de Gulliver, 1726). En s'entourant de précautions, Le monde de la S.F. (Denis Guiot) reprend les mêmes « précurseurs ». En fait, le premier à avoir « annexé » de tels auteurs est Pierre Versins, et c'est celui qui « se distingue par son outrance » écrit Boris Eizykman. En dehors même des écrits sur le genre S.F., réalisés par ses promoteurs et qui obéissent donc à des stratégies, on peut trouver le terme S.F. accolé à ces mêmes soi-disant ancêtres. La revue « Humoresques », consacrée à l'humour, a fait paraître récemment un article consacré à Cyrano de Bergerac, dans lequel on lit les expressions, « Science-Fiction avant la lettre », « protocole narratif de la Science-Fiction »... Sous la forme d'une boutade, G. Barlow répondait, « La Bible », à D. Guiot (Le monde de la S.F.) qui interrogeait ainsi les personnalités de la S.F. : « Vous devez passer un an sur un astéroïde désert et vous ne pouvez emporter qu'un seul livre de S.F., lequel ? » Boutade, certainement, mais Boris Eizykman, trouve ce genre de références dans la littérature spécialisée (l'humour et le second degré en moins) sous le prétexte que le « Nouveau Testament » et la S.F. ont en commun le thème de l'immortalité. La différence pourtant paraît fondamentale, la S.F. « échappe à la sphère divine », l'immortalité y « résulte des prouesses scientifiques de l'avenir ». Et puis, la référence à l'immortalité dans le « Nouveau Testament » vise à « ancrer la permanence d'un ordre », « institue le pouvoir présent d'une loi », alors que la S.F., invente « les points de vue du futur au détriment du point de vue du présent », en présentant les possibilités qui s'offrent à nous, elle permet « les changements de perspective ».

Le classement par thèmes ne peut assurer la compréhension du genre parce qu'il ne tient pas compte des variations historiques. Or, la compréhension ne peut se faire qu'en se rapportant au contexte socio-historique qui a porté la S.F. : le capitalisme. Malgré la diversité des S.F. due essentiellement aux attitudes différentes des auteurs vis à vis de ce système social qu'engendre le capitalisme, ce qui fait le point commun des S.F., c'est la Science, « pierre angulaire » de ce système social, grâce à sa « puissance de changement ».

Situer la S.F. par rapport au système social économique et social qui l'a vu naître, c'est également comprendre pourquoi la S.F. américaine prédomine à partir des années quarante alors qu'elle serait née en Angleterre et en France, les deux premiers représentants de l'entrée dans le monde industriel :

« Il est non moins normal qu'à partir des années quarante s'affirme dans ce domaine l'incontestable prééminence des Etats-Unis, puisque c'est dans ce pays que s'épanouit le régime social dont se nourrissent toutes les démarches et idées de la S.F.. La pertinence de la théorie du maillon le plus fort se vérifie en la matière et c'est aussi pourquoi la Grande-Bretagne et la France au XIXème abritent les précurseurs de cette littérature moderne et occidentale ». (Dictionnaire des Littératures).

Nous comprendrons mieux alors, pourquoi le retour (ou l'arrivée) en Europe dans les années cinquante de l'imaginaire scientifique ou para-scientifique se déroule de manière aussi conquérante alors que les nations européennes sont soumises à des influences économiques et culturelles américaines.

C'est également dans le rapport au monde moderne que les S.F. se différencient : la S.F. irait d'un « positivisme grossier », à la « contestation de la légitimité du progrès ». La S.F. se trouve donc au centre d'oppositions d'attitudes sur les effets de la Science et de la technologie.

D'après J. Noiray, c'est dans la S.F. d'aujourd'hui que subsistent les oppositions qui avaient partagé le champ littéraire à la fin du XIXème siècle, entre les opposants à la Science et au progrès (génération romantique, symbolistes, puis au début du XXème, les héritiers du romantisme, les surréalistes, et le courant moderniste (E. Zola et les naturalistes). C'est le deuxième courant qui triompherait aujourd'hui dans la S.F. si l'on examine le travail sur les « fantasmes mortifères » liées à la science, qu'analyse L.V. Thomas.

Boris Eizykman place dans le rapport au monde moderne et industriel, la différenciation entre S.F., Fantastique et Heroic Fantasy. Ces deux derniers seraient menés par « une haine du monde industriel » qui se traduirait pour le Fantastique par « un retour nostalgique vers des formes archaïques », et pour l'Heroic Fantasy par un mélange des éléments mythologiques du passé et des merveilles techniques du présent, un mélange de science et de magie.

Pour en revenir à la question de l'annexion d'ancêtres prestigieux, ou au moins lointains par une partie des historiens de la S.F., on trouve la raison à cette attitude dans Le monde de la S.F. :

« Il ne s'agit pas d'inventer ici des ancêtres prestigieux à la Science-Fiction, histoire de combattre l'étiquette infamante de littérature populaire qui lui colle à la peau... » (D. Guiot, Le monde de la S.F., 1987, p 7-8).

L'auteur ajoute ensuite, justement, la liste des auteurs prestigieux toujours cités (voir plus haut), mais il prend le soin de les distinguer de la S.F. par le fait qu'il manque la particularité de ce qui fait la S.F. : « Il est nécessaire que le merveilleux du récit soit plausibilisé par des pseudo-explications (selon la formule de J. Goimard) ». On a mis le doigt ici, sur la recherche de reconnaissance menée par les spécialistes du genre, dont la recherche touche aux problèmes de la légitimité ou de l'illégitimité.

Malgré les réticences de Boris Eizykman à décrire la S.F. en la découpant en thèmes, il faut dire lorsque l'on se penche sur l'histoire interne du milieu des producteurs depuis les années cinquante qu'il n'est pas injustifié de diviser la S.F. en termes de thèmes, de sujets. En effet, la S.F. a beaucoup progressé grâce à la question du traitement des thèmes. Dès les années cinquante, aux USA, les directeurs de revues lançaient des thèmes de nouvelles à développer, sortes de joutes entre connaisseurs qui se devaient de faire paraître une originalité, des variations d'après les textes des prédécesseurs. Pour cette raison, beaucoup de spécialistes pensent que l'étude d'une oeuvre ou d'un auteur ne peut se faire que dans une optique relationnelle, en se référant aux précurseurs. Pour cette même raison un néophyte publiant de la S.F. se trouve immanquablement démasqué comme non-connaisseur.

Quelques données générales sur l'édition de Science-Fiction[1] :

390 titres de S.F.[2] ont été édités en 1992 (soit 4,5% du volume total des parutions de romans). 27% (106) des titres étaient des nouveautés (contre 40% de nouveautés pour le roman en général, 38% pour le roman policier en particulier, 29% pour l'ensemble de la BD - pour adultes et pour la jeunesse -). Près de trois millions et demi d'exemplaires de livres de S.F. sont sortis sur le marché, soit un tirage moyen de 8780 exemplaires

---

[1] source : J. Cardona, C. Lacroix, Chiffres clés 1993, Statistiques de la Culture, La Documentation Française, 1993.
[2] Aucune précision n'est donnée quant à ce qui est comptabilisé précisément sous le terme «Science-Fiction».

par titre (contre 12972 pour l'ensemble des romans, 17200 pour le policier, 12325 pour la BD). Le chiffre d'affaires des éditeurs était pour l'année de deux milliards de francs pour l'ensemble du roman, dont quarante et un millions de francs apportés par la S.F. (contre 193 millions pour le roman policier, et 325 millions pour la BD).

les différentes collections :

Avec l'histoire de la constitution du milieu nous avons pu apercevoir que des concurrences s'y exprimaient, mais c'est avec les descriptions des différentes collections que l'on peut voir leur matérialisation. Les stratégies éditoriales des directeurs de collection, la présentation de l'objet-livre rendent compte des différentes manières d'envisager le genre.

Les paroles de Jacques Chambon, directeur de la collection « Présence du Futur » permettent de prendre la mesure de la répartition des différentes productions effectuée par les professionnels, et de l'entente cordiale qui y règne (tant qu'un texte n'est pas convoité par plusieurs collections...) :

« En ce qui concerne les rapports avec mes concurrents, qui sont aussi des amis, disons qu'en gros les choses se passent très très bien, nous nous entendons très très bien les uns avec les autres, nous sommes quelquefois liés par de vieux liens d'amitié pour avoir participé en commun à des projets, des revues, pour avoir fait ensemble de la critique dans « Fiction » ou dans tel ou tel autre support. Pour les citer il y Gérard Klein, Jacques Sadoul et Jacques Goimard. Chacun s'entend bien dans la mesure où chacun a son champ délimité. (...) Ça a un petit côté mafia ce que je vous raconte ici, il se trouve qu'au cours des années on s'est un peu partagé nos quartiers ». (Jacques Chambon, entretien).

L'insistance sur les « très très » bons rapports, sonne comme une tentative d'auto-persuasion et de persuasion de l'enquêteur... Chacune des cinq grandes collections de S.F. (les seules ayant résisté à la crise des années quatre-vingts), sera présentée ici, dans l'objectif de rendre compte de la distribution des concurrences : généralités historiques, caractéristiques objectives du livre (qui donnent des indications de statut), situation des auteurs (pour les collections « Présence du Futur » et

« Anticipation », les seules publiant les Français très régulièrement ; « J'ai lu » en publie également, plus rarement). Pour permettre le positionnement des collections les unes par rapport aux autres, nous présenterons les discours contradictoires portées sur elles (discours de présentation : celui des proches de la direction - qui selon le statut de la collection peut aller de la justification à la célébration et discours d'accusation : celui des opposants, des concurrents).

La collection « Anticipation » des éditions du Fleuve Noir :

Rappel historique :
　　La maison d'édition Fleuve Noir est fondée à la fin des années quarante par Armand de Caro qui y publie des livres dits légers, avant de s'étendre à l'ensemble des littératures de genre. C'est au Fleuve Noir qu'aurait été lancée la première collection au monde consacrée à la littérature d'espionnage. En 1951, année de lancement de la collection « Anticipation », le genre espionnage domine au niveau des ventes, avant même le policier. Le succès de ce genre s'explique par le contexte mondial (guerre froide), et est déjà un indice de la coloration politique du Fleuve Noir[1].
　　A. de Caro qui a l'ambition de « couvrir tous les genres de la littérature populaire » (paroles d'un écrivain de S.F.), ajoute dans les années cinquante le Fantastique au « polar », à l'espionnage, à la S.F., avec la collection « Angoisse » (y écrira Kurt Steiner/André Ruellan).
　　Les auteurs passent d'une collection à l'autre selon l'état du marché. Ainsi certains d'entre eux nous racontent qu'ils n'avaient pas « vocation » à écrire de la S.F., mais que l'éditeur les avaient invités à investir la nouvelle collection. Et puis, les possibilités de publier dans une même collection n'étant pas illimitées pour un auteur souhaitant vivre de sa plume, varier les genres constitue une sécurité. Dans le cas des auteurs écrivant dans différents genres, le pseudonyme est différent de l'un à l'autre (Jimmy Guieu auteur de S.F., s'appelle Jimmy G.

---

[1] En 1980, G.J. Arnaud, considéré comme un auteur «de gauche» dit : «Bien sûr que le Fleuve Noir est conservateur ! Il est né de la guerre froide, et c'est à cette époque que le roman d'espionnage a pris toute son ampleur...» («Fantascienza», n°2/3, juin 1980).

Quint lorsqu'il écrit de l'espionnage). Ce phénomène inscrit le Fleuve dans la lignée des collections populaires de type « Ferenczi »[1].

Un certain nombre de pratiques dites de cannibalisation fleurissent dans cette maison d'édition : un livre refusé par l'éditeur pour un type de collection donné peut subir une modification de décor et être publié dans une autre. M. Limat par exemple, au cours d'un entretien, nous a racontés la « réutilisation » de ses propres personnages crées pour un genre et implantés ailleurs :

« Je l'ai refilé (son personnage de détective-privé) dans la collection « Angoisse ». Il est devenu le détective des fantômes, le spécialiste de tout ce qui touche à l'occultisme. Et puis, je l'ai mis dans une pièce qui s'appelait « L'école des mystères » pour le « Théâtre du Petit Monde ».

Plus exceptionnellement, ce n'est pas un scénario refusé mais un scénario publié qui est mis aux normes d'un autre genre, et proposé à la publication dans une autre collection. Ces phénomènes de cannibalisation ont concerné certains premiers auteurs de la collection « Anticipation », on nous a également raconté des cas de plagiat, mais en revanche les cas de négriarcat[2] courants dans les autres collections du Fleuve (et

---

[1] Maurice Limat ancien auteur du Fleuve Noir, nous a raconté que la direction de Ferenczi lui imposait de varier ses pseudonymes, ce qui permettait à l'auteur d'être publié plus souvent (la maison d'édition présentait ainsi au lecteur une équipe plus importante d'auteurs). Cette pratique s'adaptait au type de consommation des lecteurs qui s'attendaient avec tel auteur à retrouver tel héros. A M. Limat avait donc été demandé de choisir un pseudonyme pour sa série de romans à héros «policier officiel», afin qu'il n'y ait pas confusion avec sa série à héros «détective-privé» publiée sous son véritable nom..

[2] On tient d'un grand amateur de littérature populaire quelques informations sur les «nègres». Ils seraient en grande partie des auteurs non-reclassés des maisons d'édition ayant fait faillite, ou remerciés à l'occasion des changements de direction - ils peuvent alors devenir «collaborateurs» à plein-temps des auteurs de série, parfois annoncés comme tels dans les pages intérieures des ouvrages. Si souvent le «commanditaire» fournit le scénario, il n'en est pas toujours ainsi :
«Enquêteur : Le travail à partir d'un résumé, c'est ce que tu fais pour la série A., non ?
enquêté : Oui, sauf que je fais aussi le résumé ! (rires)».
A titre purement anecdotique, on racontera parmi les nombreuses pratiques qui font partie du «folklore», des «magouilles» (ces mots sont ceux d'un amateur) de la littérature populaire, le cas de cet éditeur, aujourd'hui disparu,

dans la littérature « populaire » en général) sont - miraculeusement (?) - absents des témoignages recueillis...

C'est François Richard[1] qui a dirigé la collection à ses débuts (1951) jusque vers le milieu des années soixante-dix. C'est également lui qui, en association avec H.R. Bessière, a inauguré la collection (même si des doutes existent aujourd'hui sur la réalité de cette collaboration ; on assure parmi les amateurs que la majeure partie des ouvrages serait l'oeuvre de H.R. Bessière seul[2]). Jusqu'en 1956, la production est dominée par trois signatures : F. Richard-Bessière, Jean-Gaston Vandel (pseudonyme collectif de Jean Libert et Gaston Vandenpahnuyse, surtout auteurs des romans d'espionnages signés Paul Kenny), et Jimmy Guieu. Tous produisent surtout du « space opera », mais Richard et Bessière écrivent ce que les Tomasini appellent de la « fiction prospective » et font également preuve d'humour (relevons le titre pastichant le « polar », et délicieusement exotique : « Pas de Gonia pour les Gharkandes »). Richard et Bessière, pour leurs thèmes prospectifs, ont aujourd'hui une certaine respectabilité dans le milieu des amateurs (un de leurs ouvrages a été réédité dans une des collections » de poche, « J'ai lu », dans les années quatre-vingt-dix). Quant à Jimmy Guieu, pour son style très narratif[3], pour ses intrigues le plus souvent

---

ayant acheté des droits d'ouvrages espagnols, qui les fît paraître découpés, expurgés, attribuant les paternités aux mauvais pseudonymes et réutilisant ceux-ci pour des ouvrages entièrement inédits d'auteurs français.
[1] Richard-Bessière serait l'auteur de certains des premiers textes de chansons de Georges Brassens.
[2] Nous avons contacté les deux auteurs ayant publié sous le pseudonyme commun de Richard-Bessière. H.R. Bessière donne sa bibliographie sans citer F. Richard, mais cela ne nous permet pas d'affirmer ce qui n'est qu'une rumeur. Quant à F. Richard, il a refusé de participer à l'enquête en ces termes : «J'ai bien reçu votre courrier et suis désolé de ne pouvoir vous satisfaire. Depuis que j'ai pris ma retraite il y a quinze ans, je me suis retiré dans une solitude très agréable. Comme j'ai dans ma bibliothèque à peu près toute «La Pléiade», j'ai de quoi m'occuper et faire des découvertes. La S.F. n'est pour moi qu'un ancien souvenir sur lequel j'ai tourné la page».
[3] Paroles d'un spécialiste interviewé : «Il y a des caractéristiques flagrantes dans son style, par exemple le narratif dans le dialogue. Chez Guieu on trouvera rarement des phrases du style : «la montagne était bleue et il la survolèrent doucement à bord du glisseur». Ce serait plutôt : «Oh ! Regardez comme la montagne est bleue du haut de ce glisseur !» Quand les personnages racontent ce qui leur est arrivé, ils le font au passé simple. Il y a aussi des tournures amusantes, des tics d'écriture, par exemple sur la

basées sur de la S.F. d'aventures, pour ses idées politiques réactionnaires, il est très discrédité de nos jours. Néanmoins, la raison majeure de son discrédit est liée à son intérêt pour ce que l'on appelle dans le milieu des promoteurs : les « sciences barjots », les sujets « hétéroclites ». Il est purement représentatif de ce qui a été longtemps la « marque FNA » : thématiques récurrentes à base d'Atlantide, de soucoupes volantes (Jimmy Guieu a introduit les premiers ouvrages traitant du sujet des soucoupes volantes en France), de paranormal, etc. :

« Le paranormal, c'est la grande spécificité du Fleuve dès les années cinquante et jusque dans les années quatre-vingts. Dès les premiers « Jimmy Guieu ». Je maintiens que la vogue du Fleuve, le fait que ça se vendait bien, c'est que c'était parallèle à ce courant paranormal (dans la société Française de l'époque, cf « Planète et « le Matin des magiciens »). Il y avait des « Fleuve » basés sur des théories de Charroux et de Denis Saurat. On retrouve beaucoup le thème de l'Atlantide notamment chez Guieu et Richard-Bessière. Denis Saurat c'est l'Atlantide et le règne des géants. Robert Charroux a écrit « l'histoire inconnue des hommes depuis 100 000 années », c'est toutes les histoires de mystères inexpliqués : les races inconnues, les règnes des géants. Des bouquins de Guieu se passent sur l'île de Pâques, thème qui a été exploité à fond. Le premier roman de Dan Dastier, raconte l'histoire des Atlantes qui reviennent sur la Terre qu'ils ont quitté 15 000 avant. (...) Même Peter Randa, toute son oeuvre est sous-tendue par le thème des géants qui ont créé les hommes. Si on fait des statistiques, on s'apercevra, surtout dans la période classique, il y a beaucoup de romans qui ont été inspirés par l'explication rationnelle de la Bible[1] : les anges étaient des extraterrestres, l'auréole des saints c'est le casque, Sodome et Gomohre c'est le nucléaire, et ainsi de suite. » (R.C. Wagner, entretien)

L'enquêté attribue d'ailleurs à ces thèmes la véritable raison du succès de la collection dans les années cinquante :

« Ce n'est pas parce que c'est de la S.F. populaire ou de la S.F. d'action que ça a marché... Le soucoupisme, le paranormal,

---

description des femmes : les mollets sont galbés, les cuisses sont fuselées, les seins sont opulents.»

[1] Explication qui est à la base d'une «nouvelle religion» née dans les années soixante-dix en France, constituée en «secte» : le mouvement Raëlien (qui n'est pas sans rapport avec la Science-Fiction).

l'Atlantide, c'était le fond du commerce du Fleuve. C'est ça qui a fait tourner le Fleuve, en partie, toute cette participation à un courant, qui quelque part est bien français » (R.C. Wagner).

Il n'est guère étonnant de trouver liées à ces intérêts pour les croyances occultes, certaines idéologies. L'enquête en donne un indice :

« Même chez « Perry Rhodan » (série allemande), il y l'Atlantide : le personnage qui vient de l'Atlantide, Atlan, est un général « Arkonide », une ethnie qui a gouverné la galaxie et qui s'est retrouvée sur Terre il y a 12 000 ans, à l'époque de l'Atlantide. Il y a également une série qui est sortie juste avant ou pendant le nazisme, et l'inspiration est directe ».

On l'a déjà dit, dans les années soixante-dix, les tenants de la S.F. politique française s'en prenaient à l'idéologie réactionnaire de ces anciens auteurs du Fleuve. Aujourd'hui, certains auteurs cités plus haut, et d'autres parmi les anciens, sont qualifiés (ou se sont qualifiés eux-mêmes[1], comme des sympathisants d'extrême-droite). C'est le cas de Peter Randa, dont le fils a repris le flambeau (au Fleuve Noir, comme dans le militantisme d'extrême-droite, et dans la diffusion de théories ésotériques)[2]. Il y a une certaine association entre une idéologie d'extrême-droite (ou supposée telle) et le goût pour l'occultisme, l'étrange, le paranormal, qui a mis bien mal à l'aise nombre de spécialistes interrogés au cours de notre enquête (silence, questions éludées, ignorance feinte...). Le chapitre suivant nous permettra de revenir sur ce thème. Parmi les premiers titres de la collection, nous pouvons en trouver un certain nombre qui font référence à l'ambiance paranoïaque du contexte politique mondial et qui

---

[1] H.R. Bessière, accusé dans les années soixante-dix, par la S.F. politique française d'être d'extrême-droite, se déclare dans notre questionnaire : «ni gaucho, ni facho». Pourtant il déclare avoir comme maître à penser, l'éthologue Konrad Lorenz qui n'est pas à proprement parler un libéral...

[2] L'hebdomadaire «L'événement du jeudi» du 4 au 10 novembre 1993, dans son numéro consacré aux sociétés secrètes, et à leurs relations avec l'extrême-droite, le journaliste Serge Faubert (également auteur d'une enquête sur la Scientologie), parlait à son propos «d'une production très militante» («La mafia rose», «Complot écologiste», «Poitiers...demain»)». Le curriculum vitae de l'auteur ne laisse aucun doute quant à ses préférences politiques (nous reproduisons la liste du journaliste Serge Faubert) : responsable du Parti des forces nouvelles dans le Poitou, membre du Grèce, un des fondateurs de la librairie d'extrême-droite «Ogmios» fermée sur demande du ministère de l'intérieur en 1993, candidat du Front National en 1989, collaborateur au «Crapouillot» et à «National Hebdo», etc...

s'apparentent aux thèmes de l'espionnage (rappelons que les auteurs sont souvent les mêmes) : « les conquérants de l'univers » (Richard-Bessière, FNA n° 1), « l'invasion de la Terre » (Jimmy Guieu, FNA n° 13), « attentat cosmique » (J.G. Vandel, FNA n° 21), deux titres comportent le mot « S.O.S. », etc...

De 1956 à 1966, la collection se trouve dans une période de paradoxe. D'abord c'est l'époque des attaques venues de l'extérieur, parce qu'il y a « absence totale de style », parce qu'il y a des « invraisemblances scientifiques », et des thèmes récurrents comme celui de l'Atlantide. Pourtant la collection s'ouvre à des auteurs aujourd'hui très bien considérés, car plus littéraires, plus « inventifs », plus « intellectuels », et non-réactionnaires : S. Wul (pseudonyme de Pierre Pairault) en 1956 et pendant deux ans et demi, K. Steiner (pseudonyme d'André Ruellan) en 1958, et Gilles d'Argyre (Gérard Klein) en 1960 - ce dernier est pourtant parmi les principaux détracteurs du Fleuve Noir. Ces auteurs sont minoritaires et publient bien moins régulièrement que les auteurs les ayant précédés. Dès le début des années soixante, la crise qui frappe le genre touche « Anticipation » qui vend moins. A l'époque, la collection ne devrait sa survie qu'aux ventes importantes du genre policier, dont l'auteur-phare, San Antonio, assure la réussite[1]. Ce mouvement s'amplifie jusqu'en 1974 où l'on remarque un certain renouvellement de la collection : les « anciens » sont toujours présents, mais des nouveaux venus (sous pseudonyme) se font remarquer : Andrevon, Pelot - les « gauchistes » de la S.F.. En fait, ce ne sont que des concessions à la mode, car ils restent numériquement moins nombreux et ils ne bénéficient pas de la même considération que les anciens de la part de la direction. Maurice Limat nous raconte une anecdote significative à ce propos : les anciens, appelés nous dit-il, les « auteurs-maison » (comme si les nouveaux n'étaient que des auteurs de passage, des étrangers à la famille...), étaient invités régulièrement par la direction à un dîner (jusqu'à la fin des années soixante-dix) dont les nouveaux étaient exclus :

---

[1] Ceci ne se démentira pas, puisque l'on assure aujourd'hui que la maison Fleuve Noir, «tient grâce à San Antonio», qui assurerait un pourcentage énorme sur les ventes totales de la maison d'édition (en 1990, San Antonio avait des tirages qui allaient de 400 000 à 500 000 exemplaires.

« Ils nous appelaient les auteurs-maison. On était à peu près vingt, et ça n'a pas beaucoup varié pendant les années qui ont suivi. C'était toujours à peu près les mêmes. Ceux qui publiaient régulièrement. »

A l'un de ses interlocuteurs (au cours d'une interview) lui demandant s'il existait des photographies de ces rencontres, Maurice Limat répond par la négative, la direction tenait à la discrétion, « parce que certains n'étaient pas invités ».

En 1975, avec l'arrivée de Patrick Siry[1] qui dirigera la collection jusqu'en 1987, sur la lancée du succès de la S.F. en général, la nouvelle direction recrute des auteurs (ils sont nombreux sur le marché, il existe encore de multiples fanzines et revues). Les anciens voient leurs parutions devenir moins régulières, certains sont remerciés. P. Siry n'est certainement pas insensible aux critiques des promoteurs de S.F. (dont certains publient dans sa collection) il y a manifestement volonté de plaire au « milieu » de la S.F.. En 1980, il accepte de répondre aux questions d'amateurs qui réalisent un numéro de leur fanzine entièrement dédié à la collection - une première - ceux-ci l'en remercient :

« C'est une partie intégrante de mon travail, et je m'y prête fort volontiers. Mon prédécesseur, François Richard, se montrait beaucoup trop réticent sur ce point, de sorte que le Fleuve a vécu replié sur lui-même pendant de nombreuses années, sans aucun contact avec l'extérieur, au risque de périr par asphyxie » (1980).

Il ajoute « mener une vie publique », aller aux « cocktails », « voir les Bogdanoff » (qui animaient alors une émission hebdomadaire sur une chaîne télévisuelle)...

Le virage politique s'accentue, les auteurs « de gauche » sont plus nombreux (à cette époque, dans un article du journal « Minute », était déploré le fait que Fleuve Noir changeait d'idéologie), bien que toujours minoritaires. Le Fleuve Noir devient plus respectable aux yeux de la critique ; ce n'est pas un hasard si c'est seulement à cette période qu'un fanzine lui a accordé un numéro spécial :

« Francis Valéry : En schématisant grossièrement, on peut constater que le Fleuve Noir emploie deux types d'écrivains.

---

[1] Alors gendre de Frédéric Dard (San Antonio).

D'une part des permanents, généralement assez médiocres, politiquement de droite, sinon fascisants. D'autre part des occasionnels, j'entends par là quelques fort bons écrivains (...) ». G.J. Arnaud : Oui... Les bons, les mauvais ! On pourrait dire, les méchants, les gentils, les crétins, les voyous... » (« Fantascienza », n° 2/3, juin 1980).

Pour l'interviewer, les mauvais sont les permanents, ceux qui restent au Fleuve Noir, qui font partie de la « maison », qui s'y plaisent pourrait-on dire, les bons, ceux qui en sortent, qui publient ailleurs, qui publient là parce qu'ils ne trouvent pas de place ailleurs (et qui prennent un pseudonyme pour la plupart)... Cela est globalement exact, mais il y a de notables exceptions : S. Wul, un « bon », a fait la majeure partie de sa carrière dans la collection « Anticipation », ainsi que Julia Verlanger, sous le pseudonyme de Gilles Thomas. Au cours de notre enquête, nous avons pu remarquer que ces arguments se répètent, les « bons auteurs » qui publient au Fleuve sont ceux qui n'ont pas trouvé leur place ailleurs. Certains sont au Fleuve par choix, d'autres parce qu'ils n'ont *pas* le choix.

« Beaucoup sont au Fleuve parce qu'il n'y a pas de collection intermédiaire entre « Présence du Futur » et Fleuve Noir. S'ils veulent écrire, il faut qu'ils écrivent là. Et je ne suis pas sûr qu'ils soient si à l'aise, que ce soit leur propos. C'est bizarre... (D. Guiot, entretien, 1994). »

Patrick Siry, qui a fait des études de lettres, puis a été enseignant, a des prétentions littéraires :

« ...Je me suis assez battu pour essayer d'imposer une nouvelle image de marque du Fleuve en élevant le niveau de ce que nous publions (...). Aujourd'hui je m'efforce de faire en sorte que tout livre sorti dans les collections dont je suis responsable soit pour le moins bien écrit et bien construit, le reste étant par ailleurs très subjectif ». (« Fantascienza », n° 2/3, juin 1980).

Ce qui, allié à ses tentatives de conformité aux règles du milieu (aller aux cocktails, voir les Bogdanoff, répondre aux interviews...), marque une certaine recherche de reconnaissance auprès, en plus de celui d'un lectorat « plus cultivé », du monde des pairs, des promoteurs de S.F. :

« Il n'avait qu'une idée c'était qu'un canard comme « Fiction » nous fasse de bons articles alors qu'il nous démolissait tout le temps. Alors il a pris toute la bande... *(et aurait remercié les « anciens ». en raison de désaccords idéologiques d'après certains).* C'était la fin de la collection ». (M. Limat, entretien).

Mais le succès public escompté se fait attendre, les ventes baissent.

A l'orée de 1980, Serge Brussolo et d'autres auteurs vont amener de nouveaux thèmes flirtant avec le Fantastique et l'Heroic Fantasy. Nouveaux thèmes qui vont avec un nouveau type d'écriture influencé par le cinéma, ce qui est confirmé par les paroles de Serge Brussolo (« ce qui m'intéresse c'est de travailler dans la puissance d'évocation, c'est d'arriver à mettre en place une fresque. J'écris comme on fait un film »).

En même temps, FNA se dépolitise.

En 1987, Patrick Siry quitte la collection, les directeurs se succèdent. L'un d'entre eux (qui d'après les dires de certains auteurs n'avait pas de goût particulier ni de connaissance pour la S.F.) va reprendre l'objectif de P. Siry : faire une école française de S.F.. Les romans acceptés par le prédécesseur sont publiés, puis les auteurs les moins « littéraires » sont refusés. Des découvertes sont faites, dont celle de Laurent Genefort et d'Ayerdhal. Seront accueillis quelques « transfuges » de « Présence du Futur » qui vient de changer de direction.

Il existe des indices qui démontrent qu' »Anticipation », en ce qui concerne certains de ses auteurs, les plus politisés d'abord, puis les jeunes plus littéraires, n'est plus montrée du doigt par le milieu des amateurs-promoteurs : ces auteurs sont primés, la plupart des sorties les concernant sont critiquées dans les fanzines, et puis beaucoup d'entre eux sont également des membres actifs du milieu, ce qui n'était pas le cas pour les plus anciens. Mais si la reconnaissance auprès des pairs s'amorce pour certains auteurs du Fleuve Noir, les ventes ne suivent pas, elles seraient tombées à 5000-6000 exemplaires aujourd'hui (alors qu'elles atteignaient les 20 000 exemplaires quelques années auparavant). En 1991, la direction change à nouveau, de nouvelles stratégies éditoriales sont élaborées : il se produit ce que des auteurs remerciés qualifient de « retour en arrière » et que le dernier directeur de collection présente comme un retour aux sources. En 1997, l'intitulé « Anticipation » disparaît, ainsi que la numérotation, mais le Fleuve consrve une ligne éditoriale S.F. quantitativement importante.

Caractéristiques objectives de la collection :
La maison Fleuve Noir appartient au Groupe de la Cité. Ses produits sont distribués comme ceux de la presse et non pas comme ceux de l'industrie du livre : un livre chasse l'autre sur les rayonnages des kiosques et des hypermarchés (durée de vie très courte pour un ouvrage, introuvable dès le mois suivant sa sortie). La collection propose une cinquantaine de titres par an (66 en 1990, 59 en 1991, 44 en 1992).

De format poche, un ouvrage de la collection coûte environ trente francs. Jusqu'au dernier changement de maquette, en 1992, la quatrième de couverture, outre le texte de présentation toujours succinct, présentait des publicités (essentiellement pour des marques de cigarettes). En couverture, il y a toujours eu une illustration réalisée par des illustrateurs-maison - ou, à certaines périodes, achetée à une agence. Celles de Brantonne sont très recherchées par les collectionneurs. Depuis le dernier changement de maquette, la collection a une double-couverture : la première, sur fond bleu, a une découpe en forme de triangle en son centre qui laisse voir le motif central de l'illustration intérieure. Pendant l'été 1995, de nouvelles couvertures sont encore apparues. Et la disparition de l'intitulé amène de nouvelles modifications.

Chaque ouvrage est standardisé autour des 180 à 190 pages réglementaires (certains auteurs pour contourner cette obligation, produisaient des romans « à suite », ce qui n'était guère adapté au mode de diffusion, de la collection). Les auteurs publiés sont quasi-exclusivement des Français (sauf les premières années où des anglo-saxons étaient édités, sauf également pour la série « Perry Rhodan » traduite de l'allemand). Depuis deux ou trois ans la collection réédite certains de ces titres dans la même collection (alors qu'il y eut, il y a quelques années, une collection spécialisée dans les rééditions au Fleuve Noir). Philippe Hupp alors directeur littéraire nous en a expliqué les raisons (voir plus loin).

La collection est segmentée en plusieurs sous-divisions aux noms anglo-saxons (plus vendeurs que le suranné « anticipation » ?) : « legend » (Heroic Fantasy), « space » (space opera), celles qui se vendent le mieux affirme Philippe Hupp. Puis, « metal » (cyberpunk) destinée à des « lecteurs plus adultes », qui présente des ouvrages « moins drôles », « plus pessimistes », « qui se passent sur Terre » (P. Hupp, entretien).

« Panik » qui présentait plutôt la tendance horreur et faisait concurrence à une autre collection du Fleuve, a été abandonnée ; « Delirius » aux contenus divers, également supprimée.

Situation des auteurs :

Jusque dans les années soixante-dix, les auteurs étaient liés à la maison d'édition par un contrat d'exclusivité du nom : toute production avec un nom donné devait aller au Fleuve Noir. Il s'agissait là de la seule exigence indiquée par contrat. Pour les publications, chaque roman faisait l'objet d'une autorisation de publication, tacitement reconductible. Certains auteurs, qui ont quitté la collection ont pu reprendre leurs droits d'auteurs (la maison d'édition ne peut les rééditer, c'est le cas de S. Wul).

Avant 1980, les tirages allaient de 20 000 à 30 000 exemplaires selon un auteur comme Maurice Limat, à environ 65 000 selon le directeur de collection P. Siry (d'après Gérard Klein avant 1980 les ventes étaient d'environ 20 000 exemplaires, mais la direction générale avait imposé au directeur littéraire et aux auteurs de donner le chiffre imposant de 60 000 exemplaires). Aujourd'hui, les tirages ne dépasseraient pas les 10 000 exemplaires ; quant aux ventes, hormis pour certains auteurs-phares comme Serge Brussolo, elles seraient passées sous la barre des 6 000 exemplaires.

Les auteurs reçoivent une rémunération moyenne de 15 000 francs par roman (« à valoirs »), avec une promesse de 6%, selon certains, à 7 % selon les autres, du prix du livre (hors taxe) sur les exemplaires vendus au-dessus du seuil de 10 000 exemplaires, ce qui n'est que rarement le cas aujourd'hui (informations que l'on tient de plusieurs auteurs, à prendre donc sous réserves).

Les auteurs sont lus par un comité de lecture. Patrick Siry parlait dans son interview de douze lecteurs, ce qui est confirmé par de jeunes auteurs qui disent avoir été lus par sept à dix lecteurs différents.

Discours de présentation :

Le discours positif sur le Fleuve est essentiellement tenu par les auteurs les plus anciens. Un auteur comme Maurice Limat (80 ans en 1994) qui y a fait l'essentiel de sa carrière raconte la petite notoriété qui touchait certains auteurs à la fin des années cinquante. Régulièrement invité au « Club du Faubourg », il y rencontrait des « vedettes », des « académiciens ». Mais on sent plus souvent dans les propos des auteurs le poids de la condamnation, de l'indignité, même si cela ne se dit pas comme tel, mais sous la forme de justifications, de l'affirmation avec force du libre choix (« je suis un écrivain de littérature populaire et j'en suis fier »), d'auto-dépréciation (« je n'ai nulle autre ambition que de distraire »).

Nous avons rencontré en 1994 celui qui était le directeur de la collection FNA. A cette occasion, il nous a expliqués clairement la politique éditoriale, les préférences, l'orientation de la collection, sans la justification ou l'auto-dépréciation auxquelles les auteurs nous avaient habitués. Nous avons compris en écoutant ce discours que les auteurs ne pouvaient que se sentir ignorés en tant que créateurs, parce que le discours met clairement les considérations commerciales avant les considérations littéraires. Ce qui est édité a essentiellement une valeur marchande et ne doit pas avoir trop de prétentions esthétiques. Certaines caractéristiques sont donc attendues d'un roman, le contenu compte plus que la forme, comme l'indique le significatif « mais » des paroles suivantes :

« C'était un vrai bouquin pour Anticipation avec de l'évasion. Bien écrit, mais avec un bel imaginaire qui puisse faire rêver les lecteurs ». (P. Hupp, entretien, 1994)

Les nouvelles orientations de la collection sont aujourd'hui très décriées pour son « retour en arrière », vers le « space opera des années cinquante », parce que les auteurs les plus littéraires, soucieux du style et de la forme, sont progressivement évincés, ainsi que les plus « intellectuels » (« trop littéraires », trop intellectuels par rapport à la cible », « trop poétiques », « plutôt dans la lignée de la sociologie »). Anticipation est présentée comme l'inverse de « Présence du Futur » :

« J'ai un livre d'un très bon copain, mais je ne pourrais pas le publier. Il n'y a pas d'action dans le livre. Alors je lui ai dit de l'envoyer chez Denoël ».

« Mon boulot ce n'est pas de trouver un prix Goncourt, c'est de trouver une bonne histoire qui fonctionne (...) ce n'est pas de faire de la S.F. de laboratoire, ou de la S.F. expérimentale ».

Un bon livre pour FNA est un livre « qui ne fait pas trop réfléchir », parce « qu'il y a une règle absolue : plus un livre est intelligent moins il se vend ». Le lecteur veut une « S.F. simple », une histoire très « boy-scout » avec de « fidèles androïdes » : de l'action et de l'évasion. Le discours peut être si détaché parce que le directeur de collection insiste pour présenter son activité comme un « boulot » et il ne l'amène jamais sur le plan de l'activité culturelle. Le ton nous a paru d'un cynisme un peu forcé parce qu'il semble évident que les choix s'ils sont fait par la direction littéraire, sont orientés par la direction commerciale.

Dans la logique de cette collection la parution d'un article dans la presse généraliste et très respectable n'est pas vécue comme positive pour la collection. Ainsi, à propos de la première critique d'un ouvrage de la collection parue dans « Le Monde » en 1994 pour un livre du jeune auteur Laurent Genefort, le directeur de collection ne lui attribue qu'un rôle positif pour l'égo de l'écrivain (« ça lui montre que publier chez « Anticipation » ne le coupe pas du monde de la presse »). Pour les mêmes raisons « le service de presse n'est pas vital. C'est pas un article sur la collection qui va changer quoi que ce soit ».

Les tentatives de se conformer aux valeurs légitimes menées par les prédécesseurs sont abandonnées, et les tentatives de séductions du milieu S.F. le sont également. Le regard porté sur lui est très critique (d'autant plus que le directeur de la collection est un ancien promoteur du genre - organisateur d'un festival, traducteur) : « ce sont toujours les mêmes personnes », c'est « un miracle de stabilité », « il est très verrouillé ». Milieu replié sur lui-même qui résiste à l'extérieur et s'accapare du discours savant porté sur le genre car il mène « une opposition systématique à la vulgarisation ». Outre les « littéraires », les auteurs trop impliqués dans le monde des fans, montrant dans leurs écrits un peu trop d'allégeance aux principes du milieu ne sont guère appréciés :

« Ils écrivent comme s'ils écrivaient pour des fanzines. Un livre pour 100-200 personnes. (...) Anticipation n'a pas pour vocation d'accueillir de jeunes auteurs qui vont démontrer qu'ils connaissent par coeur les autres livres de S.F., de faire un livre de référence ».

La tendance de certains auteurs à faire de l'auto-référence, à « s'auto-alimenter » (faire des clins d'oeil aux fans, « vrais amateurs ») est également déplorée par d'autres directeurs de collection. Certains auteurs feraient leur carrière dans le milieu, rechercheraient la reconnaissance exclusivement auprès de leurs fans :

« Vous avez des auteurs très implantés, très actifs dans le milieu qui vont faire des pieds et des mains pour avoir des critiques et vont avoir une quinzaine d'articles alors que leurs livres ne se vendent pas ».

La collection est destinée à une diffusion maximale et à faire de nouveaux adeptes parce que le public se renouvellerait très vite et parce que « le militant de la cause S.F. des années soixante-dix » ne serait plus là pour garantir la survie de la collection. C'est un avis partagé par d'autres éditeurs, le lectorat est aujourd'hui très « infidèle ».

C'est dans le renouvellement du public que se trouve la raison principale de la politique de rééditions menée depuis peu. Rééditer les anciens titres peut paraître paradoxal. Il est vrai que par ce biais on leur donne un statut de classique qui contraste avec les objectifs de la collection. Cependant le contexte économique explique cette opération. Il est en effet plus rentable de publier de nouveau des textes anciens, déjà amortis que d'en proposer de nouveaux à la publication. Ce d'autant plus qu'à cause du système de diffusion particulier du Fleuve (vie courte du livre, beaucoup de sorties simultanées, donc concurrence entre romans d'une même collection), qui s'ajoute à la situation de la librairie (stocks de moins en moins importants qui réduisent la durée de vie d'un livre, c'est-à-dire de disponibilité auprès du lecteur[1]). Les livres deviennent donc très vites introuvables et peuvent donc être proposés quelques années après sur le marché avec la garantie de trouver un nouveau lectorat.

Le système de diffusion a un inconvénient qui ne permet pas de profiter du média indispensable à une littérature exclue de la presse généraliste : le bouche-à-oreille. La durée de vie de livre étant courte, il n'a pas le temps de fonctionner et le livre de trouver ses lecteurs »[2]. Mais, le système de diffusion n'a pas que des inconvénients, il permet « l'effet-collection », c'est-à-dire

---

[1] En moyenne un livre devient difficilement accessible deux ans après sa sortie. Pour les livres distribués selon le système du Fleuve Noir (système équivalent à celui de la presse), le délai entre la sortie de l'ouvrage et le retour pour stockage chez l'éditeur (ou le plus souvent pilonnage) est de trois mois environ.

[2] C'est également la raison pour laquelle les «séries» ont été abandonnées, les lecteurs n'ayant aucune garantie de trouver tous les tomes d'une même série.

qu'un nouveau-venu se vendra aussi bien qu'un auteur confirmé, au moins pour ses deux ou trois premières parutions. Le problème se pose alors à l'éditeur qui devra attendre ces deux ou trois parutions pour connaître la « rentabilité » de l'auteur :

« Il y a peu d'écarts sur les premiers titres, entre un titre et un autre (un nouveau et un confirmé). Mais c'est au bout de trois ou quatre bouquins qu'on commence à voir les écarts... »

Philippe Hupp différencie les anciens et les nouveaux sur le mode de sociabilité inter-collection : « Les jeunes se connaissent », « se téléphonent », « les anciens sont complètement isolés » et « envoient leur manuscrit par la poste ». Mais pour ce qui est de la différenciation politique le directeur de collection acquiesce bien sur le fait que « le Fleuve était le repère des auteurs populaires de droite - surtout pour le « polar » - et comme ils écrivaient aussi pour Anticipation, on se retrouvait avec des romans de S.F. très marqués », il affirme toutefois que « comme tout le reste », la « collection s'est dépolitisée », et que publier « un bouquin très à gauche ou très à droite aujourd'hui ne serait plus possible ».

Discours d'accusation :

Puisque nous les avons évoqués tout au long des rappels historiques sur la constitution du milieu S.F., et sur la collection elle-même, nous ne reviendrons pas sur le détail des accusations portées depuis les années cinquante sur « Anticipation ». Rappelons qu'elle a été accusée de pauvreté littéraire, de diffuser incohérences scientifiques et idéologies rétrogrades... Aujourd'hui le discours est dépolitisé, comme la S.F., et comme la collection, et s'inscrit dans le domaine essentiellement littéraire (les dernières publications d'un auteur militant comme Philippe Randa datent de 1988). Elle subit le poids de son histoire et reste moquée dans le discours de certains.

Dans le milieu des amateurs, même s'il y a un tri entre les « bons » et les « mauvais » écrivains, le discours est bien plus modéré que dans les années précédentes, et le rejet est surtout sensible par le silence de la critique sur certaines parutions. Un jeune auteur (Laurent Genefort) a été critiqué dans la chronique « S.F. » régulière de Jacques Baudou dans « Le Monde » (ce qui nous a assuré Philippe Hupp était « une première »). Des auteurs racontent leurs premières lectures, leur première entrée dans la S.F. avec la collection « Anticipation ». Et même si cela est dit avec distance et ironie, on peut croire que la lecture des livres du Fleuve Noir n'est plus une pratique « honteuse ».

Mais tout ceci concerne le milieu des amateurs et auteurs, il en va tout autrement des professionnels éditeurs (preuve supplémentaire que le rapport promoteur-amateur/professionnel est complexe, en raison des intérêts contradictoires). En effet, nous avons pu constater en menant notre enquête de terrain auprès de professionnels (directeur de collection, assistants de directeurs de collection...), ou semi-professionnels (critiques dans la presse non-spécialisée) que le Fleuve Noir était étrangement absent des discours sur l'édition de S.F.. Lorsque pour essayer de nous représenter les concurrences en jeu dans le monde de la S.F. française nous demandions aux enquêtés de présenter le champ éditorial, on nous citait systématiquement la « bande des quatre » (« Présence du Futur », « Ailleurs et Demain », « J'ai lu », « Presses Pocket » - toutes quatre dirigées par des directeurs de collection anciens promoteurs de S.F. et « figures » de l'histoire du milieu). Le Fleuve était exclu du discours spontané, comme s'il ne s'agissait plus d'un concurrent mais de quelque chose d'étranger. Les propos formulés clairement ne venaient qu'après nos relances insistantes :

« enquêtée : Il y a un code du savoir-vivre dans la S.F. de la bande des quatre.
Enquêteur : Vous parlez de la bande des quatre, mais il y a une cinquième collection...
e : Oui, il y avait « La Découverte », mais elle s'est arrêtée.
E : Mais...il y a aussi Fleuve Noir.
e : Oui. Fleuve Noir c'est un peu différent. C'est une collection qui publie des choses beaucoup plus variées... (le ton est hésitant), qui publie des choses plutôt inégales. Inégales, oui...Inégales par rapport aux quatre autres... ». (entretien avec une assistante à la direction d'une collection de poche).

La condamnation n'est pas explicite (utilisation d'euphémismes : « variée », « inégale »), elle se lit surtout dans la mise à l'écart (le silence d'abord et la signification d'un « statut différent »). La condamnation ne s'affirme pas comme telle à cause de la position tenue par l'enquêtée qui représente une collection « de poche » avec le statut que la valeur économique et la forme du produit « poche » laissent présager (voir plus loin).

Au cours de l'enquête, la collection « Anticipation » est présentée comme une « école » pour jeunes auteurs français (que les autres collections ne pourraient se permettre d'être), par les auteurs comme par les professionnels. Les faits tendraient à démontrer qu'il s'agit là davantage d'un voeu pieux plus qu'une réalité. La « trajectoire idéale » présentée par les auteurs eux-mêmes : apprendre au Fleuve Noir, se réaliser dans une collection « plus noble » du genre de « Présence du Futur », se fait souvent dans le sens inverse (ou bien les parutions dans l'une et l'autre collection sont synchrones). Un auteur ayant commencé sa carrière au Fleuve, et marquant nettement des « ambitions littéraires », répondait dans notre questionnaire : « Fleuve Noir peut être un excellent tremplin mais aussi un beau sarcophage » (cet auteur a depuis été publié dans une collection « plus littéraire »).

La critique vient également « de l'intérieur », des auteurs eux-mêmes (les seuls auteurs interrogés par nos soins, ayant témoigné de contraintes éditoriales sont les auteurs du Fleuve Noir). Qu'ils regrettent les contraintes sur le style (déjà dans les années cinquante, M. Limat se serait fait refuser un roman au motif qu'il était « trop littéraire » ; aujourd'hui un auteur nous précise qu'un « style pauvre » lui est demandé), sur la longueur (« textes courts », « 190 pages maximum », « entre 250 000 et 350 000 signes », « contraintes de densité »), plus rarement sur les thèmes (« l'horreur ne nous est pas autorisée »)[1].

---

[1] A propos de la censure : «Oui, ça m'est arrivé une fois, mais pour une collection bien particulière qui était le gore. Ca tenait surtout à la personnalité de la directrice de collection (...) Normalement, tous les excès sont permis, dans le gore - comme dit Ruellan c'est une pornographie du Fantastique : on dissèque et c'est en gros plan. Mais on sait que se sont les 12-14 ans qui adorent ce type de récits. Donc on a un peu peur de ce qu'on va y mettre. Elle, elle ne voulait pas d'histoires avec des néo-nazis, pas de gore avec des tortures sur des enfants, sur les animaux. Les gore-historiques n'étaient pas très indiqués paraît-il, les gore-politiques non plus. Je me demandais avec quoi on pouvait faire un bouquin... Et justement, le prochain que j'envisageais, c'était à partir de tortures d'animaux (rires) qui partait d'un fait divers réel qui m'avait tellement choqué que je voulais en parler... Dans ce cas, c'est l'éditrice qui pratiquait d'abord une auto-censure connaissant son public d'une part, et ensuite par une émanation de sa propre sensibilité.» (C. Ecken, entretien)

L'éditrice en question est sans nul doute possible Juliette Raabe. Dans un article qu'elle consacre au gore, on peut trouver des explications sur les raisons qui motivaient ses interdictions : «comment pourrait-on tenir longtemps une collection qui s'affiche sur la transgression en s'autorisant

FNA est également la collection qui est la plus critiquée par ses auteurs en raison de ses motivations qui seraient plus commerciales que littéraires :

« Enquêteur : Vous travaillez le manuscrit avec l'éditeur ?
e : Il n'y a absolument aucun travail sur le manuscrit, à la limite, il n'y a aucun intérêt pour le manuscrit. Les rapports sont exclusivement commerciaux : « je te prends. Je ne te prendrais pas. Je te signe ton contrat ». Je considère qu'au Fleuve s'ils vendaient de la lessive ou du coca-cola, ce serait pareil ». (jeune auteur du Fleuve Noir, entretien)

« Les directeurs de collection sont interchangeables. Ils sont de passage. Ils font leur boulot, ils vendent leur soupe. Ils ne lisent même pas les romans. Certains directeurs de collection, avant de faire ce boulot n'avaient même pas lu de « Fleuve Noir », au contraire ils le dénigraient ». (jeune auteur du Fleuve Noir, entretien)

« ... Il n'y a plus actuellement réellement d'éditeurs. Il n'y a que des financiers. La preuve, tous ceux qui font une politique d'édition littéraire - défricher un domaine, découvrir de nouveaux talents - souvent ne sont pas rentables immédiatement. Et comme ils ne sont pas rentables immédiatement, on les vire. (...) Ce sont des gens qui se disent : « Il faut remonter la collection, il faut donc faire des coups, il faut qu'on soit sûr, on ne va pas ouvrir de nouvelles voies, on ne sait pas si ça va prendre ou pas ». (...) On ne discute plus vraiment du livre avec l'éditeur, mais on dira : « Ton livre s'est vendu tant ». On parlera chiffres de vente, on parlera du pourcentage, mais on ne parlera plus tellement du livre, des questions littéraires. C'est en train de disparaître ». (jeune auteur du Fleuve Noir, entretien).

Les anciens sont généralement moins mécontents de la collection, ou plus modérés dans leurs propos. Ainsi, dans une

---

d'emblée tout. L'impensable accédant à la publication cesserait d'être impensable, il y aurait fatalement usure, et escalade.» Quant au tabou touchant l'animal, elle l'explique par le fait que «rien n'interdit vraiment de tuer son chien ou son chat. De là une gêne. La lecture non contrebalancée par de sérieux interdits laisserait le lecteur plus démuni devant l'émergence de ses propres fantasmes moins profondément refoulés que les fantasmes de meurtre sur les humains». (J. Raabe, «Légitimités et tabous du roman d'horreur», in, Les Cahiers des Paralittératures, Actes du colloque «Les Mauvais genres», Editions du C.L.P.C.F., 1989).

interview G.J. Arnaud dit y bénéficier d'une très grande liberté pour écrire, mais il apporte un bémol :

« Mais enfin tout n'est pas rose quand même au Fleuve Noir. C'est indéniable qu'il y a un réel mépris de l'auteur. Même avec de bonnes critiques, de bons résultats, des traductions, des adaptations, vous n'êtes jamais que la cinquième roue de la charrette ! Ils se prennent pour de grands entrepreneurs d'édition, et vraiment vous n'existez pas ! S'ils pouvaient faire des bouquins avec un ordinateur, ils le feraient, j'en suis sûr. Il paraît même qu'ils ont essayé, mais sans succès ! » (G.J. Arnaud, « Fantascienza », n° 2/3, juin 1980).

Le « ils » indéfini traduit les rapports impersonnels entre l'auteur et sa maison d'édition.

Profils et positions des auteurs :
Au cours de l'enquête, grâce au questionnaire, aux entretiens, aux bio-bibliographies, nous avons cherché à croiser les profils socioculturels des auteurs du Fleuve Noir avec leurs opinions, attitudes, choix littéraires. On distingue communément les anciens des modernes, en fonction de leur rapport au genre et idéologie politique, mais il nous faut avouer que la réalité est plus complexe. Mais il existe bien une différenciation entre les générations. Max-André Rayjean (écrivain professionnel depuis 1956), « ancien » auteur du Fleuve, nous l'écrit :

« Après un premier changement de direction au Fleuve Noir, puis un second plus récemment, les relations entre auteurs « anciens » et nouveaux responsables ne sont pas devenues aussi fructueuses. Pas une mise à l'écart mais presque. Comme si nous avions fait notre temps. J'ai été un peu déçu, refroidi, désorienté par cette nouvelle vague de S.F. qui arrivait. Je me suis mal adapté et j'ai fini par renoncer, emporté par le nouveau flux ». (questionnaire).

Ces auteurs étaient le plus souvent polyvalents, professionnels, non-intégrés dans le milieu des promoteurs, non-critiqués, absents des débats. Politiquement qualifiés de réactionnaires. G.J. Arnaud (qui a eu des positions indépendantistes pendant la guerre d'Algérie) et M.A. Rayjean, sont des contre-exemples. Il y en aurait d'autres. Nous avons déjà dit c'est chez ses auteurs du Fleuve Noir que l'on trouve des références à des croyances « mystérieuses », parmi les réponses à notre questionnaire, de telles références ne sont citées que par deux auteurs : Daniel Piret et H.R. Bessière, tous deux anciens du Fleuve (« je suis attiré par l'ésotérisme et l'occultisme » - D. Piret - ; « je me suis spécialisé dans l'étude des civilisations disparues et le paranormal » - H.R. Bessière, qui fait des conférences sur le sujet ; c'est également le cas de M. Limat, qui nous a parlé lors d'un entretien de « séances de voyances », et dit-il, « l'écrivain est un médium »).

Les auteurs les plus jeunes du Fleuve Noir, dont nous avons une importante représentation dans nos réponses au questionnaire (une quinzaine d'individus), ne constituent pas forcément un ensemble homogène. Même si des auteurs comme celui dont nous citons les extraits d'un entretien plus loin, distingue toujours les auteurs du FNA en termes « d'anciens et de modernes ».

Politiquement, nous pouvons remarquer une forte représentation des opinions anarchistes ou libertaires. Au niveau de leur intégration professionnelle, ils ont pour caractéristique commune d'être en situation d'incertitude (profession « alimentaire » vacataire, multiples activités peu qualifiées, professionnels des activités littéraires), qui accompagne un discours sur leur marginalité, mais leur position esthétique et leurs origines sociales les différencient.

Nous distinguerons d'abord un ensemble d'auteurs qui se présentent comme des auteurs de S.F. populaire, qui ne présentent pas des « ambitions culturelles », qui ne fréquentent pas le fandom, beaucoup s'accordant pour le rejeter (« chapelle », « clan »). Parmi ces auteurs, deux attitudes par rapport à l'oeuvre émergent. Un certain nombre d'auteurs n'a pas d'attitude militante par rapport à leur activité littéraire. Ce sont des auteurs issus des classes moyennes, professionnels de l'écriture, qui avouent être mal rémunérés.

Un autre ensemble d'auteurs regroupe des « déclassés », auteurs issus des classes supérieures (professions libérales, ingénieurs, enseignants en lycée,...), qui ont des attitudes de revendication de leur position littéraire (« je fais de la littérature populaire, et j'en suis fier »), et une position très « anti-S.F. française » (un auteur se dit héritier de la S.F. américaine de l'âge classique). Leur déclassement rejoint celui d'auteurs arrivés dans la littérature dans les années cinquante ou soixante (fils de chef d'orchestre, de directeur de théâtre, de fabricant de meubles,...).

A l'opposé, nous avons quelques auteurs (tous n'ont pas répondu au questionnaire), qui au cours de discussions, ou dans notre questionnaire, ont marqué des ambitions culturelles (exigences de qualité littéraire, références légitimes - littérature générale, poésie - et intellectuelles - citent les sciences humaines dans leurs inspirations). Plutôt issus des mêmes groupes sociaux, et ayant effectué la même trajectoire que le premier groupe des jeunes auteurs du Fleuve décrits ci-dessus (beaucoup sont issus des classes moyennes du secteur « exécution »), ils s'en distinguent par leur proximité avec le fandom, le milieu des promoteurs et leurs positions proches des puristes (notamment une opposition franche aux « hétéroclites » précédemment évoqués et dont on reparlera), ainsi que par la condamnation du manque d'ambition en littérature.

Nous citerons en exemple les propos de Claude Ecken, représentant de cette tendance. Il construit une opposition sur le thème « Eux/Nous », « les anciens/les modernes ». « Eux », ce sont les anciens, ils n'ont pas d'ambitions littéraires ou intellectuelles, donc sont sanctionnés par le fandom (pas de critique). Ils ne participent pas à l'animation du milieu, à la promotion du genre, à la réflexion autour de la S.F.. Ils pratiquent leur activité dans l'isolement, et ne lui sacrifient rien (ils ont toujours une activité professionnelle, alors que « nous » faisons preuve de désintéressement : précarité de la situation professionnelle, activité alimentaire,... alors que, nous le savons nombreux sont les « anciens » du Fleuve a avoir été des professionnels de l'écriture). Ils « se vendent », alors que « nous » sommes au Fleuve Noir, parce qu'il n'existe pas de collection intermédiaire entre une S.F. d'évasion prônée par la nouvelle direction du Fleuve, et la S.F. très littéraire de « Présence du Futur ». Nous remarquons la « modestie » de l'auteur : ne se revendique pas proche des auteurs les plus littéraires de « PDF », parle d'ambitions littéraires, mais non de réalisations » (« nous sommes exigeants sur le style. Peut-être pas forcément dans notre écriture, mais on regarde le style des autres, on regarde la construction du livre.. »).

« C.E. : Ceux qui actuellement au Fleuve écrivent (du Space Opera, de la S.F. d'aventure juvénile) ne sont pas invités dans les conventions de S.F., ne sont pas critiqués dans les revues, parce que c'est vrai que c'est pas très bon ce qu'ils font : ça peut être un simple récit policier, un simple western galactique. Ça se

passe dans le futur mais l'histoire n'a rien de spéculatif. Ce n'est pas de la S.F. à mon avis. C'est un décor de S.F., c'est de la quincaillerie de S.F.. Ceux là se vendent bien au Fleuve. (...)
E : Et il y a vraiment une coupure entre le milieu S.F., tel qu'on le rencontre ici (convention de S.F. animée par les fans et notamment la tendance puriste, dont on reparlera), et les gens du Fleuve qui font cette littérature... classique.
C.E. : Une coupure ! C'est un fossé. On s'ignore. Nous avons tous travaillé au Fleuve parce que c'était possible d'y travailler, Dunyach, Wagner, Pagel, Honaker, Pelot, Jeury, se sont des auteurs intéressants qui publient ou ont publié au Fleuve. Certains n'y sont plus parce qu'ils ont claqué la porte quand il y a eu le changement de direction. Mais c'est vrai qu'on fréquente très peu les autres auteurs qui sont de l'autre côté de la barrière. On ne les connaît pas et souvent ce sont des gens qui sont déjà plus vieux que nous. C'est une autre génération. Ce sont des gens qui sont plutôt au-delà des cinquante ans et certains avec une activité à côté. Des médecins souvent, c'est curieux.
E : Et les anciens du Fleuve, ils ont un milieu aussi qui leur est propre, ils se réunissent entre eux ?
C.E. : Non. Ce sont vraiment des gens qui font ça en activité secondaire. Ils ont donc un métier, un cabinet de médecin - Douriaux est dentiste par exemple. A côté de ça, ils écrivent leur bouquin, ça leur fait un petit revenu supplémentaire. Voilà.
E : Vous pensez qu'il y a une différence de considération pour la profession, pour l'activité littéraire entre eux et vous ?
e : Oui. Nous, nous aimons la littérature, d'une part. Nous sommes exigeants sur le style. Peut-être pas forcément dans notre écriture, mais on regarde le style des autres, on regarde la construction du livre, la narration. Nous sommes aussi des gens qui réfléchissons sur la Science-Fiction. Ce sont les mêmes qui écrivent dans les fanzines sur ce qu'est la S.F.. On va théoriser. On baigne aussi dans la théorie littéraire, et on réfléchit sur la Science, toutes les Sciences, les Sciences Humaines, sur la politique. On parle beaucoup de Science-Fiction en général alors que les autres n'ont pas ces préoccupations. Leurs préoccupations sont : raconter des histoires qui leur plaisent au fil de la plume. Il n'y a pas de souci stylistique, ni de construction du roman, c'est simplement une histoire que l'on déroule platement du début à la fin, avec un méchant à combattre

qui perd à la fin, et un héros qui a remis le monde en ordre avant la conclusion ». (C. Ecken, FNA « à ambitions », entretien).

Les ambitions culturelles de ces auteurs apparaissent dans les réponses au questionnaire lorsque nous leur demandions de définir l'activité d'écrivain :

« (Il est) à la fois un artiste et un technicien. Ces deux aspects s'interpénètrent et agissent l'un sur l'autre : pas de séparation entre les deux. L'écrivain est constamment en recherche. Recherche qui n'a pas de fin » (auteur désirant garder l'anonymat - Fleuve Noir, nouvelliste, actif dans la promotion)

Les références sont également à remarquer, ainsi que les distances prises avec la littérature américaine :

« Je me situerais plutôt par rapport à la littérature générale qu'à mes confrères d'outre-Atlantique : (...) davantage de psychologie dans les personnages, de réflexion autour d'un thème » (C. Ecken). Ayerdhal (à l'époque au Fleuve Noir, aujourd'hui publié par « J'ai lu ») cultive certaines ressemblances avec la S.F. américaine mais rejette son « contenu idéologique ». Chez ces auteurs, comme chez beaucoup d'autres d'ailleurs, la S.F. elle même n'est pas citée en tant que « référence ou inspiration » (hormis le cas de Pierre Barbet, « ancien » du Fleuve). D'ailleurs Ayerdhal fait la remarque : « Il n'y a pas que la S.F. qui influence un auteur de S.F. ».

A l'inverse, chez certains auteurs de cette même génération, mais marquant leur appartenance à la littérature populaire, on trouve des accusations critiques portées à la S.F. française (ici manifestement confondue avec celle publiée par Denoël). On lui reproche d'abord son sens de la narration médiocre, la difficulté à construire « des histoires » solides : « Qualité des histoires, au sens de progression dramatique, médiocre » (Laurent Genefort - FNA), « elle a été modelée par l'ambition d'utiliser la S.F. pour entrer en littérature » (Pascal Fréjean), « elle aime bien se contempler le nombril » (Alain Paris).

Ce qui rassemble les auteurs, c'est l'usage régulier du pseudonyme, plus courant chez les auteurs du Fleuve qu'ailleurs. Ainsi parmi les quatre-vingt-dix auteurs à propos desquels nous avons recueilli des informations, 68% sont des auteurs ayant publié au Fleuve (dont certains sont des auteurs écrivant également régulièrement chez « Présence du futur »).

La collection « Présence du Futur » des éditions Denoël :

Rappel historique :
La collection a été crée en 1954, et est dirigée jusqu'en 1976 par Robert Kanters ancien premier lecteur chez Julliard. En 1976, Elisabeth Gille (fille de l'écrivain Irène Nemirovsky) le remplace jusqu'en 1986 où Jacques Chambon (agrégé es lettres, traducteur, enseignant) prendra la succession.

Caractéristiques objectives de la collection :
Appartient au groupe Gallimard. A sa création « Présence du Futur » (« PDF ») est une collection de format classique qui évoluera peu à peu vers le semi-poche (un peu plus haute que la catégorie poche). Les couvertures subissent également une évolution : la couverture blanche « à la comète » (très sobre), est devenue à la fin des années soixante-dix une couverture de couleur (couleur unique) avec une illustration contenue dans un cercle au milieu de la page de couverture. Depuis la fin des années quatre-vingts, les illustrations ont progressivement débordé du cercle pour le remplacer définitivement, et sont devenues des illustrations sur « trois-quart » (première page, dos, demi-page de la quatrième de couverture). La collection fait appel à des illustrateurs-maison (les auteurs ne choisissent qu'exceptionnellement l'illustration qui accompagnera l'ouvrage - le choix reviendrait au service commercial et non pas à la direction littéraire). Les emblématiques comète et cercle de couverture ont disparu mais la planète (ou plus prosaïquement le « rond de couleur grise ») sur le dos de la couverture existe toujours. Le prix est plus élevé que celui d'un poche (autour d'une soixantaine de francs). Les formats ne sont pas standardisés et le nombre de pages est variable.

« PDF » publie des romans et des recueils de nouvelles, une vingtaine de titres par an dont cinq sont écrits par des Français, essentiellement des inédits (en France) et des rééditions de classiques (beaucoup de classiques des années cinquante sont au catalogue de la collection) : Bradbury, Simak, Asimov (les plus intellectuels - Lem, Disch - et les plus littéraires - Bradbury). On trouve également une série d'Heroic Fantasy (Zelazny). « PDF » publierait de 8000 à 10000 exemplaires par titre. Elle est diffusée essentiellement en librairie, mais on peut en trouver, quoique rarement, depuis quelques années en grande surface et en gare. Il faut ajouter que c'est une des rares collections de S.F. à être présente en bibliothèque.

Jacques Chambon dirige aujourd'hui deux collections nouvelles, toutes deux créées après 1990 : « Présence du Fantastique », en semi-poche (aux couvertures noires et blanches), et « Présences », collection grand format, (prix autour de 140 francs) dans laquelle sont publiés des textes à cheval entre plusieurs genres (accueillis jusqu'alors dans « PDF »).

Situation des auteurs :

Selon nos informations, la rémunération serait environ la même qu'au Fleuve Noir (15 000 francs d'avance par titre). Les auteurs ne publiant jamais plus d'un ouvrage par année dans la collection, ils ne sont jamais des professionnels (à moins de publier également au Fleuve). Contrairement aux auteurs du Fleuve, chez « PDF » les auteurs réalisent un travail sur le manuscrit avec le directeur de la collection (certains écrivains citent parmi les personnalités ayant influencé leur carrière les deux derniers directeurs de la collection).

Discours de présentation :

« PDF » se présente comme une collection qui admet certaines des valeurs littéraires dominantes. Nous pouvons trouver des indices le révélant dans le catalogue analytique : le « décor » d'un roman de Jacques Barbéri (groupe « Limite ») est qualifié de « surréalisant », Emmanuel Jouanne (groupe « Limite ») est qualifié d'auteur ayant « la rage d'écrire » tout comme Colette Fayard de la même mouvance. L'héritage surréaliste est également représenté par Philippe Curval.

Les auteurs ayant publié dans la collection la plus littéraire du secteur S.F., « PDF », partagent avec tous les autres auteurs (FNA et autres) un intérêt pour le genre fantastique, mais s'en différencient par la pratique des genres les plus légitimes, et du discours savant : 22% des auteurs recensés ayant publié dans la collection « PDF » ont pratiqué la littérature générale et la poésie, contre 8% des auteurs du Fleuve Noir, et 28% des auteurs édités par « PDF » ont participé à la critique, au commentaire sur le genre puisque 28% ont écrit essais ou articles dans des revues, contre 10% des auteurs du Fleuve Noir. La génération vient modérer cette différenciation car aujourd'hui, avec la relative « réhabilitation » dont bénéficie le Fleuve dans le milieu des promoteurs, la quasi-totalité des auteurs jeunes participant à la critique et à l'animation du genre dans les supports spécialisés, sont des auteurs du Fleuve Noir (certes, il s'agit là d'une certaine partie des jeunes auteurs du Fleuve).

Environ 75% des auteurs que nous avons recensé ont reçu un prix, la majorité de leurs pairs (des institutions propres au genre S.F.). Les autres ont reçu des prix pour des productions diverses (policier, espionnage), des prix régionaux... Cependant, les auteurs primés ayant publié dans les collections les plus « intellectuelles » (« PDF » et « Ailleurs et Demain ») ont reçu leurs prix le plus souvent de leurs pairs (58%), contre 37% chez les auteurs du Fleuve Noir (dans ce cas ce sont surtout des auteurs « jeunes »).

Questionnés sur leur définition personnelle de l'activité d'écrivain, les auteurs de cette collection se remarquent par un choix de termes renvoyant à la « création » (il faut néanmoins dire qu'ils n'ont pas l'exclusivité de ce genre de réponses). Pour Emmanuel Jouanne, auteur du groupe « Limite », la définition générale rejoint sa vision personnelle, la profession de foi du groupe qu'il a crée (importance de la forme, du style) :

« L'écrivain est un rêveur de mots et un technicien de mots. Un peintre, un sculpteur, un musicien, avec un matériau différent ».

Certains donnent un sens plus précis au terme « création » : à la création esthétique, d'un objet culturel agréable à contempler s'ajoute celui lié à la mise en place d'un monde, d'un univers, d'un imaginaire (créateur de mondes...). « C'est un créateur de réalités, un donneur de sens » (J.P. Hubert, « PDF », S.F. politique).

Beaucoup d'auteurs ont une définition bien différente : ils estiment que l'écrivain est quelqu'un qui est porteur d'un témoignage, d'une parole à transmettre, souvent sous la forme « d'histoires ». Tous les profils éditoriaux, toutes les générations, tous les degrés d'implication dans la carrière, sont représentés dans cette liste (P. Barbet, R. Canal, P. Curval, C. Ecken, M. Essard, J.M. Ligny, D. Martinigol, J. Wintrebert, H.R. Bessière, M. Lemosquet, R.D. Nolane, J.M. Blatrier, M.A. Rayjean), on remarque néanmoins, l'absence des auteurs les moins « narratifs », les plus portés sur le style, la forme : auteurs membres, ou proches, du groupe « Limite » .

La collection « PDF » se présente à la fois comme la collection des classiques et la collection qui est du côté de la modernité, de l'avant-garde. Au bon goût (des oeuvres reconnues comme celles d'un Bradbury, d'un Lovecraft) s'ajoute la découverte de nouveaux talents. Le rapport aux valeurs littéraires légitimes se veut affranchi :

« PDF », c'est un petit peu l'équivalent de la Série Noire dans le domaine du « polar », une collection assez ancienne puisqu'elle en est à son 500ème titre. C'est un peu une sorte de musée-vivant de la collection. Une des plus anciennes, des plus éclectiques, des plus variées. Elle a toujours cherché à suivre l'actualité de la Science-Fiction. Ce qui fait que c'est un musée sans doute, mais un musée vivant, en ce sens que les auteurs des débuts, qui étaient des jeunes auteurs, sont devenus des classiques et que les jeunes auteurs que nous publions maintenant, deviendront des classiques si on a eu le flair ». (J. Chambon, entretien, 1990).

De l'avant-garde puisqu'elle publie le manifeste du groupe « Limite » dont on reparlera plus loin.

C'est du côté du public cultivé que la reconnaissance est recherchée. Jacques Chambon regrette, par exemple, l'absence de grands noms pour défendre le genre :

« Au cours d'un de ces panels avec des non-lecteurs, il y avait un non-lecteur qui avait dit ceci : « au fond, la Science-Fiction souffre peut-être pour s'élargir davantage, pour conquérir un plus large public, qu'il n'y ait pas de grand nom qui vienne la défendre dans les supports médiatiques, soit à la télévision, soit dans les journaux ». Et il disait au fond que si Poirot-Delpech parlait dans sa chronique de temps en temps, d'un bouquin de Science-Fiction, et en parlait bien, au fond il n'y aurait pas de problème, le lecteur qui fait confiance en général à ces institutions que sont ces types de critiques, lirait volontiers ce type de littérature et serait peut-être conquis. Ça a existé à une époque, il ne faut pas oublier que dans les années cinquante, au moment justement où commençaient à se créer des collections et où le public était très intéressé, il était intéressé sans doute spontanément, mais aussi parce qu'il y avait des grands noms : Boris Vian, Raymond Queneau, Michel Butor. Maintenant, ça n'existe plus tout, cela. Il n'y a guère que Attali. Attali dans « Apostrophes » parlant de son bouquin, il avait Bernard Pivot en face de lui. Et à la question « votre livre tout de même, touche un peu à la Science-Fiction ». Et cette question, on sentait très bien qu'elle voulait dire en fait « ça fait pas très sérieux de votre part, Monsieur Attali, d'écrire un bouquin qui se réfère ainsi à la Science-Fiction ». Et Attali - ça m'a fait un plaisir immense - a dit qu'il revendiquait l'appellation de Science-Fiction pour son livre ». (J. Chambon, entretien, 1990).

Public cultivé mais moderne : il puise ses lectures dans différents genres, à différents niveaux de légitimité. Pour cette raison l'éditeur regrette la monomanie des lecteurs exclusifs de S.F., et ne pose pas de frontières strictes dans la définition du genre :

« Il y a un éventail assez large des difficultés [niveaux], ça va de 15-16 ans jusqu'à la quarantaine. En général plutôt des professions libérales, des études supérieures, des gens qui lisent beaucoup et un peu de tout. Et dans les amateurs purs et durs, il y a des gens qui ne lisent que ça. On peut le regretter un peu mais ça existe aussi ».

« Il y a ceux qui ne lisent que l'Heroic Fantasy, que le space opera, ceux qui n'aiment que les histoires qui constituent des extrapolations sociales, des utopies, il y a des passionnés du voyage dans le temps. Mais je crois que le lecteur idéal, parce que précisément la Science-Fiction et le Fantastique, ce sont quand même des littératures de l'ouverture, où l'imaginaire peut s'éclater, c'est celui qui va entreprendre la lecture d'un livre très difficile comme « Dune » de Herbert, le gros bouquin riche, pas toujours facile à lire, et qui ensuite passera à une petite chose légère, astucieuse, mais qui n'a pour ambition que de distraire le temps d'une soirée ».

« PDF », et pour cette raison elle est critiquée par les puristes, défend le mélange des genres.

« Présence du Futur » a toujours été une terre d'accueil pour ces textes à la frange de l'insolite, qui ne pouvaient, trop abscons pour un public non-averti, trouver leur place en littérature générale, alors que les amateurs de Science-Fiction les recevaient spontanément comme leur patrimoine ». (catalogue analytique 1992, « PDF », Denoël)

« Les deux genres (S.F. et Fantastique) se complètent très bien, l'un donne un plaisir intellectuel, la Science-Fiction, l'autre donne un plaisir plus sensuel, ça relève beaucoup plus de l'ambiguïté, de la demi-teinte. De ce point de vue, normalement tout lecteur de Science-Fiction doit être tenté par les littératures de l'imaginaire, à mon avis il doit aimer le Fantastique et réciproquement ». (J. Chambon, entretien, 1990).

Cependant, la maison d'édition a vu se créer deux collections, l'une parce que la littérature fantastique - sous une nouvelle forme, avec de nouvelles formes d'écriture - connaît depuis la fin des années quatre-vingts un regain d'intérêt dans le public, mais surtout la collection « Présences » qui rend très bien compte de l'idéologie de ce pôle du milieu. Elle a pour caractéristiques de ne pas être étiquetée « S.F. » (ou « Fantastique »), elle s'adresse donc à un public de non-amateurs, et son grand format indique qu'elle va vers un public plus fortuné que le public habituel de l'édition de poche.

« Pour agrandir le club. Pour donner au grand public qui, non content d'ignorer la S.F. et le Fantastique, a tendance à les bouder dans leur support poche, l'occasion de remettre en question ses préjugés, de ne plus penser S.F. ou Fantastique, mais LITTERATURE ». (catalogue analytique 1992, « PDF », Denoël)

L'expression « littérature de l'imaginaire » démontre le rejet d'une catégorisation stricte les genres de la fiction, et est également un indice de plus - avec la création de cette collection sans « étiquette » - de la volonté ne pas céder à la tentation de faire des frontières strictes.

Collection très littéraire certes, mais également intellectuelle : sont publiés les auteurs de la speculative fiction (Ballard, Silverberg...), des auteurs qualifiés de « difficiles », allant vers une S.F. très « philosophique ».

Pour défendre ce genre, le directeur de collection interviewé avait énoncé les diplômes et la formation des différents directeurs de collection en place dans le milieu de la S.F.. Or, nous avons trouvé également, dans le catalogue analytique, notées les qualifications de certains auteurs : « physicien » (P. Goy, J. Varley), « professeur de littérature » (Orson Scott Card), « enseignant, poète » (F. Turner), « professeur de psychologie » (J. Tiptree Junior), « journaliste » (P. Curval), « linguiste, astrophysicien » (A. et B. Strougatski), etc...

« PDF » veut se placer du côté de la culture légitime et des institutions qui la sanctionnent (le système scolaire - le directeur de la collection regrette d'ailleurs dans notre entretien la relative sous-représentation de la S.F. à l'école et à l'université). Les stratégies éditoriales, les choix esthétiques, le discours, en font la démonstration. A l'inverse, sont donc rejetées les cousinages avec Fleuve Noir (la « sous-littérature »). A propos des journalistes qui rejettent le genre :

« Ils se permettent de juger de l'ensemble de la Science-Fiction, sur la lecture d'un Fleuve Noir sans ambition, qui est destiné à distraire le bidasse qui part en permission à la gare. Quelquefois il y a une sorte d'élargissement abusif qui est absolument regrettable, au fond c'est un peu comme si je disais la littérature psychologique c'est nul : regarder Delly... sans tenir compte de Stendhal, de Flaubert etc... ».

Il est évidemment logique de trouver des références littéraires classiques dans la démonstration...

Les signes d'appartenance à une sous-littérature se doivent d'être gommés, la vulgarité des couvertures (toujours pour séduire les lecteurs de « bon goût ») est prohibée.

« On a évolué vers des couvertures assez séduisantes assez plaisantes, avec de la couleur et, en ce qui concerne le Fantastique, quelque chose d'assez chic. Sur la foi de certains de non-lecteurs de Science-Fiction qui disaient : « le Fantastique et la Science-Fiction c'est toujours des monstres grimaçants ». Alors pour se distinguer des autres collections « terreur », « gore », on a affiché pour « Présence du Fantastique », une maquette de grande classe, noir et blanc-gris, assez chic. Précisément sur le discours de nombreux lecteurs qui nous disaient « ce qui arrive à la Science-Fiction c'est d'avoir toujours une connotation de sous-littérature (...). Si on affiche une façade un peu élégante ça laisse supposer que le contenu va dans le même sens et ne donne pas honte au lecteur en quelque sorte de lire les livres en question ». (J. Chambon, entretien, 1990).

Puisque la collection recherche une légitimité après du pôle cultivé du lectorat, auprès des institutions littératures cultivées (critique, grands auteurs, école...), les tentatives de repli sur soi prônées par certains amateurs sont rejetées :

« Les amateurs de Science-Fiction aiment bien se retrouver entre eux, avoir leurs conventions, leurs supports particuliers. Ce qui pose un problème, celui de la ghettoïsation de cet univers. Mais disons que le bon côté de la médaille, fait qu'il y a dans la Science-Fiction le sentiment d'appartenir à une communauté ».

Il est évidemment paradoxal de prôner le mélange des genres, l'abandon du nom, de diriger une collection de genre et demander sa reconnaissance en tant que genre particulier. Il y a également un paradoxe entre les volontés cultivées de la collection et les contraintes du marché : on met en avant un lectorat cultivé, « membre de professions libérales », mais le public jeune est très nombreux et on doit en tenir compte. Ce lectorat, que nous présenterons plus loin, n'est guère favorable à une littérature française d'expérimentation et préfère l'Heroic Fantasy. D'autre part, les couvertures très colorées ne sont pas acceptées par les populations les plus cultivées (et par certains auteurs - un auteur comme E. Jouanne, dans notre questionnaire disait préférer une couverture sans illustration), mais les jeunes lecteurs demandent de l'image. La collection s'est d'ailleurs adaptée à cette demande.

Le groupe « Limite » :

Ce groupe littéraire à l'existence éphèmère, présente de manière extrême les caractéristiques et les ambitions d'une certaine S.F.F. des années quatre-vingt. Constitué en groupe en 1986, il a publié son « manifeste » sous la forme d'un recueil de nouvelles dans la collection « PDF ». Mené par E. Jouanne, il réunissait des auteurs-maison : J. Barbéri, F. Berthelot, L. Evrard, F. Serva, J.P. Vernay, A. Volodine. Ce dernier fait une carrière depuis en littérature générale (Editions de Minuit). Un autre auteur de « PDF » - Colette Fayard - devait rejoindre le groupe pour un deuxième recueil - jamais paru. L'ambition du groupe était de « rejoindre la littérature générale » (Francis Berthelot, questionnaire). Il se dit d'ailleurs l'héritier d'un ensemble d'auteurs de littérature générale, autant qu'héritier d'une certaine S.F. (speculative).

« Entre la littérature de Science-Fiction et l'autre, la grande, celle qui porte une majuscule à chaque doigt, se trouve, selon les avis :
a) une interface, où planent pêle-mêle Boris Vian, Kafka, Burroughs, Buzzati, Ballard, Calvino... ;
b) une mince cloison, séparant les démons de Pierre des merveilles de Paul ;
c) un mur de béton fortifié de part et d'autre : à droite, la Hard Saïence, à gauche le Rauman Psychologique ;
d) un no man's land à peupler de toute urgence ». (« Limite », « Malgré le monde », « PDF », Denoël, 1986).

Dans le questionnaire, un auteur décrit la S.F.F en ces termes : « Certains de ses auteurs essayent de saper doucement mais avec acharnement les murs qui séparent les genres : ils écrivent - et quand ils lisent, ils lisent de la littérature - tout simplement » (auteur « PDF », proche « Limite »). Nous avons également constaté dans le questionnaire que parmi les onze auteurs citant dans leurs inspirations littéraires, des genres « nobles » (citent : poésie, surréalisme, théâtre, littérature générale, auteurs reconnus), sept ont été publiés par « PDF » (tous les membres et proches du groupe « Limite » font partie des auteurs ayant proposé de telles réponses). Emmanuel Jouanne cite « les peintures d'Yves Tanguy, les aphorismes de Cioran, les musiques dites parallèles ». Un auteur proche de « Limite » (souhaite garder l'anonymat), cite ses « relectures d'Artaud pour Effacement, et de Rimbaud pour Par tous les temps », ainsi que « la peinture ». Ils ne sont tout de même pas les seuls à citer de telles références, en revanche se sont les plus précis et les plus systématiques (dans toute une série de questions sur les inspirations, les préférences, les définitions). A l'inverse, dans le questionnaire, rares sont les références à des productions mineures ; Emmanuel Jouanne est le seul à oser citer, au milieu de ses références culturelles dominantes, la télévision et ses « feuilletons stupides ».

Nous retrouverons certains des auteurs de « Limite » (J. Barbéri, J.P. Vernay, avec deux autres auteurs ayant publié de la S.F., S. Corgiat et Alain Dartevelle) dans un numéro spécial de « Brèves »[1] (revue consacrée à la nouvelle) consacré aux

---

[1] R. Comballot, «Nouvelles noires pour nuits blanches», «Brèves», n°42, été 1993.
Mais ce n'est pas n'importe quelle légitimité qui est recherchée, c'est celle d'une avant-garde en opposition à la critique la plus constituée, «aux auteurs réellement à la mode (les Alexandre Jardin, les Irène Frain...)» : «on tombera toujours, dans tel journal ou telle émission, sur de pseudos intellos jetant au feu les littératures qualifiées jadis de «populaires» pour mieux encenser n'importe quel ouvrage de littérature générale pourvu qu'il apparût sous les couvertures crème de Gallimard ou Grasset. On rencontrera éternellement ces professeurs de lettres aux velléités d'écriture, qui composent les rédactions de nombre de revues, qui savent ce qui est bon (!), connaissent les oeuvres méritant de rester (!), et tentent d'imposer leur marque en étant encore plus durs que les durs en ce qui concerne l'originalité des récits et la qualité du style - ah, le style... Il y aura toujours des lecteurs, en bout de chaîne, pour penser que les livres publiés directement en format de poche ne peuvent atteindre en qualité ceux publiés d'abord au format traditionnel...» (R. Comballot)
Le roman noir défendu par R. Comballot, écrit par les auteurs de S.F. dont certains anciens de «Limite» a la particularité d'être une littérature qui

nouvelles « noires ». Dans l'introduction écrite par Richard Comballot (qui a dirigé le dossier « Phénix » sur Serge Brussolo), on retrouve la même ambition de venir occuper un terrain littéraire à l'intersection de plusieurs genres, de se revendiquer de certains auteurs sans école, modernes mais reconnus : Bukowski, Fante, Cendrars, Miller, Mac Orlan, Brautigan. Sont également cités les transfuges de la noire à la blanche : Daniel Pennac, Didier Daenninckx, Pierre Pelot, Frédéric Fajardie, tous anciens auteurs « spécialisés ». Roman Noir qui s'intéresse à l'univers psychologique des personnages, comme les auteurs de « Limite », ce qui s'ajoute au fait que les auteurs présentent comme source d'inspiration leurs fantasmes, leurs souvenirs, leurs rêves (réponses au questionnaire).

Quelques phrases du manifeste de « Limite » dévoilent le désir d'individualité :

« La vraie « Limite », la grande, la chienne, c'est celle qui sépare l'auteur A de son cousin B, les différencie de C et (horreur !) de D, celle qui oppose le vécu des uns aux mots qu'emploient les autres, celle qui résulte des variations graves ou frivoles qu'ont suivies leurs neurones depuis leur naissance. Frontière salutaire, certes, puisqu'elle crée la différence de potentiel d'où naît le désir, mais meurtrière en ce qu'elle renvoie chacun à son incompréhension foncière ».

« Limite » est un groupe qui ne veut pas vraiment en être un : « définir « Limite », c'est la quadrature du cercle », « la nature même d'un groupe est de ne pas exister », « les contradictions y fleurissent », « les auteurs (...) ont essentiellement en commun leurs différences »... Cela nous rappelle les termes choisis par leur éditeur, Jacques Chambon pour décrire les auteurs qu'il sélectionne, ceux qui ont un « univers personnel », qui sont « atypiques ».

---

s'intéresse aux «anti-héros», aux personnages en marge, en rupture avec le monde social : «...peut être qu'à l'heure où les écrivains en col blanc préfèrent leurs tarabiscotages de nombril aux vrais problèmes de la société, dixit Jean Vautrin, le Roman Noir nous fait descendre dans la rue et y côtoyer des personnages auxquels on peut s'identifier, luttant - ou ne luttant plus - contre la pauvreté, la vieillesse, la folie, la paranoïa, ou tout simplement la mort, avec pour seules armes, l'alcool, la drogue, le sexe, la schizophrénie, la violence...et leur courage.» (R. Comballot, «Nouvelles noires pour nuits blanches»).

Nous avons donc ici un « courant littéraire », qui côtoie - par la publication dans des supports communs, par une certaine « profession de foi » - le Roman Noir, qui se réclame d'un héritage varié (surréalisme et des auteurs, non des courants ou des écoles), et un « courant » qui défend l'individualité.

Dans cette logique, certains auteurs de ce courant ont du mal à catégoriser, définir globalement. Ainsi, interrogé par questionnaire sur les particularités de la S.F. française, Jacques Barbéri parle « d'incorporation de la S.F. américaine » par les européens à leurs cultures respectives, ainsi : « Il y a donc des S.F. européennes, différentes entre elles et toutes très différentes de la S.F. Américaine ».

Discours d'accusation :
Le dernier point cité ci-dessus, l'individualité, est ce qui oppose la S.F. défendue par « PDF » et « Limite » à celle définie par Gérard Klein : une littérature collective :

« La Science-Fiction est, comme on l'a dit et redit, une littérature collective. Les uns et les autres empruntent à cette mer d'idées. Et comme les idées précisément importent plus que leur traitement, il se crée rapidement une sorte de communauté de langage, ou plutôt une absence de style. On admire certes les trouvailles ingénieuses de nombreux auteurs, mais mises à part quelques rares exceptions, il est impossible ou presque, en matière de Science-Fiction, de reconnaître un écrivain au vu d'un texte. Pour une fois, la forêt masque les arbres. » (G. Klein, cité par L. Murail, 1993, p 21)[1].

Nous avons vu à quel point les revues, les fanzines, les supports collectifs sont importants dans la vie du genre littéraire, dans sa constitution. Nous avons évoqué à plusieurs reprises l'auto-référence pratiquée par les auteurs (jeu du clin d'oeil au lecteur averti). Or, pour en revenir à ces auteurs de « Limite », se présenter comme des individualités, c'est aller à l'encontre de ce phénomène collectif. D'autant plus que leurs références sont également en dehors du genre (littérature générale).

Auprès de certains puristes, le surréalisme, dont ils se disent les héritiers, n'est guère valorisé, en raison de son parti-pris anti-scientiste. D'autre part le désintérêt des auteurs de « PDF » pour

---

[1] L. Murail, <u>Les maîtres de la Science-Fiction</u>, Bordas, 1993.

la science leur est fréquemment reproché - c'est d'ailleurs une critique, à tort ou à raison, qui s'étend à toute la S.F. française depuis les années quatre-vingts.

Taxée de trop « psychologisante », la littérature éditée chez « PDF » (pour ce qui concerne les Français) est critiquée car pas assez « narrative », ne privilégiant pas « l'histoire », trop orientée, ce sont les termes d'un auteur, vers « l'exploration d'univers intérieurs » :

« Je suis très amie avec les gens qui ont formé le groupe « Limite », et si je n'avais pas connu les individus, je pense que je n'aurais pas lu leurs textes. Je suis incapable de répondre à la question : « Est-ce-que j'aurais lu du Volodine sans avoir connu Antoine, est ce que j'aurais lu le bouquin jusqu'au bout ? » Pour moi, dans ce genre de bouquin c'est essentiel d'avoir la voix derrière. Quand je lis du Jouanne, j'entends la voix d'Emmanuel. Comme je lis un texte de Vernay, je connais si bien Jean-Pierre, que je vois ce qu'il sous-entend, dans les images, l'écriture. Alors là ça m'intéresse sur le plan intellectuel de voir ce fonctionnement, le rapport entre l'écrivain et son oeuvre ». (écrivain de S.F. publiant dans les collections pour la jeunesse)

« Les grands ennemis du groupe « Limite »... étaient... finalement c'est difficile de donner des noms. C'est méchant ce que je vais dire mais, il y avait « Limite » d'un côté, et les lecteurs de l'autre. Mis à part, Berthelot, le plus narratif, les autres restent toujours fermés. Aussi beaux que soient leurs textes, il faut reconnaître que pour réussir à trouver une histoire dans certaines des nouvelles de « Limite »... il faut s'accrocher. Si on regarde le texte pour le texte, comme une bulle qui brille avec rien à l'intérieur, c'est parfait, il y a des merveilles ». (écrivain de S.F. - jeunesse)

Dans le questionnaire adressé aux auteurs, un certain nombre d'entre eux, lorsqu'ils décrivent la S.F. française, l'identifient à celle publiée par « PDF » en généralisant les caractéristiques de sa production (ce qui démontre sa position dominante dans le milieu français) : « Si l'on pouvait parler de spécificité, ce serait sur le plan de la forme. Les Français l'ont parfois privilégiée aux dépens du contenu » (Joëlle Wintrebert, S.F. politique), « la S.F. française est très influencée par la littérature dite générale, le style, les mots, au détriment parfois de l'histoire » (Jean-Marc Ligny, FNA et « PDF »), « plus « intello » sans doute et lorgnant toujours vers la littérature « générale (genre « Limite ») (cf :

Volodine). C'est son défaut et aussi sa force « (Axelman, Fleuve Noir « Gore » et « Angoisse » à l'époque de l'enquête, a publié depuis un roman sous son véritable nom chez « PDF »).

Enfin, ce qui est essentiellement contesté chez les membres du courant « PDF », c'est leur défense du parti-pris de dissolution du genre en tant que genre (abandon de l'étiquette, préférence pour les auteurs mêlant les inspirations), ainsi que l'adéquation aux valeurs de la littérature légitime : « Primat du style sur l'idée ».

« Ce qui était mis dans la préface était très révélateur : il y avait une phrase du style « nous ce qui nous intéresse c'est quand les idées deviennent des réverbères » ou un truc comme ça[1]. Il faudra relire la préface. Moi, ça ne m'intéresse absolument pas que les idées deviennent des réverbères, sauf s'il y a un environnement logique. Pour moi la Science-Fiction ce n'est pas n'importe quoi, n'importe comment, parce qu'il y a un jeu sur les mots ou autre. C'est la littérature la plus réaliste qui existe. Ça ne me dérange pas que les idées deviennent un réverbère s'il y a une justification derrière. Mais les justifications, ils s'en fichaient. Même les pseudo-justifications. Parce qu'en Science Fiction c'est que du « pseudo », du pseudo-réalisme, du pseudo-scientifique. C'est la règle. Mais eux par contre ils ne jouaient pas le jeu ». (D. Guiot, entretien)

Le groupe « Limite » et les auteurs de « PDF » représentent aux yeux des opposants le rejet total des valeurs propres au genre S.F. - justification de l'imaginaire par la science, participation à une création collective. D'autre part ils recherchent une reconnaissance auprès des sphères des plus légitimes et utiliseraient la S.F. à des fins de promotion dans ces sphères :

« Enquêté : Ils ont investi le domaine parce qu'il est très facile à investir. (...)
Enquêteur : Et donc ce que vous sous-entendez, c'est que les gens du groupe « Limite » sont entrés en Science-Fiction parce qu'ils ne pouvaient pas se caser ailleurs...en littérature générale.
e (enquêté) : Oui. C'est ce que j'ai dit (rires)

---

[1] «L'un des rares points communs qu'on puisse déceler chez nos auteurs n'est-il pas leur fascination pour l'instant où une idée quitte le droit chemin pour se changer en lampadaire (ou l'inverse) ?» («Malgré le monde», préface, PDF, 1986).

E : De toute façon c'était leur ambition de...

e : Oui, ils voulaient le noyauter de l'intérieur soi-disant. Ailleurs, ils n'auraient jamais pu percer, donc ils ont investi le milieu le plus friable. Mais quand je dit « ils », à mon avis c'est quand même Jouanne. Les autres ont suivi, c'est tout ». (critique, fan, entretien)

Certains écrivains du Fleuve Noir pensent que « Limite » a monopolisé l'attention du milieu des amateurs alors qu'apparaissait une nouvelle génération d'auteurs dans la collection « Anticipation ». Les auteurs cités plus haut par Claude Ecken ont publié à eux tous un nombre de titres nettement plus important que ceux du groupe « Limite » (et certains des auteurs se font depuis assez rares), mais nous dit R.C. Wagner - qui parle de « génération perdue » :

« On ne parlait que de « Limite », mais c'est au Fleuve qu'est née la S.F. des années quatre-vingt-dix, dans l'indifférence générale ».

Pour conclure sur cette collection, son histoire, un grand nombre des auteurs traduits, l'ensemble des auteurs français et surtout les discours qu'ils soient de glorification ou d'accusation, la placent du côté d'un certain élitisme, la majorité de son lectorat est manifestement plutôt cultivé, sensible au « littéraire ». Cependant, des éléments laissent penser que la collection se diversifie, considérations économiques obligent. Le nombre d'inédits a baissé depuis 1990, elle privilégie les reprises. Les créations sont passées en grand format dans la collection « Présences ». Elle publie de la Fantasy (littérature plutôt destinée à un lectorat jeune, littérature décriée par les amateurs les plus « cultivés »), mais il faut préciser que les auteurs ont évolué vers la Fantasy alors qu'ils étaient publiés par PDF pour leurs oeuvres de S.F. ; on ne peut parler de « choix délibéré ». Quant à la maquette, elle cherche à séduire un public attiré par l'image.

Profils et positions des auteurs :

Le groupe « Limite » a eu une existence réelle, il était donc facile de comparer les trajectoires des différents membres. Cependant, nous avons ajouté tous les auteurs de « PDF », les littéraires, ceux qui se retrouvent autour d'un certain nombre de préférences : la défense d'une certaine qualité littéraire, le mélange des genres, la référence au surréalisme, et à des auteurs légitimes, la référence à une spécificité française.

Malgré les différences dans les situations de ces auteurs (auteurs enseignants, chercheur, intégrés dans des activités paralittéraires...), ils ont pour caractéristique commune d'avoir exercé des professions dans le domaine culturel (moyennes ou supérieures), et cinq parmi les huit auteurs sur lesquels nous avons suffisamment d'informations sont issus des classes moyennes et des secteurs éloignés du secteur culturel. Nous pouvons donc supposer que les individus les plus respectueux des valeurs littéraires les plus légitimes, sont les auteurs qui ont été familiarisés avec ces valeurs par l'intermédiaire de l'école (auteurs les plus diplômés), et qui ont reçu de leur famille, la « bonne volonté culturelle ». Mais, ils ont malgré tout développé des attitudes conflictuelles avec ses valeurs, que l'orientation vers une littérature dominée et l'intérêt pour les autres genres illégitimes traduisent. Ou bien peut-être faut-il voir dans cette orientation, une carrière « de rechange ». C'est en effet, ce que nous pouvons supposer lorsque nous prenons en compte que certains auteurs du groupe « Limite » commencent ou poursuivent une carrière en littérature générale (F. Berthelot - il est d'ailleurs une exception dans ce groupe en ce qui concerne l'origine sociale - et Antoine Volodine, édité par les « Editions de Minuit » - n'a pas répondu au questionnaire).

Ce recrutement social est sensiblement semblable à celui des écrivains de la S.F. politique, mais a rencontré un contexte historique général différent (échec du début de la légitimation de la S.F., crise éditoriale des années quatre-vingts pour les premiers, période post-soixante-huitarde, ascension de la petite bourgeoisie nouvelle et de ses valeurs, pour les seconds), qui a orienté les stratégies différemment.

La collection « Ailleurs de Demain » des éditions Robert Laffont :

La collection a été créée en 1969 par Gérard Klein.

Caractéristiques objectives :

Collection de grand format (prix d'environ 140 francs), sans illustration en couverture, publie des inédits (exception faite de quelques classiques français et étrangers), et a un fonctionnement analogue à celui du « secteur littérature générale » : première exploitation en grand format puis exploitation en poche (« le livre de poche » également sous la direction de Gérard Klein, depuis les années quatre-vingts). Diffusée exclusivement en librairie. Présente en bibliothèque.

Situation des auteurs :
   Depuis sa création à 1974 inclus, la collection a réservé plus du quart de ses publications à des Français (sur une quarantaine de titres), dans les cinq années qui ont suivi, années qui ont vu se poursuivre le développement d'une S.F. purement française, un tiers environ des auteurs étaient des Français. A partir de 1980, la proportion des francophones s'est considérablement réduite (six francophones sur trente-six parutions de 1980 à 1984 inclus). Le dernier Français publié est Michel Jeury en 1985.
   A l'époque, un auteur Français recevait 50 000 francs d'à valoir. Ce qui est considérablement plus élevé que la moyenne (actuelle) d'environ 15 000 francs en Science-Fiction. Malgré tout un auteur débutant dans ce genre littéraire reçoit le triple de ce que reçoit un « auteur de base » d'une collection de littérature générale prestigieuse (Gallimard par exemple : 5 000 francs - source : Gérard Klein).

Discours de présentation :
   Des indices laissent à penser que la collection « A&D » est la collection préférée des puristes - par exemple, un petit questionnaire passé lors de la convention nationale en 1990.
   Malgré les avertissements de Gérard Klein à propos des risques de dissolution dans la littérature générale, et son rejet du mélange des genres, la collection partage avec Denoël le désir d'aller vers un public cultivé. Sans doute plus élitiste sur ce point d'ailleurs puisqu'elle publie des livres en grand format. Elle s'attache donc à séduire un public légitime avec des indices extérieurs de légitimité : « prix normaux », de « vrais livres », « pour rendre toute sa dignité à la meilleure partie de cette littérature »[1].

---

[1] G. Klein, <u>Ailleurs et Demain a vingt ans</u>, A&D, ed. Robert Laffont.

« Cette présentation (le poche) réduisait des chefs d'oeuvre au statut d'objets de consommation courante à jeter après usage. Elle interdisait pratiquement à la presse de s'y intéresser. (G. Klein, 1989, p 11)

Gérard Klein ajoute un autre argument au choix du grand format : la rémunération des auteurs. En effet, la majeure partie de la littérature de genre est publiée directement en poche, les auteurs ne bénéficient alors que d'une seule source de rémunération par titre, au contraire des auteurs publiés d'abord en grand format puis en poche.

Le choix éditorial se veut exigeant : les livres sont « d'une qualité littéraire et intellectuelle sans faille » (publication de titres primés). Donner une noblesse au genre c'est également faire accéder certains titres au statut de « classiques » (création d'une sous-collection intitulée « les classiques d'A&D »). Le choix de la maquette est également révélateur de la volonté de rompre avec la vulgarité des illustrations habituelles :

« A cette collection dont l'ambition était de ne publier que de futurs et durables classiques, il fallait un vêtement approprié, sobre, esthétiquement durable et évitant les facilités de l'illustration folklorique robots-et-fusées. Cet habit je le trouvai dans la collection de disques de musique contemporaine « Prospective 2000 », éditée par Philips, avec la technique héliophore ». (G. Klein, 1989, p 12)

Point commun avec les puristes, Gérard Klein défend le traitement de la problématique issue de la question scientifique dans la littérature. Il explique d'ailleurs le mépris des littéraires pour la S.F. en ces termes :

« Je vois dans cette relégation toute relative du domaine, plutôt qu'un jugement de ses contempteurs qui l'ignorent avec ferveur et en sont donc bien incapables, une faille profonde de la culture de notre société entre ceux qui admettent la science, fut-elle de fiction, comme un authentique fait culturel et ceux qui continuent, frileusement et par ignorance, à la mépriser, en bref, la vieille querelle entre littéraires et scientifiques, assise pour les premiers sur une crainte ancestrale. Comme si la science n'était pas, profondément, une création de l'esprit humain et comme si elle ne pouvait pas, plus ou moins directement, inspirer des oeuvres littéraires ou artistiques ». (G. Klein, 1989, p 23)

Et s'il ne publie plus d'auteurs français, s'est parce qu'ils ont abandonné la question de la science et du progrès :

« Ce n'est pas faute d'en recevoir (manuscrits d'auteurs Français), pourtant, plus d'une centaine par an. Mais c'est qu'un divorce semble s'être établi entre les auteurs les plus ambitieux, qui cherchent à s'échapper de la Science-Fiction dans la direction d'un certain ésotérisme littéraire plus ou moins héritier du surréalisme, et mon propre goût, ainsi que celui, semble-t-il, de la majeure partie des lecteurs ». (G. Klein, 1989, p 16)

C'est sans nul doute, « l'école Denoël » qui est ici visée. « A&D » s'inscrit en opposition à une S.F. seulement tournée vers les valeurs littéraires et non-intéressée par la science (représentée par la collection « PDF ») et une littérature trop populaire, qui affiche son statut par des prix bas, des illustrations « folkloriques », et des textes « médiocres » (représenté par la collection FNA).

Reconnue comme « la rolls royce de la Science-Fiction » par Jacques Chambon, elle est également décrite comme une collection qui traduit la définition stricte du genre de son directeur :

« Gérard Klein est connu pour avoir une idée de la S.F. très précise. Pour lui la Science-Fiction c'est poser un univers qui obéit à des règles différentes des nôtres, soit possibles dans le futur, soit qui reposent sur un concept scientifique non-réalisé ou futur, imprévisible voire complètement impossible. Mais ce qu'il veut c'est la cohésion d'un univers étranger imaginable. Un univers bâti sur des règles de fonctionnement qui peuvent s'apparenter à la science mais aussi à la philosophie. » (assistante de direction de la collection, « J'ai lu », entretien).

Discours d'accusation :

La définition stricte du genre, c'est exactement ce qui est reproché à Gérard Klein et à la collection, ainsi que sa volonté de ne pas mêler les genres :

« Les gens n'ont plus tellement envie d'entendre parler d'étoiles, de problématiques d'idées en informatique... Non l'informatique c'est « mon petit ordinateur personnel sur lequel je bidouille ». Tout le côté excitation intellectuelle a disparu. C'est pour ça qu'on attaque la Fantasy. La tendance Klein est très agressive vis à vis de la Fantasy. Moi je trouve qu'il y a de bons trucs en Fantasy. C'est un faux problème. De fait, la Fantasy leur bouffe leur part du gâteau ». (D. Guiot, entretien)

« Certains directeurs de collections ou de revues ont des schémas extrêmement rigides dans la tête, des schémas qui s'opposent à la poésie de l'invention. Or, pour moi, la S.F. est une littérature de liberté présentant d'énormes possibilités créatrices. Je n'ai connu aucun a priori envers les diverses collections, sauf peut-être pour « Ailleurs et Demain », son directeur Gérard Klein, défendant la prospective scientifique et politique ». (Serge Brussolo, 1990, p 50)[1].

Les collections de poche :

Les caractéristiques objectives sont celles qui sont propres au secteur du poche : petit prix, petit format. Ne sont éditées que les « valeurs sûres » (les termes sont ceux d'une collaboratrice de « J'ai lu ») sur lesquelles les éditeurs ne prennent pas de risques (rééditions ou traductions). Les collections sont distribuées en gare et en supermarché. En 1990, un amateur nous disait que les tirages étaient supérieurs à 20 000 exemplaires par titre. En 1996, selon un auteur, les ventes seraint bien moins importantes, même pour les écrivains américains les plus connus.

Toutes trois ont des illustrations colorées en couverture, mais seule « PP » (« Presses Pocket ») a un illustrateur-maison (Siudmak). « J'ai lu » a longtemps acheté des illustrations à l'étranger (il existe des agences chargées de vendre les illustrations des éditions américaines), ce n'est plus le cas aujourd'hui.

« On essaie d'avoir une identité sur les auteurs, c'est-à-dire de créer des univers graphiques pour les auteurs qui soient cohérents. Et pour toute la collection les images sont très colorées, vives (...). Il faut un certain exotisme : présenter des univers étranges et différents ». (assistante de direction, « J'ai lu », entretien)[2].

---

[1] «Entretien avec Serge Brussolo» (1983), par M. Nenni et F. Martinez, Phénix, 1990.
[2] Les collections de S.F. et de Fantasy sont différenciées, chez «J'ai lu», et les thèmes des illustrations sont différents, le lectorat n'est pas le même : «avec la Fantasy on présente des femmes un peu dénudées parce que c'est le ton des livres et de l'univers en question. En plus c'est accrocheur et c'est joli pour le public qui aime ça». Mais pour toutes différentes qu'elles soient, les directions sont communes et le discours tenu les associe (avec également la littérature d'épouvante)... Les frontières ne sont pas si strictes...

Cependant, si elles sont toutes trois des collections de poche, elles ont subi des évolutions éditoriales différentes.

<u>Le livre de poche</u> :
Gérard Klein dirige la collection de S.F. du « livre de poche ». Bien qu'il s'agisse d'une collection de poche, elle obéit à des principes différents des deux autres : deuxième exploitation (mais pas systématiquement) des ouvrages d'abord sortis « en Ailleurs et Demain ». Elle vise, comme les deux autres, un lectorat moins fortuné, des étudiants par exemple. Il n'en reste pas moins qu'elle est révélatrice d'un choix plus rigoureux, plus strict, propre à son directeur littéraire, des livres de S.F. (pas de mélanges des genres et pas de littérature purement ludique). Elle s'inscrit dans la continuité de « la grande anthologie de la Science-Fiction », qui, dans les années soixante-dix a fait connaître le genre à un nouveau lectorat et sans aucun doute à celui de la contre-culture.

<u>J'ai lu</u> :
La collection « S.F. » de « J'ai lu » a été créée en 1970, et est dirigée depuis par Jacques Sadoul, auteur d'une histoire du genre[1]. « J'ai lu » appartient au groupe Flammarion. Elle publie des auteurs français inédits (quelques uns dans l'année) après une période d'interruption. Elle édite deux titres par mois. La collection de « J'ai lu » se différencie des autres collections du même éditeur par la couleur mauve (dos du livre).

« J'ai lu » (comme Presses Pocket) a un « concept large de ce qu'est la S.F. » (« J'ai lu »). Ce mot « concept » traduit un sentiment que l'on a en s'entretenant avec des proches de ces maisons d'édition, le discours y est ouvertement inscrit dans le commercial, offensif : on parle de « concept », de « stratégie », de « coeur de cible », « politique » (éditoriale), « chiffre d'affaires». Il s'oppose absolument au discours des proches de « PDF », chez lesquels le vocabulaire technique de l'édition est

---

[1] La collection a été créée en 1970, mais elle aurait publié de la littérature de Science-Fiction (sans l'étiquette S.F.) bien avant. Les titres édités à 15 000 exemplaires en édition originale, atteignaient les 100 000 exemplaires en poche. (Y. Johannot, <u>Quand le livre devient poche</u>, Presses Universitaires de Grenoble, 1978.)

absent et où les rapports de concurrence commerciale entre éditeurs sont niés (voir interview de J. Chambon). Et à l'inverse, dans certaines collections de poche on ne se permet pas le jugement esthétique pour soi et pour les autres (nous avons déjà évoqué la retenue de langage utilisé par une personnalité de chez « J'ai lu » pour parler du Fleuve) :

« On produit beaucoup. Du point de vue du chiffre d'affaires, nous sommes sans doute la meilleure collection. Du point de vue de la fréquence des publications, je pense que nous sommes aussi les plus importants. Du point de vue de la qualité, c'est le lecteur qui juge ». (assistante de direction, « J'ai lu », entretien).

Ce sont donc les « valeurs sûres » qui sont publiées dans les collections de poche.

« On prend, soit des livres exceptionnels dont on pense qu'ils vont avoir un succès chez nous, soit des livres qui ont eu un bon succès et dont on pense qu'ils peuvent avoir une deuxième vie chez nous avec une diffusion à prix plus bas. Cela dit on a 90% d'inédits ».

Le risque doit être moindre pour garantir des ventes importantes (le prix de revient de chaque exemplaire est faible), c'est pour cette raison que chez « J'ai lu », la S.F. française est un risque :

« On n'a pas vocation à faire de la recherche d'auteurs, dans la mesure où ce que l'on publie est ce qu'il y a de mieux selon nos critères. On a des critères très sélectifs. On publie à un haut niveau. Donc, on ne publie des Français qu'à partir du moment où ils sont de même niveau que les Américains. Autant on tient à publier des auteurs français - on les cherche, on lit les manuscrits - autant il est très heureux qu'il existe une collection comme Fleuve Noir qui publie des auteurs encore un peu incertains. Et les trois autres collections font comme nous. Sauf peut-être Denoël qui fait de la recherche et qui a des orientations littéraires plus ambitieuses, plus aventureuses. Klein, qui a plus de marge pour découvrir les auteurs. Ça tient à la diffusion. Les tirages sont petits, les livres chers, ils peuvent rentabiliser un livre à 6000 exemplaires. Chez nous, un livre à 10 000 exemplaires n'est pas rentable ». (« J'ai lu »)

Chez « J'ai lu », la définition du genre est large, et les genres voisins représentés parce qu'il y aurait un lectorat commun :

« le coeur de cible de la S.F. lit de l'épouvante, du suspens qui a rythme de thriller moderne. Par contre, les lecteurs d'épouvante ne lisent pas de S.F.. C'est un sentiment que l'on a, mais on n'a pas la preuve absolue ». (« J'ai lu »)

Presses Pocket :
« Presses Pocket » a lancé sa collection en 1977. Elle est dirigée par Jacques Goimard, amateur de la première heure et historien universitaire. « Presses Pocket » appartient au groupe éditorial dit « Groupe de la Cité », tout comme Fleuve Noir, Vaugirard et les éditions « Gérard de Villiers » (jusqu'en 1996 en ce qui concerne les deux dernières).

Collection purement « S.F. » à sa création, la collection a évolué vers la publication de Fantasy.

« PP » utilise l'étiquette « S.F » sur fond noir sur le dos, à laquelle s'ajoute une étiquette différente sur la page de couverture. Cette catégorisation anglophone (« Dark Fantasy », « Science Fantasy »...), qui mélange allègrement les genres, fait l'objet de critiques de la part de Gérard Klein et des puristes.

Elle n'est pourtant pas associée à une définition stricte du genre, comme toute collection de poche (à l'exception de celle de G. Klein). La segmentation effectuée par Jacques Goimard obéit à une stratégie de séduction des jeunes lecteurs amateurs de Fantasy :

« Pure stratégie éditoriale ! Il est vraiment contre le sectarisme. Mais du point de vue stratégie, oui, c'est : « Dark Fantasy », « Machin Fantasy » etc... Ça doit plaire aux jeunes lecteurs qui aiment bien les catégories ». (D. Guiot, entretien)

Auprès d'un proche de « PP », nous trouvons l'affirmation de cette volonté de ne pas avoir une définition précise de la S.F., ainsi qu'une délimitation stricte entre les genres :

« c'est bien que quand on a envie de lire du Fantastique, de la S.F., du « polar », on trouve les collections spécialisées. Il y a des « S.F. ». La frontière entre les genres S.F. et Fantastique, je m'en fiche assez. Je ne suis pas du genre à me battre pour dire si c'est de la S.F. ou du Fantastique. (...) C'est vrai qu'il y a quand même des différences énormes. Mais il y a aussi une zone qui est un petit peu floue ».

C'est auprès de cette sphère de l'édition que l'on trouve la volonté d'aller vers un grand-public quitte à abandonner une étiquette trop pesante. Ainsi peut-on expliquer avec la préférence pour une absence de limites précises du genre, le choix de donner un nouveau nom au grand prix de la S.F. française (en grand prix de l'imaginaire). Prix dont les promoteurs sont : « J'ai lu », « Presses Pocket » et « PDF » (en la personne de leurs directeurs de collection ainsi que de critiques proches de ces maisons). Le grand absent est Gérard Klein[1] et cela est interprété par les puristes comme un rejet de ce prix qui n'est pas strictement S.F. L'intéressé, quant à lui, affirme que sa non-participation ne vise pas ce prix en particulier, mais l'ensemble des prix dont les jurés sont des professionnels de l'édition.

Discours d'accusation :

Les critiques viennent d'une part du côté des « littéraires » et visent plus particulièrement les collections de Jacques Sadoul et de Jacques Goimard, parce qu'on publie en collection de poche « le pire et le meilleur », parce qu'on n'y est pas assez « sélectif », parce qu'on n'y fait pas de découvertes. Elles viennent, d'autre part des puristes parce qu'on y trouve mêlées S.F. et Fantasy. Les auteurs quant à eux regrettent l'absence de publications de Français chez « PP » et leur rareté chez « J'ai lu ».

Auteurs et amateurs se trouvent d'accord pour dénoncer les exigences de la grande diffusion qui entraînent un « nivellement par le bas » des textes, une restriction vis à vis d'un style trop littéraire, d'un propos trop idéologique, une standardisation. Accusation portée depuis plusieurs décennies à la littérature de masse.

---

[1] Le court passage ci-dessous démontre que pour l'enquêté (et l'enquêteur - ce qui démontre qu'il n'a pas été toujours facile de prendre des distances par rapport aux « croyances » du milieu de la S.F.) l'absence de G. Klein est très bien interprétée comme une désapprobation de la stratégie et des choix. Mais l'enquêté ne manifeste aucune intention de s'étendre davantage sur le sujet... Nous avons quelquefois trouvé des réticences pour exprimer les sujets sur lesquels les tensions étaient les plus fortes entre les concurrents.
«E : Ca se passe comment la remise des prix ? C'est ouvert au public ?
e : en fait c'est l'éditeur qui fait ce qu'il a envie de faire. Nous on prévient l'éditeur, puis il organise un cocktail s'il veut. Il n'y a pas de remise de prix. Le prix c'est un diplôme, on le remet en mains propres... ou on l'envoie par la poste. En général, l'éditeur fait quelque chose. Public, non, mais milieu, oui. Milieu, c'est très vague...
E : A la dernière, qui était là ?
e : Le milieu. (court silence) Sauf Klein.
E : C'est ce que je voulais savoir. (rires) Il ne vient jamais ?
e : non. (sourire)»

« Les critères « J'ai lu », c'est qu'il faut une histoire linéaire, pas éclatée, pas de flash-backs, que ça commence au début et que ça finisse à la fin. Il faut que ce soit un roman pas trop écrit. Pas trop de figures de style ou de choses comme ça. Il ne faut pas trop d'allusions culturelles, historiques ou autres. C'est vraiment très très précis. Le roman que j'ai écrit pour « J'ai lu », c'était ça : pas trop de références culturelles, c'était un roman qui commençait au début et qui terminait à la fin, plutôt gros et facile à lire.(...) On le voit très bien par les refus que l'on a. On vous dit : « il n'y a pas de progression vers le dramatique ». Alors ça, ça veut dire qu'on vous demande qu'il y ait un début et une fin. On vous dit « c'est trop écrit ». Qu'est ce que ça veut dire trop écrit ou pas assez écrit ? J'ai eu des refus comme ça. Trop de références culturelles, ça les emmerde. Alors on voit par défaut, ce qu'ils veulent. Et en lisant ce que eux publient. (...) Il ne faut pas de politique. Il faut vraiment que ce soit un récit neutre. Si vraiment on est trop écolo ou trop à gauche, trop à droite, ça va pas. Il faut que ce soit neutre politiquement. N'importe quel roman chez « J'ai lu » est politiquement neutre. Alors moi c'est toujours un peu trop écolo ou anti-américain ou tout ce qu'on voudra, ça marche pas. » (écrivain publié par « J'ai lu », entretien)

Nous pouvons nous risquer à mettre en relation la phrase de l'assistante de direction, « on ne publie des Français qu'à partir du moment où ils sont de même niveau que les Américains » avec une anecdote racontée par plusieurs auteurs. L'un des membres du comité de lecture de « J'ai lu » (au moment de l'enquête) serait un « Américain » qui a pour coutume de rendre des fiches de lecture aux écrivains indiquant comme points négatifs tout ce qui est rattaché à une tradition française et intellectuelle : style trop littéraire, intérêt pour l'écriture, narration éclatée, références culturelles et politiques... Dans un marché dominé par la littérature américaine, où les Français n'ont pas réussi à imposer durablement une école, sans doute faut-il voir dans cette anecdote le signe très concret d'une volonté de ne retenir qu'une « littérature américanisée » adaptée à un public réceptif aux produits d'outre-Atlantique. Mais il faut aussi admettre que cet épisode est rapporté par certains des auteurs français les plus hostiles à la S.F. américaine, représentatifs d'une relation conflictuelle à cette littérature admirée mais honnie. Il faut ajouter que depuis la fin de cette recherche, « J'ai lu » a accentué sa politique d'édition d'auteurs français (ou francophones), bien qu'ils soient encore très minoritaires. D'autre part des auteurs comme Ayerdhal et Richard Canal publiés régulièrement par « J'ai lu » ont un style trés différent de ce qui est décrit plus haut.

Les critiques portées à « PP » viennent essentiellement du pôle puriste et concernent sa publication du très critiqué Ron Hubbard, créateur de la Scientologie (nous reviendrons plus loin sur cette question), et la part importante laissée à la Fantasy.

En mai 1994 Jacques Goimard a provoqué un nouveau sursaut « anti-dissolusioniste » chez les puristes. En effet, dans le magazine des adhérents de la FNAC (qui a une diffusion bien limitée, ce qui prouve l'attention avec laquelle les puristes observent les écrits consacrés à leur genre), nous trouvons un article signé de J. Goimard. Il y présente sa collection PP mais sans préciser qu'il en est le directeur littéraire et en se présentant sous sa casquette de professeur à l'Université de Paris I. Sous le titre « Science-Fiction : l'imagination au pouvoir », il fait essentiellement des références à des titres de... Fantasy. Il en définit les différents sous-genres (une catégorisation dont un spécialiste nous a dit qu'elle lui était propre et uniquement dictée par des critères éditoriaux). Il avance une conclusion choquante pour un certain nombre d'amateurs : « On a dit que la Fantasy constitue un genre à part. Ce n'est pas tout à fait vrai » (« on » indéfini, utilisation du passé, qui réduisent une opinion majoritaire dans la littérature dédiée au genre - dictionnaires, études - à une hypothèse minoritaire et dépassée). La différence entre les deux genres tiendrait dans l'instrument qui permet le passage du réel à l'imaginaire :

« La S.F. nous entraîne dans des galaxies lointaines en propulsant son lecteur à la vitesse de la lumière, la Fantasy nous fait pénétrer dans des univers parallèles via des chimères verbales. Ce qui ne veut pas dire que la S.F. croit en la science, et la Fantasy en la magie. Les deux genres mystifient le lecteur : la S.F. laisse présumer qu'on dépassera un jour la vitesse de la lumière, et la Fantasy invite à jouir en paix de l'arbitraire du jeu littéraire. Ce n'est pas le même clin d'oeil. » (J. Goimard, « Contact », journal des adhérents de la FNAC, mai 1994).

Le mélange des genres pratiqué dans l'édition, « confusion qui n'est pas innocente », était déjà critiqué par G. Klein en 1992 dans un article[1] qui a valu au milieu un échange de lettres incendiaires entre amateurs et directeurs de collection. Il y désapprouvait les éditions commerciales dont la tendance était à « multiplier les labels singuliers ». L'Heroic Fantasy serait donc un « genre opportuniste » pour lequel une « douteuse promiscuité » avec la S.F., serait profitable sur le plan économique[2].

Jacques Goimard présente la Fantasy comme une évolution de la S.F., alors que d'après Gérard Klein il n'y aurait pas de succession historique. Il a d'ailleurs lui-même répondu au magazine « Contact » cité plus haut afin de rectifier l'histoire du genre S.F., « revue et visitée » (selon les puristes) par Jacques Goimard.

Les séries :

Il existe sur le marché plusieurs « séries » de S.F. que nous pouvons qualifier de productions littéraires industrielles. Il s'agit de récits d'aventures axés autour d'un héros, d'un univers qui reviennent de roman en roman. Fleuve Noir publie la série des « Perry Rhodan » traduite de l'allemand. Plon sous la houlette de Gérard de Villiers édite les « Blade » (du nom du héros), aventures exotiques extraterrestres et légèrement érotiques[3], ainsi que « Jag » aujourd'hui disparue.

---

[1] G. Klein, « à l'auteur inconnu X », NLM n°21, février 1992.
[2] L'intérêt pour la Fantasy vient de ce que le public a une sensibilité différente, en rapport avec le contexte historique : «après mai 68, elle était hantée (la S.F.F.) par un monde en ruines, entre terreur nucléaire et triomphe technocrate dans la veine du «Soleil vert». (J. Goimard)
Dépolitisée, débarrassée de ses hantises catastrophistes, la S.F., comme son lectorat, va aller plutôt vers le rêve d'une nature accueillante, parfois dangereuse mais toujours merveilleuse», «un monde vierge où les hommes vivent en paix et compréhension avec les autres êtres, et utilisent prudemment les énergies douces». (J. Goimard)
Ajoutons la banalisation de la merveille scientifique par l'intrusion dans le domaine domestique de la technologie, et l'on comprend qu'une certaine S.F. «ne fasse plus rêver» pour reprendre les termes d'un enquêté.
[3] En quatrième de couverture d'un exemplaire de la série «Blade», nous lisons sous la forme de l'inventaire des qualités du héros, les ingrédients (par ordre d'importance ?) de l'aventure proposée au lecteur : «Blade, un homme fait de muscles, de sang, de sexe et d'intelligence».

Les séries ont pour caractéristique d'être produites par plusieurs auteurs, quelquefois collectivement. Un spécialiste, correspondant privilégié de ces auteurs, nous parle de véritables « ateliers ». La plupart du temps, elles ne sont pas signées de leurs auteurs. « Jag » et « Blade » sont à l'origine des traductions de l'américain. Le succès sur le marché français a motivé l'éditeur à faire produire par des auteurs français de nouveaux épisodes alors que les épisodes américains s'étaient écoulés.

Chez Gérard de Villiers, Serge Brussolo a fait paraître une série de romans d'horreur. Les éditions Vaugirard éditent une série consacrée à Jimmy Guieu, constituée de rééditions et d'inédits conçus « en collaboration » avec d'autres auteurs (certains sont signalés en page intérieure).

Ces collections sont ignorées par la critique du genre. Les parutions ne sont guère signalées. Cependant, elles permettent à un nombre restreint d'auteurs (sous pseudonyme et en collaboration souvent), de vivre de leur plume. D'autant plus que les tirages seraient souvent plus importants que ceux d'« Anticipation ».

La série « la compagnie des glaces » (Fleuve Noir), produite par G.J. Arnaud également auteur de romans d'espionnage, malgré un succès public important n'est pas commentée dans les fanzines, bien que le rejet soit moins affirmé pour cette série en particulier - les idéologies politiques des auteurs et/ou éditeurs en question y sont certainement pour grand chose. Toutefois, G.J. Arnaud occupe une place de choix dans l'ouvrage les grands maîtres de la S.F. de L. Murail, ce qui n'a pas manqué de provoquer des réactions, notamment d'un auteur « jeune » du Fleuve noir (fanzine Yellow Submarine), ce choix étant ressenti comme arbitraire. Etaient comparées l'absence de nombreux auteurs littéraires de Denoël, l'oubli d'un certain nombre d'auteurs du courant de la S.F. politique (nous ajouterons également les remarques ironiques de l'auteur à propos de certains auteurs français), la relégation de Serge Brussolo en quasi-notule de fin de volume et la place accordée à un auteur sans reconnaissance interne ni externe (caractéristique qu'il partage avec une multitude d'auteurs du Fleuve Noir, guère plus présentés dans l'ouvrage)...

Le lecteur :

Lorsque l'on interroge les amateurs et les éditeurs sur les profils sociologiques des lecteurs de S.F., certaines caractéristiques font l'unanimité : le lecteur de S.F. est jeune et masculin. Mais, sitôt que l'on essaie d'entrer dans le détail, de vouloir comparer les versions, nous nous apercevons que la description du lecteur de S.F. dépend fortement de la définition du genre à laquelle le fan interrogé souscrit[1].

Un des fans, spécialiste du genre, animateur d'une émission consacrée aux genres « paralittéraires » sur une radio périphérique, adaptateur de séries américaines de S.F. (romans avec héros revenant d'un ouvrage à l'autre), et proche sur le plan relationnel des éditeurs de poche, va sans complexes parler comme le commercial d'une maison d'édition : proposer une description complexe du lectorat suivant les différents types d'investissement. Il cite le lecteur de collection (qui lui reste fidèle), le lecteur d'auteur, le lecteur monomaniaque (qui ne lit que les productions traitant un thème précis, ou sous-genre). Ce fan va également situer la S.F. dans le cadre des littératures populaires. Au contraire, les fans qui se placent du côté des collections les plus élitistes, et qui sont collaborateurs de revues assez ambitieuses, ne vont évoquer le lectorat populaire qu'en passant, brièvement, parce qu'il ne lit pas de la S.F. en toute conscience. On va plutôt s'attarder sur l'amateur, plus noble, voire l'amateur prosélyte, qui a une « mission », qui doit « faire avancer le genre ». La description de la catégorie socio-professionnelle ressemble à un idéal : classes supérieures, ou moyennes cultivées, études supérieures... Nous trouvons pourtant des preuves irréfutables de l'existence d'une S.F. à destination des milieux « plus modestes » : collections distribuées à la suite une longue tradition selon le même mode que la presse (maintien court sur les étalages des kiosques), statut qui se laisse voir des ouvrages (aspect de l'objet livre - qualité de papier, jaquette colorée, publicité sur la page de garde,

---

[1] Chez les auteurs, interrogés par voie de questionnaire, les caractéristiques objectives, les catégories sont rares, les auteurs préfèrent décrire un idéal, et le plus souvent ils répugnent à répondre.

prix...), présence dans les marchés dans le cadre des ventes-échanges[1].

La description du directeur de la collection « PDF » insiste sur certains points : jeunesse, haut niveau d'éducation, catégorie socio-professionnelle plutôt supérieure. A la nuance près qu'il parle des lecteurs de sa collection qui est de format demi-poche et plus onéreuse que le poche, donc plus logiquement accessible à un public de niveau social plus élevé. Il distingue, lui aussi différents degrés d'investissement.

« En général [les lecteurs sont] plutôt des professions libérales, des études supérieures, des gens qui lisent beaucoup et un peu de tout. Dans les amateurs purs et durs, il y a des gens qui ne lisent que ça. On peut le regretter un peu mais ça existe aussi ».

Ces propos se différencient de ceux de Gérard Klein, qui lui, précise que le public est « frotté de sciences », car ce « n'était pas par hasard si nombre d'informaticiens étaient amateurs de S.F. » (propos tenu en 1990, lors d'une conférence de la convention nationale de S.F. à Thionville). Dans son article de 1977[2], il écrit que les lecteurs « proviennent en général de la petite ou moyenne bourgeoisie, ayant « une relation concrète à la science et à la technique ». C'est en raison de ce recrutement social, que Gérard Klein réfutait alors le terme de littérature populaire.

Nous pouvons dans ces conditions nous interroger sur les causes de l'exclusion (par le silence) d'une certaine catégorie de lectorat des discours de quelques promoteurs et éditeurs du genre. Sachant que promoteurs, auteurs, éditeurs sont engagés, et pour cause, dans la lutte de définition qui s'engage pour chaque production littéraire, nous supposerons que les qualifications, les caractéristiques des lecteurs, entrent dans ces définitions du genre. Et que présenter telle facette du lectorat plutôt qu'une autre, ou, présenter le lectorat de telle facette du genre, c'est définir le genre d'une part, et se définir dans le genre d'autre part. Dans ce cas, les définitions du lectorat ne sont guère désintéressées, et nous ne pouvons les prendre au « pied de

---

[1] Des bouquinistes installés sur les marchés font office de «bibliothèques payantes ». Les livres y ont un prix de vente et un prix de reprise. Ils circulent sans qu'il y ait forcément échange monétaire.
[2] G. Klein, «Le procès en dissolution de la S.F., intenté par les tenants de la culture dominante», in, Europe, «La Science-Fiction», 1977.

la lettre ». Nous ne pouvons sous prétexte d'une possible polysémie du terme « lecteur » - puisqu'il englobe un nombre de pratiques de lecture, d'investissements très variables - nous contenter des descriptions données par des individus aussi impliqués dans la défense de cette littérature.

Dans le cadre de telles interrogations, peut-on espérer trouver des réponses auprès des chiffres réputés francs et objectifs ? Les différentes enquêtes statistiques, spécifiques ou générales, se donnent-elles raison les unes les autres, ou se contredisent-elles ? Et quelles conclusions tirer des constatations chiffrées et des comparaisons avec les discours des promoteurs, auteurs et éditeurs ? L'exploitation de données générales (<u>Enquête sur les pratiques culturelles des Français</u>[1]), et leur croisement avec un ensemble de données spécifiques[2] (consultation des lecteurs de la revue américaine « Locus », de la collection « Présence du Futur », questionnaire diffusé auprès des amateurs à la convention de S.F. de Thionville) permettent de répondre à un certain nombre de ces questions.

Le lectorat au sens large est bien un lectorat jeune, les chiffres de l'enquête sur les pratiques culturelles des Français nous le confirment, et s'accordent avec les données spécifiques observées. Il est également certain que tous les observateurs des pratiques culturelles placent la S.F. parmi les composantes de la culture moderne, ou « modernisée » (voir P. Parmentier) : S.F., BD, policiers cultivés, cinéma (films cultivés, films politiques, ciné-club), ouvrages pratiques et sur les loisirs. Culture

---

[1] O. Donnat, D. Cogneau, Les pratiques culturelles des Français, 1973-1989, La découverte/La documentation française, 1990.
[2] J.B. Renard, «Le public de la S.F.», in, Science-Fiction, Denoël, 1982.
Les fans de S.F. français : petit sondage auprès des participants à une convention (Thionville, 1990) : (N = 65).
Les lecteurs de la collection «Présence du Futur» en 1991 : (échantillon total, N = 180 ; sous-échantillon, n = 85). Le questionnaire d'une vingtaine de questions se divisait en trois parties («qui êtes-vous ?» (nous y trouvons une signalétique, des questions qui visent à catégoriser les goûts parallèles du lectorat et les modes d'achat), «qu'en pensez-vous ?» (il s'agit d'une série de questions visant à établir l'opinion, les attentes et critiques des lecteurs sur la collection ; problème qui n'entre pas dans le cadre de notre recherche). enfin, une page est entièrement destinée à la correspondance libre des lecteurs.
Consultation des lecteurs de la revue américaine « Locus » en 1992 (N=832)

modernisée qui s'oppose à la « culture ancienne » (histoire, policiers sauf cultivés, journal, TV)[1].

Le recueil de questionnaires auprès des lecteurs, mené par la collection « PDF », nous apprend l'arrivée de nouvelles pratiques susceptibles de venir renouveler cette sphère des pratiques modernes : liées à l'image, à la technologie (jeux de rôles, jeux vidéos, jeux sur ordinateur, informatique, minitel - parce que 42% des enquêtés de ce sondage se disaient prêts à utiliser les services d'un serveur minitel consacré à la S.F.). Nouvelles pratiques qui sont parfois à la source du recrutement du lectorat et des amateurs de la S.F.. Le sondage « PDF » nous a appris qu'un quart des individus avaient connu le genre par le biais des instances les plus légitimes (école et bibliothèques), mais près d'un sur deux avait fait l'expérience de la S.F. par l'intermédiaire de ces pratiques modernes (jeux de rôles ou sur ordinateur, cinéma).

Si l'on s'intéresse à un niveau d'investissement dans le genre plus élevé, avec les sondages « Locus » et « convention française », nous avons noté que la moyenne d'âge est au-dessus de trente ans. Le sondage « Locus » nous démontre même que la moyenne d'âge s'est élevée depuis une dizaine d'années. A la suite de certains fans qui, lors de diverses rencontres nous avaient indiqué que le milieu des amateurs investis dans la promotion du genre (fandom) vieillissait et avait du mal à se renouveler, nous pourrions nous servir de ces données pour confirmer ces hypothèses. En fait, il s'agirait plutôt de se demander si les lieux de recrutement et d'action des amateurs ne seraient pas en train de se transformer. Parce que les revues pour amateurs de S.F. telles « Fiction » ou « Galaxie », vendues en kiosque, n'existent plus. Bien qu'il existe encore des lieux où la critique S.F. s'exprime, ou du moins où l'information qui concerne le genre peut se diffuser (outre les rares rubriques des magazines et quotidiens « cultivés » : « Le Magazine Littéraire », « Lire », « Le Monde »...), c'est la presse d'information pour lycéens et pour étudiants d'une part, et la presse consacrée à l'actualité du jeu de rôles, au cinéma fantastique, à la BD, qui laisse la part belle à la S.F. et aux genres voisins, Fantastique et Fantasy. Et, nous pouvons nous

---

[1] Il s'agit d'une pratique qui régresse avec l'âge et qui s'oppose complètement à celle du roman historique, lecture préférée des retraités. O. Donnat, D. Cogneau, Les pratiques culturelles des Français, 1973-1989.

demander dans quelle mesure l'influence du jeu de rôles et des autres jeux utilisant des décors et des thématiques typiquement S.F., n'est pas en train de développer la préférence du public pour l'aspect ludique[1].

Les données de la revue « Locus » nous permettent de relever un « boom » de l'Heroic Fantasy, et le retour du space opera (et il faut y ajouter les récentes demandes de la part de la direction du Fleuve Noir auprès des auteurs pour qu'ils produisent de « la S.F. des années cinquante » - propos rapportés par différents auteurs de la collection - ainsi que les collections consacrées à ce genre ou sous-genre qui se créent, les collections de S.F. qui se subdivisent), qui sont considérées (par les spécialistes, et par l'anthropologue L.V. Thomas) comme des littératures ludiques, gratuites, nous pouvons supposer que ces phénomènes sont liés. Approche donc ludique de cette littérature qui ne prédisposerait pas à une sociabilité autour d'un projet intellectuel, et/ou de promotion du genre ? Certes, les amateurs de jeux de rôles et d'une S.F. plus ludique, sont rares dans le fandom S.F., mais il existe des groupes où se déroulent des discussions autour du genre, sans être des groupes exclusivement consacrés au genre : c'est le cas des amateurs qui se réunissent par l'intermédiaire des serveurs minitel. Cette population est encore minoritaire dans les conventions organisées par le fandom et celle des amateurs de jeux de rôles également. Par contre, si l'activité autour des serveurs Minitel consacrés aux jeux de rôles n'apporte pas des individus en masse dans les structures existantes du fandom (fanzines distribués par abonnement, conventions...), elle apporte un type de sociabilité plus éclatée, (groupes de discussions, dîners-débats, les plus réguliers sont annoncés par le mailing du club « Présence d'Esprit »[2] - exemple de structure intermédiaire entre lectorat et fandom). Certains participants à cette activité sur minitel éditent, à la manière des fans de S.F., des bulletins

---

[1] Ajoutons que de nombreux scénarios de jeux de rôle sont tirés de romans de S.F., mais qu'aujourd'hui le phénomène s'inverse puisque des collections de romans tirés de jeux de rôles sont lancées (succédant ainsi aux romans tirés de séries télévisuelles).

[2] Le Club Présence d'Esprit : association de lecteurs créée au début des années quatre-vingt-dix autour du bulletin distribué par la collection à la demande des lecteurs et en réponse à une querelle ayant opposé des fans de type «puristes» et le directeur de la collection. Le Club organise des rencontres, des débats, édite un fanzine, en dehors du «milieu» mais certains membres participent à ces rencontres.

sur support-papier, qui circulent entre individus, où chacun apporte sa contribution sur des sujets divers, et notamment des critiques ou informations sur la S.F..

Ces éléments divers : intérêt pour une littérature plus ludique, ou, approche ludique de la littérature, intérêt pour l'image et la technologie, activité d'amateur d'un nouveau type permise par le Minitel - par l'approche anonyme, individuelle, en dehors du contact direct - nous signalent, dans le public des amateurs au sens large de la S.F., la présence d'une nouvelle approche de la culture qui ne va pas sans nous rappeler les dires de G. Neyrand et C. Guillot :

« D'un niveau de formation plus élevé, ouverts à l'audiovisuel, à la nouvelle culture plus qu'à la vieille politique, aux valeurs de l'individualisme et de l'hédonisme plus qu'à celles de l'effort collectif et de l'idéologie du progrès social, les jeunes manifestent une nouvelle attitude sociale génératrice pour les adultes d'un renouveau des modèles. Il est flagrant que ces comportements s'appuient sur la consommation d'un certain type de supports culturels, technologiques et médiatiques, au détriment de supports plus classiques qui tentent de s'adapter avec plus ou moins de bonheur »[1].

Sans vouloir trop extrapoler à partir de sources somme toute assez maigres puisque nous n'avons réalisé aucune investigation sérieuse auprès de ce nouveau pôle de consommation de la S.F., nous pouvons néanmoins nous demander ci cette nouvelle approche de la culture, plus « hédoniste », et plus « individualiste » n'explique pas dans la population des lecteurs de S.F. ce regain d'intérêt pour le « space opera » (S.F. d'aventures spatiales) ou l'Heroic Fantasy, littératures plus aptes à favoriser l'identification à un héros conquérant (plus qu'une interrogation intellectuelle sur l'avenir, la technologie...). Cependant, le goût « esthético-ludique » des adolescents, était déjà décrit en 1960 par Edgar Morin[2].

---

[1] G. Neyrand, C. Guillot, Entre clips et looks, , les pratiques de consommation des adolescents, L'Harmattan, Coll. Logiques sociales, 1989, p 73.
[2] le goût adolescent... « trouve toutefois dans la culture de masse, un style esthético-ludique qui s'adapte à son nihilisme, une affirmation des valeurs privées qui correspond à son individualisme, et l'aventure imaginaire qui entretient sans l'assouvir, son besoin d'aventures ». (E. Morin, 1975, « Jeunesse », p 183). E. Morin, L'esprit du temps, Grasset, 1975 (nouvelle édition).

Que ce soit parmi les amateurs ou parmi les lecteurs, les femmes sont très minoritaires. Plus encore parmi le lectorat exclusif ou quasi-exclusif décrit dans Les pratiques culturelles des Français, alors que la domination féminine pour la consommation romanesque est prouvée par toutes les enquêtes.

Comment alors expliquer cette singularité de la S.F. ? En fait, il est à lier avec le rapport entretenu par les femmes avec la modernité. F. Patureau, dans Les pratiques culturelles des jeunes[1] (à partir, de l'enquête sur les pratiques culturelles des Français), après avoir relevé les pratiques faisant partie de la « culture jeune », en opposition avec les pratiques adultes, souligne les « différentes conditions d'accès à la culture jeune » et les oppositions « propres au monde des jeunes ». Les pratiques typiques de la « culture jeune », « moderne » sont les sorties, le sport, l'écoute musicale, la vidéo, le rock, la BD, la S.F.. Mais à l'intérieur de ces pratiques modernes, trois grands atouts viennent apporter des modes d'accès privilégiés à telle ou telle pratique : être diplômé, être célibataire et étudiant vivant chez ses parents, ainsi qu'être un homme. Les femmes seraient donc moins adeptes des pratiques modernes. Mais, la différenciation sexuelle s'efface lorsque l'origine sociale de la femme s'accroît, et si son lieu de résidence est parisien. Ainsi, les jeunes filles parisiennes dont le père est cadre bénéficient des atouts pour accéder aux pratiques de la culture jeune. A l'inverse, le phénomène de différenciation dans l'accès aux loisirs modernes s'accentue parmi les classes populaires, où la division traditionnelle des activités est plus ancrée.

Les données de l'enquête « PDF », nous permettent de relever que 20% des lecteurs découvrent la S.F. sur les conseils d'un ami, et 18% par les formes modernes (cinéma, TV, jeux vidéos, de rôles, et sur ordinateur). Avec des enquêtes générales, nous savons qu'il n'y a pas de grande différence en ce qui concerne la fréquence des relations amicales entre les jeunes filles et les jeunes hommes, mais par contre, il y a une différence sur les lieux d'exercice de la sociabilité : plus souvent intérieure chez les filles (« aller chez des amis ») que chez les garçons, « qui bénéficient d'une plus grande liberté de mouvement que les filles du même âge » (voir Les pratiques culturelles des jeunes). Peut-

---

[1] F. Patureau, Les pratiques culturelles des jeunes, La documentation française, 1992.

être cette différence dans les pratiques relationnelles et amicales intervient-elle dans la prise de contact avec la S.F.. Cependant, ce qui est certain, c'est que les jeunes filles sont plus éloignées des pratiques utilisant les technologies modernes. Puisque ces technologies interviennent pour une part, dans l'approche de la S.F., nous pouvons donc en conclure qu'il s'agit là d'un obstacle supplémentaire dans l'accès au genre S.F. - genre moderne qui devient plus difficilement accessible si son support est lui-même moderne.

Enfin, handicap supplémentaire pour la féminisation du public de la S.F., le « manque de goût » des femmes pour la science. Manque d'attrait dû à leur formation et à leur maintien dans l'univers du quotidien, de l'intérieur (familial ou scolaire) qui explique le « goût » pour les productions culturelles plus légitimes, puisque présentées par l'école, principale source de référence avec la famille en ce qui concerne la culture pour les filles. Le phénomène est encore accentué pour les jeunes filles issues des classes populaires, pour lesquelles l'école est alors largement dominante dans l'apprentissage de la pratique culturelle. En ce qui concerne les genres de livres possédés dans les foyers, et les genres de livres préférés par la population globale, l'enquête sur les pratiques culturelles des Français confirme la distance, relative, des femmes vis à vis de la culture scientifique. Ainsi 43% des hommes possèdent des livres scientifiques et techniques, contre 30% des femmes. Pour ce qui est de la lecture préférentielle de tels ouvrages, le phénomène de la sur-représentation masculine se répète, 16% des hommes disent en lire préférentiellement, contre 6% des femmes (voir les tableaux de <u>La nouvelle enquête sur les pratiques culturelles des Français</u>)[1].

Pour ce qui est des origines et appartenances sociales du lectorat, nous nous trouvons devant des affirmations très contrastées : celles de Gérard Klein, selon lequel le public de la S.F. n'est pas un public populaire, en opposition avec les propos de fans qui placent la S.F. du côté du populaire. En fait, l'enquête sur les pratiques culturelles des Français montre clairement qu'il y a un lectorat populaire s'intéressant à la S.F.. C'est même le genre préférentiel de 30% des ouvriers qualifiés,

---

[1] <u>La nouvelle enquête sur les pratiques culturelles des Français</u>, La Documentation française, 1990.

et de 24% des agriculteurs. C'est également le genre préféré (avec le Fantastique) de 22% des individus ayant le niveau de diplôme BEPC, et de 19% des personnes ayant le niveau CAP. Il n'y a donc aucun doute, il existe un lectorat populaire pour la S.F.. Ce sondage met également l'accent sur le caractère exclusif de ce lectorat, puisque les pourcentages du sondage portent sur les premiers choix des enquêtés. Il s'agit bien d'un choix porté sur le label « S.F. et Fantastique » qui montre bien que le lectorat populaire ne lit pas « sans prendre conscience qu'il lit de la S.F. », comme le disait un membre du milieu des promoteurs (quand on ne peut nier son existence, on nie sa capacité à appréhender le genre en tant que genre).

Comme Gérard Klein l'écrivait, il existe également un lectorat composé d'étudiants (23% des élèves et étudiants sondés dans le cadre de l'enquête sur les pratiques culturelles des Français disent lire préférentiellement de la S.F. et du Fantastique). Nous ne pouvons les dire membres des classes populaires, mais nous pouvons poser l'hypothèse d'une origine sociale populaire, au moins pour une bonne partie d'entre eux. Au vu des résultats de l'enquête sur les lectures des étudiants (« Le Monde », 1992)[1], nous savons que...« les ouvrages scientifiques et techniques, plus immédiatement utiles, ont la faveur des IUT [instituts universitaires de technologie] (20%) et des STS [sections de techniciens supérieurs] (19%) avec les romans de S.F. et les albums de BD, et devant les romans policiers ou d'espionnage (14%)... ». Or, les fils d'ouvriers et d'employés sont sur-représentés dans les IUT et STS.

Nous pouvons sans risque de nous tromper, en conclure qu'il existe un fort pourcentage de lecteurs membres des classes populaires, ainsi qu'un fort pourcentage de lecteurs étudiants issus des classes populaires en ascension sociale, ainsi que des lecteurs issus de ce qu'on appelle la petite bourgeoisie d'exécution (fils d'employés).

L'hypothèse de Gérard Klein sur le recrutement du lectorat S.F. dans la petite et moyenne bourgeoisie en ascension a fait école puisqu'on l'entend reprise par des fans lors de discussions, par des spécialistes du domaine S.F. au cours d'entretiens réalisés (voir aussi l'essai de G. Klein). On peut presque dire

---

[1] «Les lectures des étudiants».

qu'à partir de cet article, le milieu de la S.F. s'est construit une véritable idéologie.

Les conclusions énoncées ci-dessus, à savoir qu'il existe, sans aucun doute possible, un lectorat membre des classes populaires et un lectorat qui en est issu, ne contredisent pas totalement la théorie de Gérard Klein, puisqu'il y a également un lectorat plus favorisé socialement. La différence entre les lectorats semble se situer au niveau des modes de consommation du genre : une pratique de lecture non-exclusive du genre, dans le cadre de la culture « modernisée », et, pour une minorité, un « activisme » dans la défense du genre (puisque les promoteurs de S.F. sont majoritairement issus, nous l'avons vu, de deux pôles des classes moyennes, et moins massivement du pôle culturel des classes supérieures).

Ce recrutement social ne distingue finalement pas le promoteur de S.F. de n'importe quel autre individu ayant des activités culturelles en amateur. Au vu du petit sondage effectué lors de la convention de 1990, nous voyons que l'amateur investi dans la promotion du genre est plutôt issu de ce qu'on appelle la petite bourgeoisie nouvelle (métiers artistiques ou para-artistiques, métiers intellectuels, sociaux, de conseil, de présentation ou de représentation), suivie de la petite bourgeoisie d'exécution (cadres moyens, techniciens, employés). Cette observation est confirmée par les résultats de l'enquête sur les pratiques culturelles des Français, qui rend compte d'une forte présence des professions intermédiaires parmi les lecteurs de S.F. (18% des professions intermédiaires disent lire le plus souvent de la S.F. et du Fantastique). Or les professions intermédiaires selon la nouvelle nomenclature INSEE, sont : les instituteurs, les professions intermédiaires de la santé et du travail social, le clergé, les professions intermédiaires administratives de la fonction publique, administratives et commerciales d'entreprise, les techniciens et agents de maîtrise, c'est-à-dire une partie de la population que les sociologues à l'exemple de P. Bourdieu classent parmi la petite bourgeoisie nouvelle et petite bourgeoisie d'exécution.

La S.F. semble donc être le lieu de rencontre entre deux pôles de la petite bourgeoisie, entre ceux qui réalisent une ascension sociale et ceux qui évitent une régression par l'investissement dans des professions intermédiaires socioculturelles. Pour les uns (la petite bourgeoisie nouvelle) la S.F. serait un lieu et un moyen d'assurer des prétentions culturelles tout en assurant un regard critique vis à vis de la culture légitime[1]. Stratégies de restauration qui expliquent alors la mise en place d'un appareil de célébration du genre investi qui reproduit l'appareil de célébration légitime (revues, prix, critique, histoire savante...). La petite bourgeoisie d'exécution (moins présente dans le milieu des promoteurs de la S.F.), empreinte d'une « bonne volonté culturelle », qui ne devrait pas les entraîner sur les voies d'un genre illégitime, est - la moyenne d'âge de notre échantillon nous le montre - assez jeune, par conséquent assez proches du groupe précédent[2]. Enfin, il ne faut pas oublier l'importance de la représentation parmi les amateurs des individus faisant partie du pôle cultivé des classes dominantes.

En conclusion, c'est plutôt du côté de certaines homologies de trajectoires sociales et scolaires (qui expliqueraient le rapport à la culture dominante, une des motivations à l'investissement dans un genre dominé) plus que du côté des appartenances sociales, qu'il faut chercher une homogénéité dans le recrutement des amateurs de S.F.. Nous traiterons surtout de ce problème à propos des écrivains de S.F..

Autre caractéristique du « lectorat S.F. » qui ne laisse aucun doute après le dépouillement et le traitement secondaire de différentes enquêtes : les amateurs de S.F. (au sens large) sont

---

[1] «La relation ambivalente qu'ils entretiennent avec le système scolaire et qui les porte à se sentir complices de toute espèce de contestation symbolique les incline à accueillir toutes les formes de culture qui sont, au moins provisoirement, aux marges (inférieures) de la culture légitime, jazz, cinéma, bande dessinée, Science-Fiction et à trouver par exemple dans les modes et les modèles américains, jazz, jeans, rock ou underground, dont ils se font un monopole, l'occasion d'une revanche contre la culture légitime ; mais ils importent souvent dans ces régions abandonnées de l'institution scolaire une disposition savante, voire érudite, que l'École ne renierait pas et qui s'inspire d'une intention évidente de réhabilitation, analogue dans son ordre aux stratégies de restauration qui sont constitutives de leur projet professionnel». (P. Bourdieu, La distinction, Editions de Minuit, 1979, p 417).

[2] «...Du point de vue de l'âge et de la trajectoire, les plus instruits de la génération la plus jeune des cadres moyens et des techniciens et surtout des instituteurs, se rapprochent de la petite bourgeoisie nouvelle, surtout par leur compétence et par leurs préférences en matière de culture légitime (...) ; ils en restent toutefois éloignés et d'autant plus qu'ils sont moins longtemps exposés au nouveau mode de génération scolaire, dans tout ce qui touche plus directement à l'art de vivre quotidien...» (P Bourdieu, La distinction, 1979, p 408-409).

intéressés par la Science. Le fait que la S.F. recrute ses amateurs parmi un certain nombre de membres des professions intermédiaires d'exécution comme celles de techniciens, informaticiens, etc., parmi les étudiants des IUT et STS, que un quart des participants à la convention nationale de Thionville aient effectué des études scientifiques, va dans le sens des propos de Gérard Klein, à savoir que les amateurs de S.F. sont pour beaucoup concernés par la culture scientifique. La question est maintenant de savoir si les positions dans le milieu S.F. (ils sont minoritaires, les littéraires étant les plus nombreux) sont déterminées par cette caractéristique culturelle et scolaire. La jeunesse du lectorat S.F. ajoute à l'intérêt pour la science[1].

Depuis la moitié des années quatre-vingts, la S.F. serait en crise, les collections moins nombreuses, les revues inexistantes, les potentialités pour les écrivains de placer les oeuvres et pour les débutants de « faire leurs premières armes » (dans les revues) rendues difficiles. Ce sont des propos entendus parmi les fans, dans les conférences, et des affirmations écrites dans le questionnaire diffusé auprès des auteurs. Parallèlement au recul de la présence dans les pages des magazines littéraires ou dans la grande presse, de la critique S.F., dans l'édition les deux genres parallèles et concurrents Fantastique et Heroic Fantasy progressent. Les changements dans les pratiques culturelles des Français peuvent nous proposer quelques hypothèses pouvant expliquer en partie le « recul » (?) de la S.F..

Une enquête sur les achats des livres des Français entre 1981 et 1988 confirme ses affirmations, à partir de 1987, « les genres dits mineurs (policier/espionnage, et dans une moindre mesure, S.F.) prospèrent entre 1983 et 1985 et semblent connaître une passe difficile à partir de 1987 ». (H. Renard, 1991, p 27)[2]. Ce phénomène s'ajoute au vieillissement de la population des acheteurs de livres.

Par conséquent, on observe le recul des achats de livres de poche, qui ont traditionnellement un lectorat jeune. En baisse régulière depuis 1981, le poche passe de 19,8% des ventes à

---

[1] car 84% des jeunes de 11 à 17 ans du sondage CEVIPOF (Centre d'études de la vie politique française)[1] s'intéressent à la Science.
sondage paru dans «l'Evènement du jeudi», 14-20 septembre 1989
[2] H. Renard, «Les achats de livres des Français, 1981-1988, in, <u>Cahiers de l'économie du livre</u>, n°3, Observation de l'économie du livre, Ed. Cercle de la librairie, 1991.

15,6% en 1988. Or, la S.F. est publiée en très grande partie directement en format de poche...

O. Donnat et D. Cogneau[1] donnent comme explication au recul de la lecture chez les jeunes, d'abord une raison socio-économique, la marginalisation d'une partie de la population jeune (due à des problèmes d'insertion professionnelle), puis la progressive délégitimation du livre chez ceux « pour lesquels la modernité s'incarne plutôt dans la haute fidélité ou la vidéo »[2]. Et ce fait est marqué surtout depuis 1981[3]. Pour les plus jeunes, les adolescents, les problèmes scolaires ont laissé un préjugé défavorable envers la lecture, livre et école sont alliés, et la notion de plaisir ne s'associe pas majoritairement au livre mais à la TV (F. de Singly)[4]. Le rejet de la lecture est encore plus marqué chez les jeunes issus des classes populaires et moyennes. Or, nous avons vu à quel point ces deux groupes sociaux sont des lieux de recrutement du lectorat de S.F. En revanche, l'image prend de plus en plus le pas sur la lecture. Et, autre raison au recul de l'intérêt des jeunes pour la lecture : elle s'adapte moins que d'autres pratiques culturelles à la sociabilité amicale.

Un autre phénomène ne peut qu'atteindre la S.F., constaté par les enquêtes sur les pratiques culturelles : le recul progressif de la lecture chez les classes moyennes. Ainsi, le pourcentage des personnes ayant lu au moins un livre au cours des douze derniers mois était de 95% en 1973 chez les cadres moyens en 1973 et de 87% en 1988. Chez les employés, la tendance à la baisse est moins importante. En revanche, c'est le nombre des gros lecteurs

---

[1] O. Donnat, D. Cogneau, Les pratiques culturelles des Français, 1973-1989.

[2] La délégitimation progressive du livre, est une explication posée en hypothèse par O. Donnat et D. Cogneau, pour expliquer le recul des chiffres concernant les lectures des Français. Si l'on peut supposer qu'il y a un fléchissement du nombre de livres lus, on peut également supposer qu'il y a parmi certains catégories de la population une «relative délégitimation du livre qui les inciterait à donner de leurs pratiques de lecture une image plus conforme à la réalité». En d'autres termes, si les chiffres de la précédente enquête étaient plus importants, c'est peut être que les pratiques étaient surévaluées par les sondés.

[3] O. Donnat, «Les Français et la lecture : un bilan en demi-teinte», in, Cahiers de l'économie du livre, n°3, Observation de l'économie du livre, Ed. Cercle de la librairie, 1991.

[4] F. de Singly, «Réussir à lire : la lecture chez les collégiens», in, Cahiers de l'économie du livre, n°3, Observation de l'économie du livre, Ed. Cercle de la librairie, 1991. Voir aussi, du même auteur : Lire à douze ans, Ed. Nathan, 1991.

de livres qui est le signe le plus significatif de la baisse de la lecture chez les classes moyennes : en 1973, 41% des cadres moyens avaient lu au moins 25 livres dans les douze mois précédents, ils n'étaient plus que 24% en 1988. Quant aux employés, 33% étaient de gros lecteurs en 1973, ils n'étaient plus que 21% en 1988. Si les jeunes, les classes moyennes lisent moins, la S.F. qui y recrute une bonne partie de son lectorat en souffre. Mais un public devient dominant progressivement, celui des femmes. En effet, depuis 1973, les femmes arrivent en tête pour presque toutes les pratiques de lecture.

En conclusion, si la S.F. veut accroître ses ventes, il faut qu'elle compte sur ce public dominant et essaie de le séduire. Certains éditeurs semblent l'avoir compris.

Le milieu des amateurs : oppositions et distribution des concurrences

Commun aux genres dominés, le processus de création d'un milieu (terme indigène que nous avons tout au long de cette recherche préféré au concept de « champ »[1]) autonome s'inscrit dans le processus de recherche de légitimité culturelle) et s'explique par l'exclusion du domaine du champ littéraire en général. Ce processus, qui obéirait à un « souci de réhabilitation », est pris par P. Bourdieu (dans l'entretien accordé à Y. Hernot) comme un indice de la reconnaissance de la légitimité de la hiérarchie des biens culturels, par les promoteurs

---

[1] Certes, des arguments pourraient être apportés pour justifier son utilisation : relative autonomie de l'appareil de célébration, système de positions et d'oppositions, formes de capital spécifique (exemple : compétence scientifique de haut niveau). Cependant, il nous semble qu'utiliser le concept de champ, contenait le risque de décrire le genre et ses participants sous le signe exclusif de la domination. Or, il y a des degrés de légitimité divers et, il n'y a pas légitimité collective, mais il peut y avoir légitimité individuelle (même une «petite légitimité», pour reprendre l'expression de J. Dubois). Le cas de Serge Brussolo est rare, mais il démontre qu'il peut exister une sorte de reconnaissance, de type inférieur peut être, pour un écrivain de S.F.. Et puis, il y a des stratégies qui sont celles d'auteurs du champ littéraire en général : ceci est frappant pour le pôle littéraire, mais elles existent à des degrés divers pour l'ensemble des auteurs. Ce qui nous rend difficile l'utilisation du concept de champ pour la S.F.F., utilisation qui viendrait l'exclure artificiellement du champ de la littérature en général.

du genre. Reconnaissance de la hiérarchie qui se marque bien dans le fait que les promoteurs des genres dominés, importent dans ces champs - ou milieux littéraires - les attitudes les plus « traditionnelles dans l'ordre de la culture cultivée »[1].

Un champ autonome se constitue autour d'un certain nombre d'instances de consécration propres au genre (prix, jurys, concours), et d'une légitimité spécifique :

« Dont l'un des indices serait l'apparition d'historiens qui enregistrent l'histoire du genre, écrivent des biographies, canonisent certaines formes par opposition à d'autres, discriminent, distinguent le bon, du mauvais (avec les morceaux choisis), codifient, légifèrent ». (entretien avec P. Bourdieu - Y. Hernot)

Distinction d'une bonne S.F. (la « vraie S.F. », selon le terme en effet mille fois entendu auprès des fans du genre) de la mauvaise, qui s'accompagne de la création d'un bon public, « cultivé », « légitime », qui ne lit pas la S.F. au premier degré, mais en se référant à l'histoire propre du genre.

P. Bourdieu affirme également, que l'apparition d'un champ autonome (avec ses lois de fonctionnement propres, ses instances de consécration spécifiques, ses indices de positions que sont les revues, les collections, etc...) est corrélée avec l'apparition de « caractères nouveaux dans les oeuvres mêmes » (auto-référence, « intellectualisation » du genre, « ambition littéraire »).

Comme G. Cordesse[2] pour la S.F. américaine, P. Bourdieu accorde un rôle extrêmement important au milieu des promoteurs de la production S.F. : public d'avant-garde apportant un « soutien symbolique » à des producteurs d'une S.F. de recherche, d'avant-garde, produite en dehors de la pression du marché à destination des fans, des pairs. Nous pouvons également supposer que ce milieu des promoteurs a eu un rôle actif dans le lancement d'une S.F. d'expression française, dans un champ largement dominé par la production américaine.

---

[1] P. Bourdieu donne l'exemple du jazz : «C'en est presque parodique : il n'y a pas plus «culturéiste» que les émissions de jazz de France-Musique où l'on ne vous épargne pas le nom du trompettiste du quatrième rang ni la date de l'enregistrement, bref tout le côté «vieilles cires» des présentateurs de musique classique». («Entretien avec P. Bourdieu», par Y. Hernot, in, «Science-Fiction», n° 5, octobre 1985.)

[2] G. Cordesse, La nouvelle S.F. américaine, Ed. Aubier, coll. USA, 1985.

Nous avons largement évoqué la constitution d'un milieu de promoteurs, le profil socioculturel de ces amateurs (très diplômés, professions culturelles, à la jonction entre classes dominantes et professions intermédiaires, avec une représentation importante des professions intermédiaires dominées - professions d'exécution -), il nous reste à faire de lui une présentation. Présentation du « fandom » d'aujourd'hui, résultat d'une histoire, des valeurs des individus le composant, des concurrences en jeu dans le milieu.

« L'éthique » du fan :
Les grands principes du fan sont ceux de l'amateurisme, de la gratuité, et de « l'entre-soi » :

« Le fanzinat (...) est un hobby, pratiqué avec les moyens du bord. (...) C'est pour toutes ces raisons qu'un fanzine est un fanzine, tout simplement parce qu'il contient sa part d'imperfections, et que son tirage restera toujours très faible (...). Pourquoi finalement singer les pros ? Pour faire de l'argent ou pour faire passer un message ? » (C. Dumont)[1]

Souvent, nous avons entendu des rappels à l'ordre visant ceux qui se dirigent vers trop de professionnalisme (« recherche de pouvoir », « mégalomanie »), ceux qui vendent leur fanzine trop cher (qui recherchent « le profit »)! Le maintien d'un certain nombre de supports non-soumis aux contraintes économiques du marché, est le garant de l'existence d'une S.F. en dehors de la servitude marchande, d'une S.F. d'avant-garde peut être quelquefois « terrain d'essai » pour les débutants, mais surtout lieu d'échanges et de critique. Les intérêts sont donc en contradiction avec ceux des éditeurs qui doivent vendre pour exister (ceci explique en partie les incompréhensions à propos de la publication d'un auteur « rentable », mais « hors S.F. « pour certains, comme Serge Brussolo).

La convention nationale de S.F. qui s'est déroulée à Paris à la fin des années quatre-vingts s'est attirée les foudres des fans. Le projet se voulait « grandiose », et prosélyte, ce qui est inacceptable pour un fan puriste :

---

[1] A. le Bussy, C. Dumont, «trente ans de fanédition», éditions Octa, Belgique, 1991.

« Il (l'organisateur) voulait en faire une espèce de truc grand-public qui aurait à la fois l'aspect Science-Fiction et l'aspect Science : inviter des scientifiques connus, des entreprises, etc... » (propos d'un fan)

Le projet ne s'est pas réalisé : les sponsors prévus firent défaut, les concerts furent annulés, et le grand-public ne vint pas. Ce fut donc une convention banale, regroupant comme les précédentes, les fans et les fans seulement :

« Il y a eu un malentendu très vite, parce qu'il avait été mandaté pour faire la convention de S.F. : quelque chose de très structuré, très fanique, clanique, avec des règlements. Et, dans son esprit, ça s'est transformé en grande manifestation. Mais il n'a pas été capable de le faire ».

Nous avons également trouvé des fans affirmant qu'un fanzine se devait de demeurer dans l'ordre du ludique, de proposer un « échange » entre les amateurs sans autre prétention :

« Les fanzines sont devenus sérieux au point d'être prétentieux. On dirait qu'on ne fait plus de « zines » pour s'amuser (...) mais pour communiquer des messages, et le fandom se teinte d'idées au minimum philosophiques, quand elles ne sont pas directement politiques, voire doctrinaires ». (A. le Bussy) (non-puriste)

Carrières de fans :

A partir des rencontres que nous avons faites au cours de cette recherche, nous pouvons établir quelques profils-types de carrières de promoteurs.

<u>Le collectionneur :</u> Il passe la grande partie de son temps-libre à rechercher des raretés concernant le genre (livres, revues, illustrations, fanzines...) chez les bouquinistes. Il ne fréquente pas forcément le milieu des fans, mais entretient souvent une correspondance avec certains, ainsi qu'avec des écrivains (ils sont, pour le chercheur, une mine d'informations).

<u>Le fan-investi :</u> critique (à des degrés de professionnalisation divers, c'est-à-dire qu'il peut écrire dans un fanzine comme dans la presse généraliste), ou fan-éditeur. Il a en général commencé jeune à avoir des activités faniques, quelquefois dans un autre

domaine que la S.F. : cinéma, BD, échecs, jeux de rôles pour les jeunes générations. Il a quelquefois effectué une « reconversion » dans la S.F. de ses prétentions culturelles :
« J'avais essayé de faire certaines critiques de cinéma à Aix en Provence où j'étais étudiant. En fait, mes premières activités critiques c'était pour le cinéma vers 18 ans. Mais pour un canard pas du tout professionnel. Je suis monté à Paris et je me suis rendu compte que la critique cinématographique c'était autre chose. Ça c'est trop dur pour moi ! »

Les possibilités de « faire carrière » dans le fandom dépendent de la situation générale du genre. Le milieu se renouvelle lentement aujourd'hui, ce qui n'était pas le cas dans les années soixante-dix.

C'est par « cooptation » que le fan devient actif dans la promotion :

« C'était le renouveau de la S.F. française : quelques mois avant, Michel Jeury avait fait paraître Le temps incertain, il avait dans le milieu, une position de gourou. C'est-à-dire que c'était la personne qu'il fallait rencontrer, qui aidait tout le monde. Je déboule, j'écoute les conférences, les disputes etc...Et puis j'ai discuté un peu avec Jeury, il parlait avec tout le monde...On a échangé nos adresses et un petit peu correspondu. Je lui avais dit des choses qui lui avaient plu sur son livre (...). Il m'a fait entrer à « Horizons du Fantastique ». Il aurait fait un peu pression sur Marianne Leconte, la rédactrice en chef parce qu'il avait une nouvelle un peu érotique à paraître dans HdF qu'il voulait signer d'un pseudo. Il avait accepté de signer de son nom à condition que Marianne regarde mon papier. Je ne sais pas si c'est vrai ».

Le fan-écrivain : Ce type de carrière serait très courant aux Etats-Unis, il est rarissime en France (le marché y est moins vaste et les règles de fonctionnement du champ littéraire - général - différentes) : le fan, au contact de ses pairs va se professionnaliser, par la pratique dans les fanzines, dans les revues, « apprendre à écrire », entrer en contact avec les éditeurs spécialisés.

« Enquêteur : Tu es un des rares auteurs a être membre du fandom.
enquêté : Moi, je suis un fan. Aux Etats Unis, il y a beaucoup d'auteurs qui étaient des fans et qui sont devenus des auteurs -

comme Robert Bloch. Aux Etats Unis c'est presque un processus normal, surtout pour une certaine génération. En France, il y a toujours l'attitude la Littérature avec un grand L. Ça fait pas sérieux d'être un fan, même vis à vis des éditeurs. »

Quelques auteurs français sont ainsi à la fois des auteurs et des promoteurs du genre, participant à la vie du milieu (critique, animation de manifestation...). Ils ajoutent ainsi à la relation complexe qui lie l'écrivain à l'éditeur, celle qui lie le fan (amateur) à l'écrivain (professionnel). Le profil de ce type d'auteurs, présente des caractéristiques sur lesquelles nous reviendrons.

Quelques fanzines ou revues :
NLM :
« Nous les Martiens », du titre d'une nouvelle de P.K. Dick. Il s'agit également du titre d'un roman de l'auteur Jimmy Guieu. Aujourd'hui dirigé par Bernard Dardinier (enseignant en lettres), le fanzine se fait plus souvent appeler par les trois lettres « NLM », ce qui le libère d'une possible confusion embarrassante, on comprendra par la suite pourquoi. Cette revue d'amateurs est celle des puristes.

Son comité de rédaction regroupe la plupart des membres actifs de l'association « INFINI », au départ sorte de syndicat des écrivains de S.F., aujourd'hui association diffusant des informations aux écrivains et divers adhérents (elle n'est pas réservée aux seuls auteurs). Ne publie pas de nouvelles.

Revue subventionnée quelque temps (dans les années 90) par le CNL (Centre National des Lettres), elle défend une définition stricte du genre, ne traite que de S.F. (pas de Fantastique, si ce n'est pour en dire du mal...). Elle est le lieu où s'exprime (et qui provoque) la majeure partie des polémiques qui se déroulent dans le milieu. Destinée à un public d'amateurs « purs et durs » plutôt qu'à des amateurs occasionnels, elle publie surtout des articles de fond, des études, plus que des informations (rapidement périmées à cause du rythme fluctuant de parution), ainsi que la participation régulière de Gérard Klein. Elle s'autorise également un ton sarcastique destiné à des cibles précises : S.F. littéraire (Denoël), « hétéroclites » (soucoupistes, amateurs de paranormal, etc.). Ce qui entraîne chez certains un léger agacement. Nous citerons en exemple le discours d'un spécialiste interrogé sur les différents supports de promotion du genre, et qui oublie dans son énumération, NLM :

« Ah oui tiens ! Il y a « Nous les Martiens » aussi. Euh...ça paraît gentiment une fois par an. Mais NLM, c'est surtout un truc dans le milieu. C'est presque le bulletin de liaison du milieu. Une revue du milieu pour le milieu. Ça n'a pas la même audience ni la même démarche (que les autres fanzines) (...) Et puis ça concerne quatre ou cinq lecteurs. Les positions « S.F. pure et dure », c'est la voie de garage par excellence. Le côté « étiquette », etc... Ça me fatigue. ».

Yellow submarine :
Fanzine publié plus régulièrement que NLM, également subventionné un temps par le CNL, est dirigé par A.F. Ruaud. Informatif, grâce à un rythme de parution plus régulier, le fanzine publie également des articles critiques. Il ne s'agit pas d'un fanzine puriste puisqu'il traite également de Fantastique et d'Heroic Fantasy. S'y sont déroulées pour cette raison quelques polémiques sur le mélange des genres. Publie des nouvelles.

Planète à vendre :
Bi-mensuelle, dirigée par W. Waechter, de format magazine et utilisant la couleur, elle vise un public plus large que les précédentes, et a une présentation soignée qui contraste avec les fanzines de la décennie précédente :

« Je crois que l'évolution de l'informatique a beaucoup joué la dessus. Maintenant les revues sont belles sont propres, on a pas honte de les avoir dans les mains. On ne se tache pas les doigts. Il n'y a plus des feuilles qui s'en vont. C'est plus des trucs ronéotés. « Planète à Vendre », se vend à la FNAC. C'est peut-être celle qui se vend le plus dans la presse parallèle ». (entretien avec un critique)

Sa volonté d'aller vers un public non-intégré dans le milieu l'oblige à se revêtir de couleurs aguicheuses qui le distinguent dans les rayons des librairies (« on essaie surtout par tous les moyens d'attirer le lecteur lambda en librairie », « Planète à vendre » n°16, 1993). Ce n'est pas du goût de tous, les couleurs sont jugées trop « agressives », ne font pas assez « sobre » (toujours cette crainte de partager l'emblème des sous-littératures). Souvent décrite par les spécialistes comme plus informative que critique, elle n'est pas réservée à la S.F., s'ouvre aux genres voisins, et s'autorise également des dossiers sur des productions S.F. bannies du milieu (romans tirés des feuilletons T.V. - « Star Trek »).

On trouve une multitude d'autres fanzines distribués essentiellement par abonnement, donc réservés aux lecteurs les plus investis dans le genre. Mais les trois fanzines ici décrits sont assez représentatifs des tendances qui se partagent le marché. Il existe en Belgique, en Suisse une production similaire. C'est également le cas au Québec, où deux revues concurrentes représentent des prises de position en contradiction sur le genre, opposition qui a son équivalent en France :

« Les seules tendances dont j'ai eu écho concernent les deux tendances au sein de la S.F. québecquoise : « Imagine » et « Solaris », les « littératurants » et les « narratifs ». Les gens qui s'occupent de « Solaris », Elisabeth Vonarburg, par exemple, sont des raconteurs d'histoires. Ils ont une vision populiste, mais sans le côté péjoratif : on s'adresse à tout le monde. Et de l'autre côté il y a J. M. Gouanvic, d'origine française, qui au départ à travaillé avec « Solaris », et puis qui a privilégié une voie beaucoup plus universitaire : nouvelle critique etc... Il a privilégié cette espèce de côté très abscons, de réduction de l'image Science-Fiction à simplement une forme ». (entretien avec l'écrivain D. Martinigol)

Les prix :
Rosny Aîné :
Prix décerné par les amateurs, chaque année lors de la convention nationale de S.F.. Notons, car d'après le directeur de la collection, c'est assez rare, un prix a été récemment attribué à un auteur du Fleuve Noir (A. le Bussy).

Le Grand Prix de l'imaginaire :
Décerné chaque année par un jury de professionnels (éditeurs, critiques, écrivains). Parmi les éditeurs sont généralement présents : J. Chambon (« PDF », Denoël), J. Sadoul (« J'ai lu »), et J. Goimard (« Presses Pocket »). Ni la collection Anticipation du Fleuve Noir, ni la collection « A&D » de G. Klein, ne sont représentées. FNA a reçu un prix pour le roman signé Ayerdhal (Demain une oasis), ce qui est là aussi une nouveauté, les parutions du Fleuve étant rarement récompensées (le passage cité plus bas est significatif du mépris qui entoure cette collection).

Le « grand prix de l'imaginaire » a longtemps existé sous une autre appellation, celle du « grand prix de la Science-Fiction française ». Interrogé sur ce nouveau nom, D. Guiot, animateur du prix, l'explique par la réduction de la présence française dans l'ensemble des parutions :

D.G. : « ...le problème est que le champ se restreint de plus en plus. Dramatiquement. On avait du mal à trouver des romans de Science-Fiction français, alors s'il fallait différencier S.F. et Fantastique... On allait trier entre trois et quatre romans ! Oui... il y a les Fleuve Noir, aussi, mais... On allait trier entre les nuls et les moins nuls ! D'autant plus que la même année, on avait ouvert le prix aux étrangers. Alors là ! Ça aurait fait des querelles sans fin. (...) Pour le rêve de Lucie : appeler ça S.F., c'est difficile... C'est un livre de Pelot, avec des dessins de Libérator, sur un canevas scientifique d'Yves Coppens. On y raconte la vie de notre Lucie, notre australopithèque bien connue. C'est une histoire, d'amour à la limite... Mais aussi une histoire de passage de témoins entre Lucie qui était la dernière australopithèque et... qu'est ce qui vient après... un autre « machinpithèque » (rires). C'était un roman splendide ! « Imaginaire », c'est peut-être pas bon, un peu fourre-tout.

E : Qui a eu cette idée ? Goimard ?

D.G. : C'est nous. Initialement c'est Goimard qui a poussé à la roue. Mais on a tous été d'accord. Il en a été le premier surpris d'ailleurs.

Si au cours de cet entretien nous avons suggéré le nom de J. Goimard[1] comme instigateur de ce nouveau baptême, c'est qu'on présente généralement les deux directeurs des collections de poche, comme les défenseurs des définitions les plus floues, les plus ouvertes du genre S.F.. C'est également le cas de J. Chambon, qui publie quelqu'un comme S. Brussolo.

Il existe également un autre prix des lecteurs, celui de la librairie « Cosmos 2000 », décerné chaque mois de mai, rue de l'Arc de Triomphe à Paris.

---

[1] Cela ne l'empêche pas de créer et de multiplier les labels définissant ses parutions.

Les oppositions :

La première rencontre avec le terrain d'enquête effectuée au printemps de 1990, avec la convention nationale de S.F. nous avait permis de découvrir quelques sujets de discordes et des opinions différentes à leur propos. Cette manifestation organisée par les amateurs et réservée aux amateurs est une des plus stables de la S.F. française puisqu'elle se déroule chaque année depuis 1973. En 1990, elle avait lieu à Thionville et avait pour invités deux directeurs de collection : Jacques Chambon (« Présence du Futur ») et Gérard Klein (« Ailleurs et Demain ») (fait exceptionnel car les professionnels de l'édition sont rarement présents aux manifestations faniques). Après les conférences, des débats ont eu lieu, certains très animés. Ils nous ont permis très vite de relever certains des thèmes qui focalisent les oppositions dans le milieu : l'existence d'une S.F. française, le mélange des genres, le traitement (négligé par les Français) des sujets scientifiques... Nous y avons également vu des groupes (pas toujours nettement constitués) qui exprimaient des opinions différentes, qui les manifestaient quelquefois avec force, avec ce qui était ressenti par d'autres comme « l'arrogance de ceux qui pensent avoir raison » (paroles d'un amateur présent rapportées par la suite). Les intérêts contradictoires entre professionnels et amateurs sont également apparus au cours de l'un des débats.

Un des débats commence autour de la conférence menée conjointement par les deux directeurs de collection, intitulée : « y-a-t'il une S.F. française ? » Prenant les devants d'une accusation qui n'allait pas tarder à être portée, Gérard Klein lance une remarque provocatrice :

« Je voudrais signaler que le titre de cette rencontre n'est pas exact. La question est : y-a-t'il un auteur français dans la salle ? »

Pour s'expliquer sur son refus de publier des auteurs français, G. Klein prétend que les oeuvres proposées sont inadaptées à sa collection et à ses vues personnelles sur le genre. Il regrette surtout le désinvestissement de la question scientifique par les Français, d'autant plus qu'il y aurait des attentes dans le lectorat (il cite ses rencontres avec des informaticiens, souvent intéressés par la Science, et lecteurs de S.F.). Sur ce propos va intervenir Emmanuel Jouanne, leader du groupe « Limite » et auteur-phare de Denoël (il a également publié chez « Ailleurs et

Demain », collection de G. Klein). E. Jouanne reproche à G. Klein de privilégier dans ses choix éditoriaux les ouvrages basés sur les sciences exactes au détriment des ouvrages basés sur les sciences humaines. G. Klein réfute ces accusations arguant qu'il est « bien placé pour en parler » (il fait allusion à ses connaissances en matière d'économie, de psychologie, de sociologie). L'accusation d'E. Jouanne sonne comme un procès d'intention car une lecture des ouvrages publiés chez « A&D » (« Ailleurs et Demain ») nous permet de découvrir nombre de textes où l'ethnologie, la sociologie ont servi les spéculations des auteurs (il suffit de lire un Silverberg ou tout autre auteur de speculative fiction). Ce qui est étonnant ici, c'est qu'E. Jouanne ne va pas mettre en avant les arguments qui caractérisent la tendance à laquelle il appartient et se présenter comme un défenseur de ce qui est souvent présenté comme la particularité de la S.F.F. : l'intérêt pour le travail sur la forme, sur le style. Au risque d'interpréter faussement, on peut poser l'hypothèse suivante : l'écrivain en question s'adapte aux circonstances. La forme de S.F. dont il a été le promoteur (avec « Limite ») est un échec commercial et n'a pas provoqué l'intérêt du monde cultivé. Les deux directeurs de collection avaient d'ailleurs au cours du débat, critiqué les prétentions littéraires de certains auteurs parce qu'ils pratiquent...

« L'utilisation consciente ou inconsciente, délibérée ou inventée des vieux trucs de la littérature d'avant-garde dite générale ». (G. Klein)

Paroles que Jacques Chambon semble approuver :

« Le lecteur cherche autre chose que ce qui l'a détourné de la littérature générale. Il ne veut pas retrouver des choses du Nouveau Roman ».

Visée clairement ici : la S.F. littéraire dont le groupe « Limite » et Emmanuel Jouanne sont des représentants. E. Jouanne devait donc adopter des arguments qui ne suscitent pas autant d'hostilité, en se référant à l'autre caractéristique de la Speculative-Fiction dont il est l'héritier : l'intérêt pour les sciences humaines. Cette même hypothèse pourrait être reprise pour expliquer l'argumentaire d'un autre auteur appartenant à un courant discrédité. En effet, un auteur de la S.F. politique française, largement condamnée aujourd'hui, intervient dans le débat : Yves Frémion. Il aura également des paroles de regret pour la sous-représentation des auteurs français dans les collections.. Mais ce n'est pas sur la question d'une S.F. politisée qu'il va développer ses griefs, mais sur la question littéraire, regrettant le « modèle dominant », « qui privilégie l'action » préféré par les éditeurs, et ne profitant pas aux auteurs français ne s'inscrivant pas majoritairement dans cette tendance.

Un autre échange vif de paroles, prendra pour objet le cas de l'auteur prolifique Serge Brussolo, décrit par Jacques Chambon comme l'auteur idéal parce qu'il a « un univers personnel », « atypique », parce qu'il peut produire de multiples genres (S.F., policier, littérature générale, roman historique, Fantastique, gore[1]), à l'inverse de « de trop nombreux auteurs », qui ne produisent que « des textes qui fonctionnent sur des recettes, des souvenirs, des références », qui vont essayer de s'adapter aux « tendances de « PDF » » et à « chercher à plaire en utilisant des trucs ». Il écrit des genres différenciés mais il n'en reste pas moins un auteur capable de les mêler[2], et c'est justement ce qui provoque les remarques de certains :

« Le propos est hors-sujet, Brussolo, ce n'est pas de la S.F. ».

On peut amener ici une première différenciation qui apparaît dans ses débats, entre Jacques Chambon et ses auteurs de « PDF » (qui en dehors d'E. Jouanne, restent très discrets pendant les débats) prônant le mélange des genres (la remarque citée plus haut excluant Brussolo du débat, est accueillie par un sonore « Et alors ? » ; « lourd de sens » commente Gérard Klein). Et, une deuxième tendance se s'intitulant elle-même celle

---

[1] Le gore est un genre littéraire qui aurait pour particularité unique d'avoir été un genre cinématographique avant d'être littéraire. Né aux USA, il pourrait être défini comme de l'horreur sanglante, de la farce sanguinolente. Pour certains il n'est qu'une actualisation du roman d'épouvante. Son public est essentiellement adolescent. Pour reprendre l'expression d'André Ruellan, il s'agit d'une «pornographie du fantastique». Ceci signifie bien la piètre estime qui entoure le genre dans le milieu de la S.F., même si, en tant que production littéraire dominée, des relations existent (maisons d'édition «populaires», critiques universitaires..., communs), et puis le gore puise dans d'autres genres, la S.F., le fantastique, le roman policier...

[2] S. Brussolo le dit lui-même : «j'utilise une S.F. où tout s'interpénètre : le surréalisme, le fantastique, le roman policier, et je trouve cela très bien, car c'est à l'image de ce que nous sommes en train de vivre à une époque où les cadres fondent, où tout se mélange et où la compartimentation des ouvrages disparaît». (entretien avec R. Comballot, parue en 1985 dans l'Ecran Fantastique, n°68, et reproduite dans «Serge Brussolo», ed. Phénix, oct. 1990).

des puristes et qui va intervenir tout au long du débat rappelant les frontières, distinguant ce qui « est de la S.F. » de ce qui « n'est pas de la S.F. ». Les puristes sont également facilement identifiables parce qu'ils manifestent leur opinion de manière bruyante, et portent des badges provocateurs distribués par le directeur du fanzine « NLM » : « S.F. intégriste », « Waffan S.F. ». Au cours de la conférence, ils furent qualifiés « d'ayatollahs de la S.F. », ce qui n'étaient certes pas sans leur déplaire... Nous ajouterons un élément de description qui sera jugé, avec raison, comme tout à fait subjectif. Les tenues vestimentaires nous ont semblé différencier les « tendances ». Alors que les auteurs de Denoël et leurs proches (illustrateurs ou simples fans) semblaient plutôt vêtus comme ce que nous appellerons des jeunes urbains modernes (tenues répandues dans les milieux estudiantins, par exemple), les fans de la « tendance puriste » semblaient préférer le côté fonctionnel du vêtement plutôt que le côté esthétique (ce qui s'accorde fort bien avec leur pensée rationaliste).

Cette mise en scène avait tout du « gag », et la personnalité du rédacteur de NLM y était pour beaucoup. Néanmoins, malgré son côté outré, elle est révélatrice des oppositions qui existent chez les amateurs du genre. Il fallait donc y accorder de l'intérêt, d'autant plus que ce genre d'attitude provoque des réactions. Nous pouvons citer l'exemple de deux auteurs de la collection « PDF » (dont un ancien du groupe « Limite ») qui se sont permis une amusante vengeance, dans leur livre <u>L'ombre et le fléau</u>. Sous le pseudonyme collectif d'Oscar Valetti, ils ont signé un roman d'Heroic Fantasy, y ont transformé un virulent représentant du pôle puriste en mage (suprême insulte), « émissaire de la Compagnie des Sortilèges », et l'ont ... assassiné à l'arme blanche.

Pour en revenir à ce débat nous y avons également noté les arguments d'ordre économique du directeur d'une revue plus « professionnelle » (Phénix), il rappellera à plusieurs reprises les contraintes du marché. L'argument économique oppose également les protagonistes du débat sur le cas Brussolo : si certains prétendent qu'il écrit « ce genres de choses » (le gore) par goût, « parce qu'il aime ça »[1], d'autres avancent un argument qui le rachète, la contrainte économique, « il faut bien

---

[1] paroles d'un écrivain «amateur», éditeur d'un fanzine puriste.

vivre »[1]. Serge Brussolo fait figure de renégat chez certains membres du milieu S.F., reconnu très vite comme un espoir de la S.F. française, il fait carrière en mêlant les genres, « vend » énormément, produit des genres impurs (gore) chez des éditeurs peu respectables (Gérard de Villiers), et ne doit rien au milieu puisqu'il ne le fréquente pas[2]. Les réalités économiques seront à plusieurs reprises rappelées au public par les directeurs de collection (ce qui rend compte des intérêts contradictoires entre les professionnels et les promoteurs-amateurs), notamment par Jacques Chambon pour démontrer le bénéfice qu'il y a à publier un Serge Brussolo : « il peut couvrir un champ très large », « alimenter l'éditeur dans plusieurs collections ».

Nous pouvons ajouter deux détails relevés dans les débats et qui ont leur importance. Premièrement, l'insistance avec laquelle Emmanuel Jouanne reproche à Gérard Klein de ne pas avoir publié certains de ses camarades, qui ont pourtant trouvé place chez « PDF ». Avec les paroles de Jacques Chambon qui dit ne pas vouloir être vu comme l'éditeur publiant les « rejets » de Gérard Klein, il y a matière à penser qu'il existe une hiérarchie implicite entre les deux collections.

D'autre part, ailleurs dans le débat, G. Klein défend la publication de S. Brussolo dans une collection de S.F. sous le prétexte qu'en France, à la différence de l'Angleterre, il n'existe pas de collection pour recevoir les auteurs à l'intersection de plusieurs genres. Or, depuis lors, Denoël a créé une telle collection en grand format.

---

[1] paroles d'un écrivain publié irrégulièrement, mais ayant l'ambition de devenir «professionnel» (a pris un congé sabbatique pour écrire).
[2] «On ne le voit pas beaucoup, parce qu'il écrit beaucoup. Il est tout seul dans son coin, il n'aime pas se mélanger. C'est vrai qu'à un certain moment il était de bon ton de dénigrer Brussolo, parce que c'était un peu systématique ce qu'il écrivait, que c'était toujours un peu la même chose, qu'il se laissait aller à des facilités d'écriture, ce qui est vrai. De temps en temps, il fait un bon bouquin. On voit que c'est le dessus du panier, alors que d'autres étaient alimentaires. On ne va pas le lui reprocher alors que d'autres essaient de vivre de leur plume. Mais, il a eu quelques critiques, et lui s'est fâché avec le fandom, en disant : «ils ne sont pas heureux, je leur fournis des textes et ils font la fine bouche». C'est lui qui n'a pas tellement envie de se mélanger, je ne crois pas qu'il serait si mal reçu que ça». (C. Ecken, écrivain, entretien)

Spécificité de la Science-Fiction :

La description du milieu de son histoire, des oppositions qui le structurent ne rendent pas compte de ce qui différencie le milieu de la S.F.F. de n'importe quel autre milieu littéraire relativement - relativement seulement - autonome. Il reste donc à faire apparaître la spécificité du milieu. Spécificité qui le distingue des autres genres dominés, BD et « polar » : c'est dans le rapport à la Science et le rapport plus ambigu aux « parasciences », qu'elle émerge. Ces rapports, on les perçoit clairement dans les propos polémiques des revues : à travers l'évocation du matérialisme, du rationalisme des puristes, de leur hantise des résurgences éventuelles dans notre société, de « l'irrationnel ». On comprend mieux ces affirmations lorsque l'on sait que le milieu littéraire de la S.F. a eu des liens avec des individus, des groupes de croyants que l'on définira comme marginaux. Marginaux parce qu'aux marges de la Science (médecines parallèles, sciences paranormales...), de la Religion officielle (le mouvement Raëlien, une religion soucoupiste, la Scientologie), et même de la Politique (les premiers mouvements écologistes ou écologisants - retour à la nature, catastrophisme atomique - des années soixante et soixante-dix). On a de nombreux indices des rapports (pas toujours librement consentis, si l'on peut dire) entre S.F. et croyances ou mouvements marginaux.

Nous donnerons ici quelques exemples de polémiques centrées autour de ces mouvements et croyances embarrassantes, pour le milieu littéraire.

« Planète » et Le matin des magiciens :
La première grande querelle qui marque l'histoire du milieu, concerne la participation de Jacques Bergier, grand promoteur de S.F., au mouvement « Planète « et la parution de son ouvrage co-écrit avec Louis Pauwels[1] en 1961.

J. Bergier n'est pas le seul membre du milieu S.F. à avoir participé à « Planète », le pourtant très surréaliste Jacques Sternberg est également inscrit dans les colonnes de la revue. On peut être étonné par la participation d'un auteur aussi inspiré

---

[1] Leurs écrit touchaient des intérêts qui étaient ceux des amateurs de Science-Fiction. La crise n'a pas bouleversé le milieu S.F., l'accord était pratiquement unanime.

par le surréalisme à un tel mouvement, parce que les derniers représentants du mouvement d'André Breton ont mené l'offensive contre « Planète ». Un tract collectif signé par Breton dénonce « Planète » :

« Fréquenter « Planète », c'est s'enrôler pour les manoeuvres de la réaction en tout genre, c'est encourager une tentative de lobotomie généralisée. Les robots ne passeront pas ! » (revue surréaliste « La Brèche », octobre 1961).

Expliquer les raisons pour lesquelles le groupe surréaliste (finissant) s'attaque à « Planète » et à ce qu'il représente dépasse nos compétences, mais nous pouvons supposer que si la question de la « réaction » est notée, se profile une opposition d'ordre idéologique. Nous pouvons dire qu'il y a malgré tout un point commun entre ces deux mouvements : celui d'appartenir à ces différents mouvements littéraires et intellectuels qui au cours des XIXème et XXème siècles, sont venus contester le matérialisme né de la Science, en se proposant de réhabiliter le spiritualisme. Et puis, les deux courants naissent au moment où la Science est regardée avec méfiance (les guerres mondiales y sont sans doute pour beaucoup). On lui attribue bien moins le pouvoir de préparer un sort glorieux à l'humanité. Mais si le mouvement surréaliste a un temps penché (velléités révolutionnaires obligent) vers le parti communiste, le courant de Pauwels veut substituer au matérialisme socialiste (encore dominant) son réalisme magique, ce que Pauwels appelle le « réalisme fantastique ». Et c'est le discours réactionnaire, mais dissimulé, qui est attaqué par les surréalistes (récupération de la science par des instances réactionnaires - Eglise notamment)[1]. Les surréalistes ont à

---

[1] « J'ai dit que M. Pauwels avait porté une attention toute particulière à l'analyse des théories scientifiques du nazisme. Or, c'est de nostalgie qu'il faudrait parler. Dans les procès de Nuremberg, M. Pauwels enregistre douloureusement le triomphe de la pensée matérialiste sur la pensée magique : «L'on entend bien que nous ne songeons pas à nier les bienfaits de l'entreprise de Nuremberg. Nous pensons simplement que le fantastique y a été enterré». M. Pauwels n'est certainement pas le seul à regretter ces funérailles là, mais j'ai l'idée que le fantastique dont il parle n'est pas le nôtre. Ce n'est pas celui de Borel, d'Arnim, de Maturin, moins encore celui de Nerval ou de Poe. Ce serait plutôt celui des emblèmes de feu, la pacotille des cagoules, des croix griffonnées à la craie sur les pas de porte, des mots d'ordre venus d'en haut. Ceux qui pleurent la défaite du Supérieur inconnu ou le dégel de la cosmogonie glaciaire sont bien venus de se tourner avec espoir en direction des soucoupes volantes». (R. Benayoun, «le crépuscule des bonimenteurs», La Brèche, n°1, octobre 1961).

craindre d'être confondus avec un mouvement qui mêle des références littéraires, des revendications de spiritualité, communes, avec des fascinations étranges pour le nazisme et un ésotérisme auquel le nazisme ne s'est pas montré insensible[1]. Tout comme les promoteurs les plus matérialistes (de gauche) de la S.F. ont à craindre la confusion avec un mouvement qui donne à l'appui de ses démonstrations, des textes de S.F., ainsi que des références aux apparitions d'OVNI.

Une deuxième offensive contre « l'obscurantisme » part des rationalistes, et en l'occurrence de l'Union Rationaliste[2], fondée en 1930 dont l'objet est de « lutter contre les obstacles qui se dressent devant le progrès scientifique, contre la croyance aux diverses révélations qui enseignent des dogmes incompatibles avec l'esprit scientifique et répandant dans le public la foi aux miracles, le goût du merveilleux et du surnaturel ». Intitulée Le crépuscule des magiciens, la réponse des rationalistes regroupe un certain nombre d'articles de divers scientifiques. Parmi ces articles, se trouve la reprise d'un article paru en 1963 dans la revue « Arts » de la sociologue Odile Passeron. Elle y analyse les titres des neuf premiers numéros de la revue « Planète », titres qui « illustrent presque tous déjà la technique d'une certaine alliance de mots propres à évoquer simultanément la rigueur de la Science ou un domaine familier et un sentiment diffus, soit de mystère[3] (...) soit d'immensité et d'infini ; ceci concernant aussi bien l'espace que le temps, inquiétude majeures de l'humanité.

---

[1] R. Benayoun détecte chez Pauwels une volonté de créer le flou, de ne pas annoncer clairement un statut à son texte (essai, objet littéraire ?), et de mélanger les genres et les thèmes : commentaires sur les sociétés secrètes, sur les civilisations disparues, le règne des géants (selon D. Saurat), le nazisme et des extraits de textes littéraires fantastiques, et de textes qu'il qualifie de «populaires», en l'occurence de Science-Fiction : «une sorte d'anthologie butinante où des sujets forts disparates sont abordés comme au triple galop selon une attitude d'effarement patient dite de «réalisme fantastique» («des portes s'ouvrent sur une réalité autre») qui semble une seconde forme de cet adage selon lequel la réalité dépasse la fiction». («Le crépuscule des bonimenteurs»).
[2] Aujourd'hui, même si les documents édités par cette association circulent dans le milieu S.F., il n'y a pas de relation réelle entre les membres du fandom et l'Union Rationaliste. Malgré la sympathie pour les thèses rationalistes (et leurs attaques vis à vis de la parapsychologie, l'astrologie, etc.), certains fans ne manquent pas de critiquer le scientisme de l'Union Rationaliste.
[3] La confusion va se nicher jusque dans le lexique...

Ce passage ne va pas sans nous rappeler les titres de la collection Anticipation du Fleuve Noir, dont les références aux théories merveilleuses apparentent à « Planète ». Sur les deux-cent-quatre-vingt premiers titres de la collection, parus pendant la période 1951-1967 (avant la première transformation), 21% évoquent l'espace. Espace qui est quelquefois lieu de conquête (pour 7% des titres : « à l'assaut du ciel », « les chevaliers de l'espace »), qui promet un certain exotisme issu de la Science (11% : « rayons pour Sidar », « expérimental X-35 »), ou d'un monde extraterrestre parfois effrayant (10% : « l'escale des Zuhls », « l'étrange planète Orga »). Car nous pouvons relever un certain nombre de titres évoquant un sentiment de menace planant sur le monde (23%). Menace concrète de surgissement de l'inconnu (« l'invasion de la Terre », « la mort vient des étoiles »), menace non-explicitée et diffuse (« hantise sur le monde », « les enfants du chaos », « complot Venus-Terre »). Titres comme ce dernier évoquant la conspiration ou au moins l'inconnu, le secret (« le secret des Quasars », « l'invisible alliance »), et encore le vide et le néant que représentent l'espace (« au-delà de l'infini », « panique dans le vide »).

Pour en revenir à ce qui nous intéresse plus particulièrement, les réactions du milieu S.F., elles s'expriment dans les colonnes de « Fiction ». C'est Gérard Klein, relayé par le paléontologue et écrivain F. Carsac, qui va le premier parler d'une « immense duperie »[1], d'un « fatras », « confus », sans « aucune référence ». Le propos est rationaliste et rappelle la profession de foi (expression des plus impropres dans ce cas) de l'union du même nom :

... « Je sais bien que ceux que les divagations de tous les Jimmy Guieu et de tous les Denis Saurat de la terre passionnent, ne seront guère dissuadés par cet article de lire « le matin des magiciens », je crois que nous traversons une période où l'obscurité l'emporte sur la clarté et la précision, où le fantastique constitue un refuge contre la dureté des temps. Je sais que nombreux sont ceux qui, ayant pourtant profession d'intelligence et de précision, appellent de tous leurs vœux une religion nouvelle, un messie tout neuf qui leur permette de concilier leur confort et leurs angoisses, de croire aux cartomanciennes tout en révérant la physique. Ou de croire à

---

[1] Fiction, janvier 1961, n°86.

l'astrologie afin de mieux rejeter une science dont l'empire les inquiète ».

Dans un autre numéro[1], G. Klein à qui un lecteur a reproché d'utiliser les mêmes thèmes que Pauwels et Bergier, dans ses romans, explique qu'il ne s'agit dans son cas que de fiction et non pas d'hypothèses qui se veulent prophétiques :

« Dans aucune de mes histoires je n'ai prétendu décrire une réalité telle qu'elle est ou telle qu'elle sera. Certaines fictions permettent d'exprimer à un niveau symbolique une opinion à propos de la réalité. Il faut aimer à s'abuser pour confondre de telles fictions avec la réalité ».

Paranormal, parasciences, parapsychologie :

Lorsque l'on feuillette NLM, magazine des puristes, nous relevons dans chacun des numéros, quelques tirades ironiques sur tout un ensemble de sujets qui ont pour caractéristique commune d'être des thèmes exclus de la science respectable, ou d'avoir trait à des croyances ou pratiques « mystérieuses ». Sous le titre « les imbéciles n'en finiront jamais d'avoir tort »[2], c'est la légende « ridicule » du triangle des Bermudes qui fait l'objet d'un court article. Dans ce même numéro, c'est à propos des pouvoirs extraordinaires d'un guérisseur que l'on dénonce la télévision, « lucarne miraculeuse », qui se permet « d'exhiber les psychopathes ou les escrocs aux miracles » qui horrifient « les gens intelligents et informés ». Attaque contre l'exploitation (orchestrée ?) des « gogos ». Instrument de manipulation des masses incultes, la T.V. est la cible des dénonciations qui accueillaient il y a peu, la littérature de masse à laquelle l'ensemble de la S.F. étaient assimilée.

Lors d'une émission radio-diffusée sur France Culture, consacrée à la S.F., en 1991, le rédacteur en chef reprend ses thèmes favoris :

« On se demande bien pourquoi la Science-Fiction va côtoyer sur les rayons des libraires ou des grandes surfaces, des livres sur les choses aussi absurdes que le Triangle des Bermudes, les nombres magiques des Egyptiens, que les extraterrestres, l'astrologie... »

---

[1] Fiction, n° 88, 1961.
[2] «NLM», n° 19, avril 1991.

Au cours de cette émission, sont également cités le « New-Age » (« idée anti-S.F. ») et la religion où il n'y est pas « question de prouver quoique ce soit ». La faute en revient à des auteurs (rares, nous dit-on) qui confondent réalité et fiction :

« ...Qui font à la fois métier de raconter des histoires et même temps qui font métier à côté de prétendre que tout ce qu'ils racontent est vrai. On pense à un auteur français bien connu, qui à la télévision, à la radio, prétend que nous sommes surveillés par une race d'extraterrestres qui veulent nous manger les muqueuses ou je ne sais quoi. Et ça fait vingt ou trente ans qu'il nous raconte les mêmes histoires. C'est un cas limite. Il y a rarement de confusion. Sans amalgame, il y a Ron Hubbard qui a créé une pseudo-science, la dianétique, et une secte, la scientologie qui a eu quelques ennuis en France, mais c'est un aspect complètement séparé de son oeuvre ».

Tout cela est en opposition aux valeurs de la S.F. qui propose une « construction raisonnable », qui est « la seule littérature dont le fondement même est matérialiste ».

Ces propos nous les avons entendus mille fois, sous cette forme ou sous une autre. Certaines formules passent d'un puriste à l'autre, chacun cite le bon-mot de l'autre. Nous citerons un exemple de propos redondants : « la religion catholique est une secte qui a réussi ». Et un exemplaire d'argumentaire répétitif : si la médecine par les plantes des sociétés traditionnelles - l'expression « traditionnelles » est la nôtre, ce courant s'en prend régulièrement au « relativisme » et ne repousse pas le terme de « primitives » - est si efficace, pourquoi l'espérance de vie est-elle plus courte dans ces sociétés que dans les nôtres ? Tout cela nous fait conclure à un certain ressassement, ces thèmes sont destinés au public non-connaisseur (conférences, émissions publiques, entretiens avec un chercheur...), mais s'expriment également sur un ton complice entre fans du même courant.

La Scientologie :

La Scientologie (fondée par Ron Hubbard) est constituée en Eglise depuis 1954, elle est à la fois religion et « système thérapeutique » (cf. la dianétique, qui prétend réfuter la psychiatrie, ennemi « naturel » des sectes). Bien que se définissant comme une religion, elle a des principes qui la différencient des religions traditionnelles. Elle ne se fonde pas sur l'idée de « révélation », mais de « recherche ». Sa croyance se veut rationnelle, il n'y a pas d'idée de foi, mais de connaissance, d'expérience. La Scientologie se veut scientifique, d'où l'importance de la technique dans l'univers des membres de la secte (utilisation d'appareils censés aider l'individu à progresser dans sa « recherche intérieure », lors de séances de réflexion qui lui sont imposées)[1].

Ron Hubbard est également un écrivain dont les oeuvres de S.F. sont entièrement éditées chez « Presses Pocket » par J. Goimard. Le problème de Hubbard est un problème épineux dans le milieu de la S.F. et provoque quelques conflits entre ce dernier directeur et G. Klein (ce que « Planète » n'avait pas réussi à faire). Celui-ci est présenté par les « puristes » comme un « grand ennemi de la scientologie » (véritable titre de noblesse)[2]. Les puristes racontent que Gérard Klein aurait pris ouvertement position contre l'édition des oeuvres romanesques de Hubbard lors d'une remise des prix de la librairie « Cosmos 2000 », où le prix des lecteurs lui fut attribué, en 1989. En fait, d'après l'intéressé, il aurait quitté la salle au moment de la reprise des prix, pour une toute autre raison que pour manifester son désaccord. Mais, parce que personnalité observée par les puristes, cette disparition provisoire a été interprétée comme une action d'éclat.

La contestation existe dans le fandom (et pas seulement du côté des puristes), et notamment à l'occasion de cette attribution de prix (on y vît des « manoeuvres » de scientologues)[3].

---

[1] A. Woodrow, Les nouvelles sectes, Le Seuil, coll Points Actuels, 1976.
[2] Ce n'est guère le cas de J. Goimard dont le nom figure parmi les « targent defense » (liste des appuis potentiels) de la secte. S. Faubert, Une secte au coeur de la République, Calmann-Lévy, 1993. J. Goimard ne craint guère la proximité physique des attachées de presse de la maison d'édition de la scientologie («New Era») puisqu'un puriste nous a rapporté (avec indignation) la présence d'un représentant de ces éditions au rituel déjeuner du lundi.
[3] «Le problème avec les prix littéraires démocratiques, qui ne reposent pas sur un jury pour leurs décisions (...) mais font appel au vote du public intéressé (comme le font le Hugo (prix américain) ou le Rosny Aîné), c'est qu'il y a toujours le risque d'un bourrage d'urne par un groupe ou un autre désirant passer en force. C'est ainsi que le Hugo avait dû faire face en 87 à un coup de force scientologue (...), et que le Cosmos 2000 a été cette année aussi décerné à L. Ron Hubbard sans que l'on sache trop bien s'il s'agissait de véritables rôles du public ou d'un petit sursaut scientologue». (A.F. Ruaud, «Yellow Submarine», 1989).

J. Goimard a réalisé en 1989, un dossier de presse sur l'oeuvre de L. Ron Hubbard, un peut trop élogieux au goût des puristes. Dans le fanzine « Yellow Submarine », J. Altairac, que l'on peut considérer comme un puriste, met en question le panégyrique effectué par J. Goimard. La confusion possible est là encore suspectée : « tout cela me gêne beaucoup de voir mon genre préféré associé au nom d'un gourou » (J. Altairac). Ici, c'est l'utilisation de la Science à des fins de justifications d'une croyance qui est dénoncée : le puriste critique J. Goimard parce qu'il réalise dans son article, « un amalgame entre la pensée scientifique et les délires de la scientologie », « un beau mélange ». « On trouve les noms de savants réputés au côté de celui de L. Ron Hubbard, et la physique quantique est comparée de façon incongrue à la Scientologie ». Cette technique qui consiste à associer à un discours qui se veut démonstratif les noms de savants, d'écrivains incontestés, est très courante dans les présentations de théories, de courants en mal de légitimation[1]. Ron Hubbard a transgressé un interdit : « passer de la fiction à la théorie », ce qui pour l'opposition est une « catastrophe ». La défense de Jacques Goimard[2] se fait sous le signe de la neutralité scientifique (et se fait plus scientifique que le scientiste) :

« pour tout historien, tout objet d'histoire est une chose sérieuse. Il n'y a pas de tabou pour la science. (...) J'ai essayé d'affronter cette situation en historien ».

Le soucoupisme :
La croyance en l'origine extraterrestre des OVNI est le sujet qui provoque le plus souvent l'amalgame avec le genre littéraire chez le profane. Il est vrai que certains auteurs, parallèlement à leur oeuvre littéraire, développent des thèses soucoupistes (croient en la réalité du phénomène) : Jimmy Guieu, Jacques Vallée. Richard D. Nolane, autre auteur, a publié récemment un ouvrage sur la question de l'origine extraterrestre de certaines

---

[1] O. Passeron en avait relevé un exemple dans Planète : «par la méthode des mariages illégaux, on peut également orchestrer des noms afin que l'imaginaire et la science se prêtent réciproquement leurs pouvoirs, afin qu'ils se renvoient les uns aux autres leurs sonorités».
[2] J. Goimard, «Yellow Submarine», n°64, octobre 1989.

civilisations terrestres disparues[1]. Jimmy Guieu, est le plus médiatisé, le plus moqué et méprisé dans le milieu. Le personnage est assez pittoresque, ainsi que ses assertions (selon lui, les sphères mondiales du pouvoir seraient infiltrées par des extraterrestres aux intentions hégémoniques[2] - dont il présente des portraits) et est très apprécié des émissions populaires de télévision.

La question des rapports entre S.F. et soucoupisme a également inspiré un amateur du genre, Bertrand Meheust, enseignant en philosophie et ethnologie. Il part de la constatation que les premiers récits d'apparition de soucoupes (1947) sont postérieurs aux premiers récits science-fictionnels sur ce thème. Ce qui lui fait conclure que la S.F. est beaucoup plus qu'une production esthétique puisqu'elle a crée ce que C.G. Jung appelle un mythe moderne (ce qui ne peut que faire bondir les matérialistes ainsi que ceux qui ne veulent voir dans la S.F. qu'une littérature). Ses théories ont eu un certain écho dans la presse S.F. parce qu'il était le premier en France, à prouver que les premières « apparitions » de soucoupes volantes (1947) étaient postérieures et de beaucoup, aux premiers récits de S.F. (et que les descriptions des OVNI et des extraterrestres faites par les « contactés » avaient une certaine parenté avec les couvertures des magazines populaires de littérature de S.F.). Les écrivains M. Jeury en France et I. Watson en Grande-Bretagne ont développé dans un cadre romanesque les mêmes hypothèses[3]. Malgré tout, des puristes et intellectuels se sont manifestés négativement. Dans un fanzine puriste provincial, par exemple, son approche trop « fantastique » (référence au réalisme fantastique de Pauwels ?) a été critiquée (source : entretien, février 1994).

Il nous a été difficile aujourd'hui d'obtenir des avis sur la question, le milieu S.F. voulant garder ses distances vis à vis de sujets jugés peu respectables. Nous relevons des indices de cette volonté de rester à l'écart. Dans la charte des conventions (destiné aux futurs organisateurs de ces manifestations), outre une mise en garde contre la présence de certains mouvements,

---

[1] R.D. Nolane, Autrefois les extraterrestres, coll. Dossiers, Ed. Vaugirard, 1993.
[2] Il ne s'agit pas d'une allégorie inspirée par la guerre froide (contexte dans lequel J. Guieu a commencé sa carrière)...
[3] M. Jeury, Les yeux géants ; I. Watson, Les visiteurs du miracle.

sont cités en exemple les adeptes des médecines douces, et les Raëliens. Dans les années soixante-dix, à la suite des théories d'un « contacté » (par des extraterrestres), s'est constituée ce que J.F. Mayer appelle « une nouvelle religion »[1], et que l'on trouve plus communément nommée « nouvelle secte ». Les Raëliens (d'après le nom hébreu du fondateur Raël - le messager - qui a reçu des Elohims - ceux venus du ciel - un message), sont des croyants qui se déclarent athées. Ils proposent une interprétation « scientifique » des Religions du Livre (et des autres...). A la place de (ou des) Dieu(x), il fallait comprendre « extraterrestres », et des prophètes, « contactés ». Une mythologie scientifique se substitue à la mythologie ordinaire. Le mouvement Raëlien a un aspect catastrophiste, l'Apocalypse est attendue et sera causée par la technologie. A moins que les Hommes ne parviennent à utiliser la Science à bon escient. Cependant, si le pire devait arriver, les Elohims devraient venir sauver 150 000 « justes » du désastre, sélectionnés comme il se doit, par ordinateur.

Tous ces mouvements en marge de la science, de la religion (voire de la médecine pour ce qui concerne l'allusion aux médecines douces...), sont quelquefois l'objet de polémiques dans le milieu (même s'ils ne mobilisent que quelques individus), mais, le plus souvent ils sont objets de silence, voire touchés d'un tabou. Le long passage de l'interview d'un spécialiste qui suit, révèle parfaitement les réticences d'un certain nombre d'amateurs de S.F. à discourir sur ses sujets. Ici l'accumulation des questions sur ces points délicats, provoque un certain mutisme irrité de l'interlocuteur, et ce passage illustre parfaitement un petit affrontement complice entre enquêté et enquêteur :

« Enquêteur : Apparemment il y a eu un petit accrochage entre Klein et Goimard quand un prix a été donné à Hubbard...
enquêté : Oui, le prix des lecteurs de Cosmos 2000, je crois. Je ne sais pas quoi vous dire...Je me fiche d'Hubbard, je ne lis pas Hubbard, je ne parle pas d'Hubbard.
E : Ah, il y a quand même censure...
e : Oui, c'est vrai, ce n'est pas négligeable (rires). Chez moi il y a une censure de faite, je ne parle pas d'Hubbard. Parce que l'argent d'Hubbard va à la Scientologie, et il n'y a pas de raison

---

[1] J.F. Mayer, <u>Sectes nouvelles, Un regard neuf</u>, Cerf, 1985.

de faire de la pub à Hubbard et à la Scientologie. J'en ai lu un peu. J'ai trouvé ça gentil sans plus. Par contre, si j'ai un exemple de mauvaise S.F. à citer, je cite Hubbard.
E : Ce n'est pas seulement dans le milieu des puristes « à la Klein », que l'on rejette Hubbard ?
e : Pour moi c'est une position de soixante-huitard attardé ou de vieux moraliste de la S.F.. J'écris pour des lycéens ou des étudiants...Je ne vais pas leur conseiller des trucs comme ça. C'est une position moralisante qui vaut ce qu'elle vaut.
E : Et à propos du soucoupiste Jimmy Guieu ?
e : Jimmy Guieu n'existe pas. Plus exactement, il n'appartient pas au domaine de la Science-Fiction. C'est un soucoupiste comme il y en a beaucoup. Le problème c'est qu'il a écrit de la S.F. et qu'on nous le renvoie sans arrêt dans les dents à cause de ça. Mais j'ai pas plus d'opinion sur lui que sur Uri Geller... Je pense que c'est un doux-dingue. Peut-être pas si doux que ça *(dit un ton plus bas, peut-être l'enquêté fait-il référence à la réputation de sympathisant d'extrême droite de J. Guieu).* J'ignore. Là encore, un parfait exemple de mauvaise Science-Fiction.
E : Ah ce propos là...comment dire...on parle quelquefois de l'intérêt de certains écrivains, notamment des anciens du Fleuve Noir, pour le paranormal...on ne m'en parle pas facilement... *(ton très hésitant)...*
e : Je ne sais pas *(dit sur un ton qui se veut désintéressé).* Je n'ai pas de statistiques. Bon ! Ce que je pense quand-même, c'est que la S.F. est avant toute chose, une littérature *(le ton est celui de l'agacement),* et que l'on croie aux petits hommes gris ou verts, ou au paranormal...ça n'a rien à voir. Théoriquement, ça n'a rien à voir. Le problème c'est celui de la confusion des genres dans le grand-public. Si je dis dans une conversation, « tiens je suis spécialiste de S.F. », une fois sur deux quelqu'un va me dire : « Ah ! Et les soucoupes volantes vous y croyez ? » D'un autre côté je m'y intéresse un petit peu. Mais au même titre que je m'intéresse au western, au « polar », aux échecs. C'est un petit peu intéressant. Mais pour moi, il n'y a aucune intersection. Mais effectivement du côté du grand public, il y a confusion. C'est exactement le même problème pour le policier. Moi je m'intéresse au policier et il y a des gens qui me disent, « tiens il y au eu un fait divers... ». Moi je m'en fiche éperdument. C'est la traduction littéraire de la chose qui m'intéresse.

E : Oui, mais il y a des interférences : il y a Guieu, Bessière, Nolane, Piret. Ça fait quand même pas mal, déjà, non ?
e : Oui. Mais on parlait d'écrivains, oui ou quoi ?
E : Mais ce sont des écrivains !
e : (Rires) Bon Nolane, je l'ai connu en 74 à « Horizons du Fantastique ». Je ne sais pas comme il y a évolué depuis, mais on n'était pas vraiment dans les mêmes zones...politiques et de centres d'intérêts. Mais curieusement, on retrouve chez les soucoupistes beaucoup de gens de droite, alors là je ne sais pas où est le problème. Je m'intéresse aux réalités mystérieuses, mais je n'en fait pas un centre d'intérêt important. J'ai quelques bouquins... Je reconnais que dans la « S.F. berk », il y a beaucoup de soucoupistes. Mais la S.F. n'a rien à voir avec tout ça. Pour moi, c'est un outil pour réfléchir sur le monde ». (D. Guiot, entretien)

Nous pouvons percevoir toute l'ambiguïté du discours : opposition entre intérêt privé et désintérêt public. C'est-à-dire que l'enquêté, et il n'est pas le seul, avoue son intérêt (qu'il minimise) pour ces sujets tabous, mais clame que cela est sans rapport avec la littérature de S.F. L'intérêt est individuel (« **j'ai** quelques bouquins », « **je** reconnais », « **pour moi** il n'y a aucune intersection »...) mais non collectif (« la S.F. n'a rien à voir »...). Mais la dénégation insistante est un indice qu'il y a là un point qui pose problème. Ce sentiment est renforcé lorsque nous relevons dans l'énonciation du discours des contradictions (« théoriquement ça n'a rien a voir », ce qui sous-entend le contraire), et de disjonctions logiques (« mais ») qui entrent dans la rhétorique, la volonté de convaincre tout comme l'utilisation d'une analogie (roman policier/fait-divers).

La confusion est regrettée par beaucoup, elle nuit au sérieux du genre :

« Enquêteur : Tout à l'heure vous avez évoqué le problème des...ce que vous appelez les pseudo-sciences, est ce que c'est quelque chose qui vous inquiète ?
enquêté : C'est quelque chose qui m'irrite très fort. Et d'autant plus que l'amalgame est souvent fait avec la S.F. et le Fantastique. J'ai été invité à un petit festival du livre, où je donnais une conférence sur la S.F. (...). Ça se déroulait dans un petit village, avec des gens qui ne lisent pas beaucoup. (...) C'étaient des gens qui font de l'auto-édition et qui viennent présenter leurs livres régionaux, les recettes de tel pays, les

promenades de la région de, etc... Il y avait une femme qui présentait ses nouvelles révélations sur le corps astral, sur l'aura, sur « comment se soigner par les plantes selon une recette mystique ». Ses livres se vendaient comme des petits pains. Le soir elle faisait une conférence. Moi, j'ai eu mes dix personnes, elle, elle en avait soixante dans la salle et la conférence était payante. Les gens gobent n'importe quoi (...).. L'aura, c'est vrai, ça existe, on peut voir l'aura des corps. Ça n'a rien de mystique, on pensait voir l'âme, mais c'est un fait d'ionisation, il faut aussi se documenter pour pouvoir leur donner la réponse, on peut voir une sorte de pourtour, qui change de couleur selon les objets, selon la température. Alors la grosse expérience, pour montrer que les plantes sont sensibles et ont une sensibilité, consiste à prendre une feuille d'arbre que l'on pose sur le papier. On prend la photo, on voit l'aura. On coupe la feuille en deux, on la pose, et pendant deux ou trois heures encore, on voit le fantôme de la feuille au complet. Mais, on n'a pas changé le cache, c'est la même feuille. En fait l'ionisation de la photo précédente restait, tout bêtement. Mais là-dessus, on fait plein de théories : « moi j'ai vu des pêches et des cerises, j'ai vu l'aura, elle est très belle. Et puis j'ai cuit des aliments au micro-ondes, si vous voyez ça ! C'est laid, etc... Ne mangez pas au micro-ondes, c'est dangereux ». Ça a l'air très catégorique, très sérieux, on voit pas où est la faille, elle a montré des photos. Tout ce public ne réfléchit pas beaucoup, il est pas formé à ça, il a pas le temps, il vit autre chose. C'est un potentiel à gogos extraordinaire. Ça attire du fric. Parce qu'après, elle fait des consultations. Le week-end c'est gratuit, mais elle laisse des cartes de visite partout. Elle vend très bien ses bouquins, quand elle fait des conférences, ça lui rapporte. (...)

E : Et comment se fait cet amalgame entre S.F. et parasciences ? On la voit dans les réunions de ce type ?

e : Pas dans les réunions de Science-Fiction. Mais quand on parle à des gens, comme ça : « vous faites de la Science-Fiction, moi aussi je m'intéresse aux ovnis ». Parce que, c'est peut-être parce qu'ils ont lu <u>La guerre des mondes</u>, les histoires de martiens, de soucoupes volantes. Pour eux, c'est peut-être la même catégorie. C'est peut-être parce qu'ils ont lu des livres de S.F. qui racontent des histoires d'extraterrestres, et à côté ils lisent des pseudo-livres documentaires sur les soucoupes volantes, les extraterrestres qui ont hanté notre planète pendant des millénaires au temps des Grecs et des Egyptiens, les Aztèques : « on sait très bien que tous ces dessins gravés, ça ne peut être que des représentations de cosmonautes ! ». (Claude Ecken, écrivain au Fleuve Noir, entretien).

La volonté ici, de se montrer rationaliste va jusqu'à la démonstration de la duperie. Comme dans les pages de NLM, la dénonciation se fait morale, nous trouvons alors l'idée que ce sont les faibles, incultes, qui se font abuser par des individus recherchant le profit. Mais, alors que le premier enquêté n'est pas un familier du fandom, et n'est pas un membre du clan des puristes (ce qui démontre que le « matérialisme » n'est pas l'apanage des puristes), le second a des activités de promotion. Il développe donc une position qui est proche de l'orthodoxie des puristes qui dominaient le fandom à l'époque où cette étude a été réalisée).

Il nous faut relever également, parmi les répulsions des puristes, la question de l'écologie (les écologistes sont présentés parfois comme des anti-matérialistes ; ils sont nombreux parmi les auteurs) question qui est plutôt évoquée sur le ton de la plaisanterie plutôt que de l'argumentation écrite[1]. Des traces de leur emprise sur le milieu pendant les années soixante-dix subsistent :

« ...Je crois quand même que dans la S.F.... sous couvert d'une liberté totale, qui est celle de l'imaginaire, il y a quand même des diktats imposés qui sont non-dits. Par exemple : il faut être contre le nucléaire. J'avais fait par défi une nouvelle - qui n'a jamais été publiée - où tous les gens en avaient marre du solaire et des énergies douces et réclamaient le retour au nucléaire, pour qu'ils puissent enfin avoir un confort électrique satisfaisant... Je pense que les gens n'auraient pas forcément apprécié ». (Claude Ecken, entretien)

Il nous faudrait revenir aux années soixante-dix. Dans la revue « Horizons du Fantastique » (qui c'est certes pas une revue consacrée à la S.F. pure et dure), il existait une rubrique

---

[1] NLM distribue des satisfecit aux auteurs qui développent dans leurs romans les mêmes dénonciations contraire au rationalisme. Par exemple, au second degré, certes, on y félicité un écrivain (membre du fandom) qui s'en prend au lobby des végétariens : «c'est presque un pamphlet et il est bien possible que les gens qui appartiennent au lobby dont il se moque allègrement lui intentent un procès. Quel lobby, me direz vous ? Mais de celui des végétariens ! Rarement la charge contre une «secte» aura été aussi violente. « (NLM, n°21)

« horizons parallèles » où les thèmes des OVNI, du paranormal, de la para-psychologie étaient évoqués[1]. Il s'agissait d'une revue vendue en kiosque. Si l'on prend en compte les « clientèles sociales » du paranormal, c'est-à-dire les couches moyennes et supérieures à dominante intellectuelle, soit une grande partie du lectorat de la S.F.[2], on comprend mieux que les intersections entre croyance et fiction ne soient pas seulement de l'ordre du hasard. G. Michelat et D. Boy font dans leur article référence aux idéologies, « croyances et attitudes nouvelles » dont ces couches sociales ont été porteuses : « Ecologisme, libéralisme culturel, mouvement communautaire, idéologies consuméristes. Phénomènes associés à la « contre-culture » dont la S.F. était une des composantes. D'autres chercheurs nous permettent d'affirmer qu'un niveau d'instruction élevé, et qu'une formation scientifique en particulier, ne garantissent guère un regard incroyant par rapport aux parasciences[3] - ce qui contredit les puristes. D'autre part, D. Boy et G. Michelat affirment que « les croyances au paranormal ne sont pas vécues comme contradictoires avec la valorisation du progrès scientifique ». En fait, la volonté absolue chez les promoteurs des parasciences à apparaître comme scientifiques démontre même une valorisation de la science : « La forme du savoir légitime revendiquée en priorité par les parasciences est indiscutablement la science » (G. Chevalier)[4].

Or, si les promoteurs de S.F. qui défendent les vues les plus rationalistes et matérialistes, s'affrontent avec ceux qui ne partagent pas cet intérêt (les « littéraires », surtout), ils ont donc à s'opposer à ce qui constitue des mouvements en intersection avec la S.F. et qui se réclament eux aussi d'une rationalité scientifique, mais qui sont rejetés des sphères de la légitimité scientifique (parasciences, médecines douces, dianétique) ou religieuse (scientologie, raëliens).

---

[1] Parmi les auteurs de cette rubrique nous citerons Marianne Leconte (un temps rédactrice en chef de la revue, aujourd'hui directrice d'une collection consacrée aux médecines douces), R.D. Nolane (déjà cité, écrit des ouvrages sur les «mystères»), Y. Frémion (militant écologiste).
[2] D. Boy, G. Michelat, «Croyances aux parasciences : dimensions sociales et culturelles», in, Revue Française de Sociologie, avril-juin 1986, XXVII-2.
[3] F. Askevis-Leherpeux, «Croyance au surnaturel et instruction, examen critique de l'hypothèse intellectualiste», in, Communications, n°52, 1990.
[4] G. Chevalier, «Parasciences et procédés de légitimation», in, Revue Française de Sociologie, avril-juin 1986, XXVII-2.

En ce qui concerne les amateurs d'OVNI, la plupart sont des auteurs populaires (FNA, par exemple), ce qui explique que cette accumulation des calamités soit celle qui ait le plus recueillie d'oppositions (et même de la part de la S.F. politique française). Peut-être parce qu'il s'agit d'une croyance d'origine populaire, partageant une origine commune avec la S.F. qui serait une littérature populaire (que l'on admette l'hypothèse selon laquelle les origines sont françaises, ou que l'on admette l'autre hypothèse, selon laquelle elles sont américaines) qui s'est « intellectualisée » :

« A l'époque, l'intellectuel de la S.F., genre Gérard Klein (fin des années soixante-dix, époque de la parution de l'ouvrage de Bertrand Meheust)[1], considérait les soucoupes comme quelque chose de bas de gamme, de pacotille, à ne pas considérer. Et il rejetait les soucoupes à cause précisément de la ressemblance avec la S.F.. D'autre part, chez le naïf populaire, c'est à cause de cette ressemblance qu'il y adhère. Tout le monde rejetait le pont que j'ai fait (...). La S.F. française est née dans le ruisseau, comme toute S.F.. C'est un genre populaire. Et puis, elle est devenue intellectuelle. Ce sont ces parvenus intellectuels qui tournent la tête quand on leur rappelle leurs origines populaires. Et les gens « qui font dans la soucoupe », ça leur rappelle les origines populaires du genre ». (B. Meheust, entretien)

Illégitimité (suite), orthodoxie, hétérodoxie :

Peut-être peut-on trouver dans la condamnation de la littérature américaine (récente, populaire) par le public cultivé français, la clé de la tentation de se « construire une histoire », en se recherchant des ancêtres français, faute de trouver une expression typiquement française dans la S.F. contemporaine... Nous ne prétendrons pas que le merveilleux scientifique n'est pas un précurseur de la S.F. moderne, même si à la lecture de certains ouvrages nous nous apercevons qu'il y a un monde qui les différencie (et puis surtout, dans notre recherche nous avons

---

[1] B. Meheust, Science-Fiction et soucoupes volantes, Mercure de France, 1978

reçu quarante-sept questionnaires d'auteurs français contemporains, et aucun ne se prétendait inspiré par ce merveilleux scientifique, hormis un auteur ayant commencé sa carrière en 1934). Mais, nous pouvons avancer que se trouver (nous ne disons pas « s'inventer », cela serait inexact) des ancêtres français c'est essayer de justifier son existence autrement qu'en se référant au monstre d'outre-Atlantique. Car contrairement à la BD et au « polar », la S.F. française n'a pas réussi à imposer une production nettement autonome et aussi importante pour répliquer à l'image de la S.F. américaine. Une raison de plus pour trouver à défaut d'une expression française actuelle, une expression française (européenne) ancienne.

Un autre élément à ajouter au maintien de la S.F. dans la domination culturelle, se trouve dans le rapport entretenu avec la télévision et le cinéma. Si pour nombre d'individus, S.F. égale cinéma américain ou, pire, séries télévisuelles américaines (il y a là multiplication des calamités), cela est encore à ajouter au mépris des gens cultivés vis à vis d'un genre dont on a si piètre représentation audiovisuelle (du moins, c'est ce que l'on entend de la bouche même des amateurs de littérature de S.F....). A la différence du « polar » qui a réussi à imposer une production cinématographique et télévisuelle « qualité française », souvent considérée avec bienveillance par la critique spécialisée en général (comme des produits mineurs, certes, mais toujours respectables), la S.F. ne suscite pas de commentaire critique très enthousiaste auprès des médias cultivés[1]. Rejet accentué par la

---

[1] Le magazine Télérama est régulièrement épinglé par le rédacteur en chef du fanzine «NLM», B. Dardinier, pour son incompétence en matière de S.F. (ou le mépris vis à vis du genre) qui se remarque par la tendance à ne pas respecter les étiquettes. M. Nathan, dans Splendeurs et misères du roman populaire, Presses Universitaires de Lyon, 1991, fait un tour complet de la notion de genre revisitée par Télérama. Il constate que le mépris affiché pour certaines oeuvres cinématographiques «populaires», «de mauvais goût», de «série B», etc., se remarque par l'utilisation de catégories propres et inédites pour les qualifier (M. Nathan dans cet article qui date de 1989, en relève 180 !). Ainsi, en gommant le label affiché par les films, on nie leur particularité et si le film est bon, selon les critères de Télérama, rejeter l'étiquette d'un film permet de le distinguer du genre duquel s'échappe. Nous pouvons donner un exemple datant de février 1994 . Le film «Rollerball», qui bénéficie d'une excellente critique (c'est un «conte philosophique», le propos est «pessimiste» ce qui est aussi noble que les «questions angoissantes» qui sont posées) est catégorisé ainsi : «le genre : prévision

promiscuité, pas toujours justifiée, de la S.F. au cinéma et du cinéma d'horreur (c'était le cas pendant des années au festival « fantastique » d'Avoriaz, c'est le cas également dans les magasins de location de vidéo... et dans le cerveau de certains journalistes - voir en introduction). Conscient du mauvais effet de cette production cinématographique sur la représentation du genre, le directeur de collection de S.F. reproduit la sanction :

« On a tendance à nous considérer comme des adolescents attardés, tout simplement parce qu'on juge souvent la Science-Fiction sur l'image qui en est donnée dans les médias, et notamment à la télévision, où effectivement 90% de ce qui est montré sous le nom de Science-Fiction, ne peut que faire fuir tout intellectuel moyennement constitué ».

La nouveauté est toujours du côté de l'illégitimité, or la S.F. se trouve à la jonction de plusieurs modernités qui participent à la construction de ses représentations dans le monde cultivé. D'abord celle de l'Amérique, nation jeune dont les produits culturels sont regardés avec mépris par la vieille Europe. Ensuite, le cinéma, le septième art, dernier reconnu dans l'ordre des légitimités culturelles (ne parlons pas de la télévision qui donne aussi une image du genre et qui est placée encore plus bas dans l'ordre des légitimités)[1].

---

spectaculaire d'un futur hallucinant»... Ou comment inventer une catégorie «hallucinante» pour éviter d'appeler les choses par leur nom : S.F. !

Denis Guiot, critique spécialisé dans le genre avait également été choqué par les propos tenus par le critique P. Lepape à propos de la S.F. littéraire cette fois : «C'était en 81. Un jour ça m'a énervé de lire les conneries qu'écrivait P. Lepape dans Télérama, donc je pense que j'ai dû lui écrire une lettre bien gentille en lui demandant qu'il y ait quelqu'un de compétent qui écrive, moi par exemple. Il a dit «oui, ça marche». (rires) On rentrait facilement dans les médias. Et on sort tout aussi rapidement. C'est-à-dire que j'ai dû faire paraître quatre notules, une par mois. J'étais vraiment la dernière roue du chariot».

[1] On peut prendre la mesure du rejet que les institutions de consécration ont par rapport à la S.F., à travers ce passage sur les censures des bibliothèques publiques vis à vis de la BD, passage qui nous permettra de nous interroger en comparant avec le cas de la S.F..

«De même que les censures politiques, religieuses ou morales, les exclusions effectuées au nom de la qualité littéraire des textes ne sont pas constantes et se modifient au fil du temps. Ainsi le dédain dont avait fait preuve l'ensemble des partis politiques et des bibliothécaires à l'égard des bandes dessinées, va-t-il s'atténuer dans les années soixante-dix. Ce changement d'attitude s'explique peut être par le fait que, face au modèle américain, la bande dessinée franco-belge a conquis ses lettres de noblesse, conquête qui

Deux anecdotes viennent nous montrer le handicap que représentent ces représentations. Récemment on a pu entendre l'organisateur du festival de cinéma fantastique (exilé d'Avoriaz), se placer, en insistant, comme un défenseur du genre fantastique en général, et non pas de sa seule expression cinématographique. Il s'agissait, pour la personne en question, de reconnaître le statut inférieur du cinéma fantastique (au sens large, englobant la S.F.), à vocation de distraction, tout en se

s'inscrit à l'intérieur d'un genre dont les cadres ont malgré tout été tracés par les Anglo-saxons». (M. Kulmann, N. Kuntzmann, H. Bellour, M. Kulmann, N. Kuntzmann, H. Bellour, Censure et bibliothèques au XXème siècle, Ed. du Cercle de la Librairie, coll. Bibliothèques, 1989, p 66). L'accession à une petite légitimité des genres dominés (ou plutôt de certains supports et oeuvres des genres dominés, puisqu'on ne trouve dans les bibliothèques, en général, que ce que P. Parmentier place parmi la partie «cultivée» des genres, en opposition à la S.F. «bis» repérable à un certain nombre de collections exclues, sous l'effet d'une censure qui n'est pas ressentie comme telle par ses acteurs qui mettent à l'index au nom, sacré, de la qualité esthétique), leur permet l'arrivée dans les bibliothèques publiques sans qu'il y ait recours à la «théorie des marches d'escalier» chère aux populistes et marquée idéologiquement.

On peut néanmoins trouver une subsistance des différentes positions tenues par rapport aux littératures catégorisées en genres, par une petite. et non-scientifique, expérience : regarder le positionnement spatial des ouvrages de S.F. dans les bibliothèques. Dans une petite ville de la très grande banlieue parisienne, la municipalité est de droite (la coloration politique de la municipalité ayant en charge la bibliothèque publique, joue un rôle important dans la gestion du fond d'ouvrages - censures, mises à l'index, choix d'achats ou refus d'achats - nous apprend l'ouvrage cité sur les censures en bibliothèque), la S.F. est maintenue dans un rayon particulier, à proximité du «polar», et confondue avec le fantastique (beaucoup moins représenté). Les collections présentes sont celles qui sont identifiées comme appartenant à la S.F. cultivée : Présence du Futur et Ailleurs et Demain. On ne trouve aucun ouvrage des collections des éditions «J'ai lu», Presses Pocket Fleuve Noir, collections que les auteurs de Censure et bibliothèques au XXème siècle placent parmi celles qui sont rejetées au nom de la qualité.

Dans une municipalité communiste de la proche banlieue parisienne, on trouve quelques rares «J'ai lu» et Fleuve Noir, mais ce qui la distingue grandement de la précédente, c'est que la S.F., comme le policier, est mêlée à la littérature générale et n'est soumise comme cette dernière, qu'au seul classement par ordre alphabétique. Peut être parce qu'il était convaincu de l'efficacité de la théorie des marches d'escalier (qui consiste à mettre en bibliothèques des genres mineurs qui attireraient ainsi vers elles les populations qui lui sont rétives), un bibliothécaire réplique fièrement à l'amateur de S.F. qui ne trouvait pas sa pitance et en l'occurence, le rayon «S.F.» : «chez nous, on ne fait pas de distinctions entre les littératures !»

plaçant comme un admirateur du Fantastique littéraire, nettement plus respectable, parce que littéraire justement. Et de citer la collection « Présence du futur », comme une des rares collections laissant la place libre au genre... Nous voyons donc ici nettement la stratégie de l'organisateur du festival, défendre un genre qui présente le summum du mauvais goût, en captant le capital symbolique de son expression littéraire. Ce fait rend bien compte de l'ordre des légitimités entre cinéma et littérature... Un autre rend compte de celui qui se joue entre Europe et Amérique. Nous savons que les auteurs américains reçoivent toujours avec une immense satisfaction et comme une marque de reconnaissance de Paris et de l'Europe, le prix de la librairie Cosmos 2000.

Le mélange des genres, l'intrusion de la Science et de ses interrogations dans la littérature, nous amènent à revenir sur l'histoire de la création du label. D'abord, parce qu'il faut noter que l'initiative de donner un nom au genre revient selon les époques aux éditeurs, aux écrivains ou aux lecteurs. Nous devons nous interroger sur ce point.

Avec H.G. Wells et Jules Verne, il n'y a pas de nécessité de donner un nom à ce qui aujourd'hui est réuni sous le nom de genre S.F.. Les deux auteurs qualifient leur oeuvre, mais ne qualifient pas leur oeuvre comme appartenant à un genre. Sur ces supports écrits, les appellations sont diverses, nous l'avons vu, mais aucune ne s'en distingue pour affirmer durablement l'existence d'une littérature avec un quelconque élément unificateur. Les appellations sont fonction de nécessités éditoriales. A l'inverse, outre-Atlantique, quelques années après, H. Gernsback lorsqu'il crée (ou reprend, on ne sait trop) le label « S.F. », obéit à une nécessité : distinguer un pan de la littérature, du Fantastique, mettre en avant le background scientifique. Car Hugo Gernsback est un passionné de sciences.

Dans les années cinquante en France, le terme a déjà une histoire et il s'impose facilement dans l'hexagone avec la promotion qu'en font des écrivains de littérature générale : Vian, Queneau, Butor. Parce qu'ils sont écrivains de littérature générale, nouveaux dans le champ, nous avons peut-être conclu un peu précipitamment, à une tentative de leur part de « captage de capital symbolique » lié à la position qu'a la S.F. (nouveauté, modernité, littérature américaine néanmoins critique vis à vis des valeurs dominantes en Amérique). Nous avons oublié pourtant un élément essentiel : le rôle de la Science pour ces auteurs. On connaît au moins pour Queneau et Vian, leur rapport à la culture scientifique, l'un est passionné de mathématiques, l'autre a une formation d'ingénieur. Tous deux ont donc une position originale par rapport à un champ littéraire qui ne recrute pas ses producteurs parmi le monde scientifique. La S.F. peut donc représenter pour eux, le genre parfait qui s'accommode de leur position : aspirations à la reconnaissance littéraire (déjà certaine pour Queneau, il est vrai), volonté de faire fructifier leur familiarité avec les sciences et les techniques.

Cette alliance ne s'imposera pas dans le champ littéraire comme le prouve la volonté dans les années soixante, des écrivains américains, anglais et français de se débarrasser de l'aspect encombrant d'une partie du label : le mot « science », et en favorisant le primat de la forme sur la réflexion sur la science. Le terme n'a pas remplacé son ancêtre, ce qui nous fait supposer que vouloir gommer ce qui fait la spécificité du genre, le rapport à la Science, pour mettre en avant les valeurs classiques de la littérature générale (recherche formelle, primat du style...), c'est se battre contre des moulins à vent. Guy Lardreau va plus loin, il pense les critères habituels de jugements de la qualité littéraire impossible à appliquer à la S.F. :

« Il est vrai qu'il y a eu un certain nombre de tentatives pour y introduire un esprit neuf de recherche formelle, mais qui ne me semblent pas avoir été très convaincantes, ni, en tout cas très fécondes. Au reste, inspirées par le désir d'inscrire la S.F. dans la littérature générale, articulées comme la demande que celle-là soit reconnue comme un genre de celle-ci, elles importaient des formes dès longtemps inventées (par Roussel, Joyce, Borges, etc.), s'efforçaient de les domestiquer, mais n'offraient rien qui ne fût déjà passé dans l'outillage standard de l'écrivain classique »[1]. (G. Lardreau, 1988, p 179)

L'intérêt de cette littérature que G. Lardreau juge mince, est son rôle de révélateur que la S.F. « ne pouvait ni ne devait s'intégrer à la littérature générale », mais devait être envisagée comme un discours, « un mode d'appréhension-constitution de la réalité, radicalement distincte de la littérature, et pour laquelle, donc, les critères ajustés à celle-ci ne sauraient valoir ».

---

[1] La même chose a été dite par Dominique Douay (déjà cité).

L'histoire de la S.F. semble osciller entre une recherche de légitimation littéraire et une recherche de légitimation scientifique, mais que jusqu'à présent, la tentation de la littérature générale n'a entraîné que des preuves de bonne conduite de quelques auteurs de S.F. (qui reconduisent les conditions de légitimation de la littérature en revendiquant...le droit de s'y conformer), sans qu'il y ait eu reconnaissance des oeuvres (hormis les Américains les plus « littéraires »), et du genre. Quant à la légitimation auprès du pôle scientifique, certaines réactions de rejet peuvent nous faire douter de la réussite, mais malgré tout, il faut bien noter qu'il existe des critiques littéraires consacrées à la S.F. dans les revues prestigieuses consacrées aux Sciences (lors d'une conférence, nous avons pu entendre un physicien célèbre parler de son intérêt pour la S. F., dans une revue scientifique pluri-disciplinaire à laquelle il participe, des nouvelles du genre sont insérées).

Pour en revenir à la notion d'illégitimité de la S.F., nous avons constaté qu'il existe un discours permanent, quasiment échangé depuis les années cinquante, des milieux cultivés à l'encontre de la S.F.. On relève régulièrement des propos de critiques littéraires qui nous l'indiquent. Ainsi, Gérard Klein nous a signalé un article du « Nouvel Observateur » daté du 27 octobre au 2 novembre 1994, présentant la dernière publication d'un membre du groupe « Limite » (régulièrement édité par « Présence du Futur »). L'auteur concluait en ces termes une critique élogieuse du roman :

« Malgré l'évidence de ces attaches et une écriture splendide, comme seuls en possèdent les très grands, une méprise inouïe a naguère catalogué Antoine Volodine comme auteur de Science-Fiction, ce qu'il n'a jamais été ».

Encore une fois le critique sous-entend que la S.F. est une littérature pauvre, pauvre stylistiquement et en références cultivées. Nous rappellerons qu'Antoine Volodine ne s'est jamais revendiqué auteur de S.F. lui-même (contacté par courrier, il n'a pas répondu à notre questionnaire), mais qu'il a publié dans la collection « Présence du Futur » (en 1993, ses oeuvres étaient au nombre de quatre, classées dans la catégorie « Speculative-Fiction ») et fait partie du groupe « Limite ».

Cependant, si un tel discours existe et est regretté, il ne dessert probablement pas tant le genre et n'aurait pas été si permanent et univoque que l'on veut bien le dire. Jacques

Goimard, en 1983 dans la revue « Esprit » présente l'accueil réservé au genre dés les années cinquante comme une véritable atmosphère de lynchage : « Jamais je n'ai vu un genre aussi vilipendé, aussi calomnié que la S.F.. La pornographie, comparée à nous, c'était de la culture ». Ce qui est également soutenu (en 1992) par Jacques Sternberg, écrivain : « Les universitaires français sont d'irrécupérables passéistes. En fait, ils n'ont jamais aimé le genre ». Des propos d'autres acteurs (en rupture avec le milieu des promoteurs dès les années soixante) les réfutent (voir les propos de Valérie Schmidt), mais ce sont surtout les indices de respectabilité littéraire, nombreux, qui démontrent le contraire. Nous pouvons dresser la liste de ces indices : « Le Figaro », Robert Kanters (ancien lecteur chez « Julliard », certes n'était pas un amateur du genre), « Hachette », Gallimard, R. Queneau, B. Vian, les revues « Critique », « Cahiers du Sud », les « figures » cités par P. Curval (Obaldia, Butor, Tristan Tzara, Albert Préjean, Henri Jeanson, Yves Klein)... Ajoutons également que selon Jacques Goimard, face à ces diffamations venues des sphères dominantes, le milieu, en réaction, se serait constitué en ghetto, replié sur lui-même, goûtant à la sensation d'appartenir à une avant-garde incomprise. Mais, selon Valérie Schmidt, si le milieu s'est constitué en ghetto, c'est par un libre choix. Elle parle même d'une véritable prise de pouvoir par ceux qu'elle appelle les « écrivaillons » : les querelles internes concernant les définitions, projets du genre commencent à agiter les promoteurs en concurrence, (« c'était devenu le catéchisme, avec ces clans et ces clubs qui se réunissaient »). Ces quelques indices nous entraîneraient presque à entendre, plutôt qu'une litanie de regrets dans l'énumération des accusations portées contre la S.F., un argumentaire de vente. Dans le cas précis de J. Goimard, la personnalité de l'interlocuté tient autant de place que celle de l'interlocuteur. On peut supposer que le lecteur cultivé de « Esprit », déjà encanaillé avec le Roman Noir, se laissera séduire par ce genre littéraire si décrié.

Pour le lecteur déjà ancien, celui de la contre-culture entretenant un rapport conflictuel à la culture légitime, l'argument a porté. Pour le lecteur plus récent, on peut oser dire que de la même manière que le livre perd de sa légitimité, le discours de la légitimité littéraire ne se fait plus entendre. Ce même lecteur, le puriste le voit avec ressentiment préférer l'Heroic Fantasy (Science Fantasy et autres variantes) à une S.F. pure et dure...

Outre cette question de la légitimité, nous avons relevé des oppositions de points de vue et il ressort des témoignages croisés entre membres d'un même milieu en création, que des vues sur le genre étaient dès le départ affirmées. Nous pouvons trouver une tendance assez scientiste, sans doute élitiste, qui voyait dans la S.F. le moyen de faire la promotion d'un monde nouveau promis par la science (voir les déclarations de V. Schmidt). Peut-être moins scientiste, parce que plus critique, orienté vers les questions politiques, mais franchement matérialiste (dès les années cinquante, G. Klein s'oppose à Bergier et à « Planète »), le clan de Klein (et Pilotin). D'un autre côté, nous trouvons dans les témoignages, des auteurs se revendiquant d'un patrimoine merveilleux scientifique, insolite (cf. P. Versins qui consacre une encyclopédie à ce sujet, P. Curval et son intérêt pour le merveilleux scientifique français), et sensible au surréalisme (J. Sternberg, P. Curval). Et puis, un point de vue purement littéraire, rétif à tout motif idéologique, portant un grand respect envers la forme (A. Dorémieux), pour lequel prétend J. Goimard, la S.F. n'est qu'une littérature. Les lignes de partage entre ces oppositions sont à trouver du côté de la question de la science (objet, projet ou outil), et de l'héritage (exclusivement américain/franco-américain).

Nous avons déjà traité des versions contradictoires sur la paternité du genre. Dans les années cinquante, du côté des promoteurs, la S.F. est américaine, elle est présentée comme une nouveauté venue d'ailleurs, même si certains auteurs sont intéressés par le merveilleux scientifique français des décennies précédentes. Pourtant, il existe très vite une expression française de la S.F. au Fleuve Noir. Dans les années soixante-dix, les histoires écrites (aujourd'hui contestées) du genre indiquent un héritage français, plus noble et va chercher une paternité dans la littérature d'imagination scientifique de la fin du XIXème début du XXème siècles. Aujourd'hui la filiation est niée par certains spécialistes, et en effet, la plupart des auteurs de S.F. se réfèrent à des auteurs anglo-saxons dans les citations d'ouvrages de notre questionnaire). Cependant, dans les années cinquante, certains auteurs peuvent être considérés comme les descendants des grands auteurs populaires d'anticipation et de merveilleux scientifique. Actifs dans les collections de S.F. populaires, ces auteurs ont commencé leur carrière avant-guerre (indiquons par exemple, le cas de Maurice Limat du Fleuve Noir que nous avons rencontré, et qui se présente comme un héritier de ce courant, - il nous en a d'ailleurs conté l'histoire et évoqué un de ses « maîtres » : Jean de la Hire - et se réfère très peu, dans ses discours à la S.F. américaine). Dans notre questionnaire, des auteurs « anciens » du Fleuve Noir se revendiquent comme des héritiers des auteurs de littérature populaire d'anticipation ou de merveilleux scientifique, ainsi qu'à des auteurs de S.F. de la période « classique ». Il semble qu'il y a un double-héritage, au moins dans les références des auteurs, mais double-héritage qui ne toucherait pas l'ensemble de la S.F.F. et toutes les générations. L'expression populaire de la S.F. est peut-être le lieu où s'est exprimée une origine française dans les années cinquante. A l'inverse, il apparaît que les mouvements qui se voulaient les plus éloignés de l'héritage américain, celui de la S.F. politique, et celui de la Speculative Fiction, soient paradoxalement beaucoup plus apparentés à la S.F. anglo-saxonne, qu'à la S.F. française qui les a précédés.

Dans les années soixante-dix, l'autonomisation par rapport à la S.F. américaine, passe par une volonté d'affirmer des valeurs européennes : prédilection pour le travail sur la forme (la speculative fiction, qui n'est certes pas exclusivement française) et politisation (S.F. politique). Toutes deux rejettent l'origine populaire (critiques envers les auteurs du Fleuve Noir), et le clan politisé trouve ses arguments dans la dénonciation de la réaction. Pour cette raison, nous pouvons supposer chez les auteurs de ce courant littéraire, une origine sociale plus modeste que chez ceux de la période précédente. En effet, des travaux sur les champs littéraire et artistique nous démontrent, que les producteurs cherchant à se distinguer de leurs pairs, par des questionnements éthiques et politiques, sont le plus souvent issus de classes dominées. C'est par exemple, le cas des romanciers populaires de la Belle Epoque les plus dominés, qui cherchent une « réhabilitation » : ils mettent en avant leur prosélytisme politique, « la référence à des valeurs éthiques qui n'ont pas cours dans le domaine esthétique » (A.M. Thiesse)[1]. A. Verger[2],

---

[1] A.M. Thiesse, «les infortunes littéraires, carrières des romanciers populaires à la Belle Epoque», in Actes de la recherche en Sciences Sociales, n°60, 1985, p 38.

sur un certain courant de peintres d'avant-garde, fait ce même type de constatation : « Pour ces artistes issus des classes dominées, le champ politique permet d'accéder à un espace auquel ils n'étaient pas destinés sans avoir à se renier », attitude qu'ils doivent à leurs milieux de naissance, qui consiste à faire un compromis entre l'éthique issue de l'origine sociale, et l'ascension réalisée par le biais de l'engagement artistique. Le point commun d'après des spécialistes entre tous ces auteurs, serait le pessimisme par rapport au monde moderne. Littérature moderne, mais qui s'affirme critique par rapport au monde moderne (réaction chez les auteurs « anciens » du FNA ; écologisme, catastrophisme, chez les auteurs de la S.F. politique française).

Dans la S.F. actuelle, nous avons noté l'existence d'une série d'oppositions : une première opposition différencie les exigences des amateurs libres par rapport au marché, des professionnels, soumis à ses contraintes (ceci explique les récriminations des amateurs vis à vis de certaines publications, et les rappels à la raison des éditeurs -« il faut vendre pour exister » - lors des rencontres).

Le deuxième niveau d'opposition concerne les valeurs et les stratégies qu'elles imposent dans la défense du genre. Nous avons relevé les oppositions S.F./Fantastique, S.F./Fantasy, S.F./littérature générale, S.F. cultivée/S.F. populaire, S.F./ hétéroclites (pour reprendre l'expression de Pierre Versins). Cette dernière opposition peut recouper l'opposition S.F. cultivée/S.F. populaire. En effet, la collection « Fleuve Noir » a beaucoup joué sur les thèmes soucoupistes, des « réalités mystérieuses », clé de son succès et de son identité dans les années cinquante.

Ce système d'oppositions appelle facilement à la catégorisation des tendances en termes d'orthodoxie et d'hétérodoxie. Ainsi, le pôle orthodoxe (puristes, « NLM », G. Klein, « Ailleurs et Demain) », ainsi nommé par les concurrents eux-mêmes (notamment J. Chambon dans une lettre de protestation adressée à « NLM ») défend des stratégies autonomes, rejette les valeurs externes, et se définit par un certain nombre d'attitudes : élitisme (on publie en grand format,

---

[2] A. Verger, «Le champ des avant-gardes», in Actes de la Recherche en Sciences Sociales. n° 88, 1991, p 25.

on vise des populations cultivées), intellectualisme (discours savant porté sur le genre), regard anxieux porté sur le grand-public, sur la masse. Grand-public toujours suspect de se faire manipuler, par les éditeurs trop soucieux d'intérêts commerciaux et qui proposent des oeuvres ignobles, sur un plan moral et idéologique (gore, Heroic Fantasy, Nouveau Fantastique)[1], ou par tous les courants irrationnels, croyances marginales, toutes se revendiquant de la même légitimité, celle de la science, ou détournant son langage - attitude très marxisante). Rapport utilitariste à la littérature : on cherche des justifications, à l'oeuvre écrite (doit pourvoyer des « idées », doit « apporter une culture »), type de discours de type illégitime, impensable pour les sphères dominantes (pour lesquelles l'objet esthétique se suffit à lui-même). Autre attitude qui traduit le rejet des racines populaires (goût pour le merveilleux, l'évasion) : bannissement des littératures « de l'imaginaire » non-scientifiques, exemptes de justifications rationnelles. Matérialisme affirmé, préférence pour une stratégie autonome : rejet des normes externes fussent-elles dominantes (surtout dominantes - discours d'opposition aux « littéraires », opposition à ceux qui ne respectent pas « la spécificité de la S.F. »), donc françaises, animation du « milieu » littéraire. A l'intérieur de cette tendance, l'opposition amateur/professionnel se fait sentir. Le fanzine « NLM » se dit ouvertement non-prosélyte. Il est à placer du côté de la production restreinte. Du côté de l'éditeur Gérard Klein, les positions sont très élitistes, la définition du genre est stricte, cependant, dés 1966, il a dirigé avec Demètre Ioakimidis et Jacques Goimard « la grande anthologie de la S.F. », destinée à un public plus large, plus jeune, moins fortuné, ainsi que la collection du livre de poche qu'il dirige depuis les années quatre-vingts. Et même en ce qui concerne les puristes, souvent accusés de « ghettoïsation », l'orthodoxie n'est pas si stricte, nous en avons eu un exemple. Pour diffuser un questionnaire auprès des auteurs, nous avons utilisé l'intermédiaire de l'association « Infini », association chargée d'informer les auteurs et spécialistes de la S.F., son action était à la création, d'ordre syndical (défense des écrivains français). Or, « Infini » est largement organisée par des représentants du pôle le plus

---

[1] Nouveau Fantastique que Gérard Klein rebaptise afin d'épingler son idéologie, Fantastique Nouveau (FN).

« orthodoxe » du milieu, celui des puristes. On pouvait craindre de voir cet intermédiaire ne diffuser les entretiens qu'à des auteurs définis selon leurs critères stricts. En fait, il n'en a rien été. La liste contenait des auteurs dont la production s'éloignait des prises de position les plus orthodoxes (auteurs pratiquant le mélange des genres, auteurs éloignés du milieu des promoteurs). On peut alors se demander s'il n'y a pas coexistence de définitions à « usage interne » (stricte et savante que l'on tente d'imposer aux pairs) et « à usage externe » (moins rigoureuse, qui tient compte de la réalité externe au milieu des promoteurs, celle du marché, et qui accepte donc la réalité des éditeurs).

A l'opposé nous pouvons distinguer les pôles hétérodoxes, qui se différencient par le marché visé, et par les stratégies, valeurs mises en avant. Un premier groupe d'hétérodoxes, du côté de la grande production, fait une sorte de compromis entre la spécificité du genre et les contraintes du marché (collections de poche, autres fanzines) : adaptation au goût du public, plus grande souplesse vis à vis des normes internes (mélange des genres, mais respect de l'étiquette S.F. ; discours contradictoire sur la question du rationalisme - un proche des collections de poche, promoteur du « prix de l'imaginaire », se dit fortement hostile aux mouvements et croyances pseudo-scientifiques, décrit la S.F. comme une « littérature d'idées », demandant une « justification ou pseudo-justification scientifique », mais s'avoue consommateur d'oeuvres sur les « réalités mystérieuses », le directeur de collection J. Goimard tient une position jugée ambiguë sur Ron Hubbard et la scientologie,...). Ce pôle s'exclut des questionnements politiques et idéologiques (voir les propos d'un auteur sur la correction politique des livres publiés par « J'ai lu »). Surtout vers la distribution vers le plus grand nombre, ce pôle exclut les oeuvres « trop littéraires ou trop culturelles », n'est pas soumis aux normes littéraires dominantes. Cette catégorisation ne rend pas compte des variations dans le temps. Ainsi, J. Goimard était considéré comme un « matérialiste fervent » (l'expression est de G. Klein) dans les années cinquante et sa description du milieu d'alors le place du côté d'une certaine avant-garde. Quant à Jacques Sadoul et la collection « J'ai lu », depuis quelques années, ils se livrent à une politique de découverte d'auteurs français et francophones.

Le pôle parfaitement hétérodoxe serait celui des « littéraires » (Alain Dorémieux qui dans la préface d'un livre s'en prend à Gérard Klein -« Mr K » - et à son pont de vue sur le Nouveau Fantastique, « PDF », « Limite »), qui acceptent les règles externes, celles de la littérature légitime : individualisme (écrivain comme être unique, pas de participation aux activités du « milieu »...), spiritualisme. Ceci, avec les références à la littérature générale, en particulier au surréalisme, nous laisse entrevoir un héritage romantique. Ce pôle ne s'investit pas dans les interrogations politiques, idéologiques (autre type de justification dans les secteurs littéraires dominés), dans la prospective, désintérêt pour la science et les interrogations qu'elle entraîne, aucune trace de matérialisme, pas de justification rationaliste (normes internes). S'adresse à un public plus restreint et cultivé que les précédents pôles hétérodoxes, s'adapte au public visé (rejet de l'étiquette). Malgré les références aux normes légitimes, ce pôle a une certaine position avant-gardiste, « moderne », qui montre un rapport qui se veut affranchi à la culture dominante : mélange des genres (pourtant très opposé à la tradition française), et notamment des genres dominés, cosmopolitisme dans les références, malgré l'inscription dans une tradition européenne. Cette tendance s'adresse à un public plus restreint et cultivé, cependant, la collection « PDF » d'adapte également au marché en allant vers l'Heroic Fantasy (quoique moins « commerciale » que celle de « Presses Pocket », si l'on prend le cas de Zelazny), et en tenant compte du goût du jeune public pour l'image (soin particulier apporté aux couvertures).

Il semble bien qu'entre le pôle orthodoxe et le pôle le plus hétérodoxe, l'usage de la science soit différent : valeur et objet pour les premiers (même s'il s'agit là d'une rationalisation), elle paraît n'être qu'un outil pour les seconds (outil, ou justification, qui ne semble même plus être utilisé aujourd'hui). Nous nous référons aux propos déjà cités de J. Sternberg (« je n'avais plus besoin de jouer avec les mots, les images. Il me suffisait d'écrire de façon réaliste des trucs surréalistes »), et à ceux de Serge Brussolo :

« ...J'ai toujours fait une S.F. qui ne relevait pas de l'anticipation scientifique, mais qui reposait sur l'utilisation des mythes, sur une interrogation du réel, et il y avait toujours un pourcentage imaginaire tel que le côté « science » était un peu oublié. Ce qui m'intéressait, c'étaient tous les aspects du merveilleux - au sens irrationnel - d'une société, et je n'ai jamais été vraiment un branché de la « hard science ». Le virage qui se négocie à l'heure actuelle, faisant que les lecteurs ont plutôt envie de lire du Fantastique, est une situation que je vis très bien, dans la mesure où, justement je vais pouvoir écrire du Fantastique et me libérer de l'alibi « science » (S. Brussolo, 1989, p 67-68) »[1].

Pour ce qui concerne les producteurs, ils sont souvent absents des querelles et prises de position (sauf quelques exceptions, logiquement, proches du pôle le plus orthodoxe). il reste encore à s'interroger sur leurs positions, sur leurs conditions d'existence en tant qu'écrivains professionnels ou amateurs, réguliers ou occasionnels. D'autre part, puisque origine et appartenance sociales des producteurs et légitimité du genre sont liés pour certains spécialistes (Jacques Dubois par exemple), il nous faut donc venir à cette question.

---

[1] Entretien avec S. Brussolo, par J.D. Brèque et T. Bauduret, in, «Phénix», octobre 1990.

III LES AUTEURS : ORIGINES ET DEGRES DE PROFESSIONNALISATION

Les auteurs et leur origine sociale :

Recueillir : sources et matériel

Recueillir des informations concernant les écrivains de S.F. supposait de poser une double-définition préalable : celle concernant l'activité (ou la profession) d'écrivain, celle concernant l'écrivain d'un genre particulier, la S.F..

La première définition se heurte au problème classique auquel est confronté tout chercheur intéressé par les producteurs de biens culturels : quels critères prendre en considération pour faire un recensement ou construire un échantillon, doit-on se servir des critères « classiques » en sociologie des professions ? Et par là-même, se demander s'il est acceptable de considérer l'activité littéraire (ou artistique) comme une profession.

Si l'on se réfère aux catégories usuelles de la sociologie des professions, un individu ne peut être qualifié professionnellement par une activité donnée, qu'à partir du moment où il reçoit de cette activité, une rémunération, un revenu : il est nécessaire que le professionnel réalise « l'exercice d'une compétence dans une division du travail » (E. Freidson)[1] : accomplissement de tâches, exercice d'une compétence, production de biens qui se voient attribuer une valeur et engendrent ainsi une rémunération). Or, l'activité littéraire (ou artistique) peut se réaliser sans qu'elle soit une source de revenus suffisante à la subsistance du producteur. Et comme l'écrit Freidson, il ne peut être question de considérer cette activité « gratuite » comme un loisir :

« Comme leurs activités n'ont le plus souvent aucune valeur économique, nous ne pouvons les qualifier de travail au sens technique et économique du terme, mais nous devons les reconnaître comme oeuvre au sens culturel du terme». (Freidson, 1986, p 439)[2].

---

[1] E. Freidson, «L'analyse sociologique des professions artistiques», in, Revue Française de Sociologie, XXVII, juillet-septembre, 1986.
[2] Nous verrons d'autres traces de l'idéologie charismatique entretenue par les artistes et acceptée par les observateurs, qu'ils soient «gens du commun» ou spécialistes de l'Art (ou de la littérature). Mais on peut déjà en voir une de ses manifestations, puisque l'on note qu'elle est présente dans le discours du

D'autre part, le deuxième critère qui permet de définir une profession, est le titre requis pour son exercice. Or, aucun titre n'est requis pour avoir accès à la production littéraire (même si, les enquêtes le démontrent, rares sont les écrivains et artistes à ne pas posséder de diplômes)[1].

D'autres éléments nous permettent de nous apercevoir que nous sommes face à une activité qui se distingue d'autres professions ou activités. Freidson, dans sa description de l'activité artistique, prend comme point de comparaison d'autres ensembles de professions qui ont un certain nombre de caractéristiques communes avec celles de créateurs. Les professions libérales se trouvent parmi les plus proches car il s'agit d'un cadre d'activités qui « échappe à la catégorie usuelle du travail rémunéré ». Cependant, à la différence des catégories artistiques et littéraires, les professions libérales ont dans leurs tentatives de « professionnalisation », établi des barrières strictes tendant à interdire l'accès du corps professionnel aux individus ne possédant pas un certain nombre d'attributions (par l'établissement de normes de recrutement, d'écoles, de diplômes, par le contrôle de la démographie du corps professionnel). Or la « profession » d'écrivain est très peu codifiée. Les barrières n'existent pas dans le secteur professionnel artistique, où l'accès n'est pas dépendant d'une formation ou d'un diplôme universitaire, même si leur production les fait se rattacher, lorsque les producteurs reçoivent une rémunération suffisante, aux « cadres et professions intellectuelles supérieures », dans les nomenclatures officielles (type INSEE) où pourtant le niveau de formation est à la base de la classification.

---

sociologue, si on en croit les propos de Freidson lorsqu'il oppose, à juste titre, aux termes trop techniques «"revenu"», «"loisir"», «"système de titres"», les expressions (qui prennent une allure mystique lorsqu'elles ne sont pas critiquées, situées dans ce discours idéologique des créateurs, ou simplement mises à distance par des guillemets textuels) «"d'inspiration"», ou ailleurs dans son article lorsqu'il écrit : «on considère les productions artistiques comme l'expression particulière de l'expérience humaine par des créateurs dotés de compétences complexes, dignes de l'admiration et de la considération des sujets cultivés». Et encore : la profession artistique est un «travail de vocation qui s'oppose au travail aliéné» car elle «n'obéit pas au désir ou au besoin du gain matériel».

[1] P. Lepape, dans «Un portrait sociologique des écrivains de la rentrée» («Le Monde», 23 septembre 1988) écrit que si cette profession ne requiert ni diplôme, ni titre, ni formation, précis, il n'en reste pas moins que 10% seulement des écrivains n'ont aucun diplôme.

P.M. Menger[1] remarque des équivalences dans la motivation et dans la dépendance par rapport à une « demande instable », des professions artistiques avec la recherche universitaire et les professions libérales. L'artiste dont les revenus sont exclusivement apportés par sa production est minoritaire : incertitude et irrégularité sont les deux caractéristiques les plus relevées par les sociologues. Une deuxième activité est très souvent pratiquée.

D'après P.M. Menger l'incertitude n'est pas forcément mal vécue car elle participe au prestige social des professions artistiques qui, sont le « type d'activités devenu le paradigme du travail libre, non routinier, idéalement épanouissant » (1989, p 111).

L'incertitude exerce un certain attrait surtout chez les plus jeunes, les moins expérimentés, encore « confiants en leurs capacités et aisément portés à surestimer leurs probabilités de succès (1989, p 128) et parce que l'imprévisibilité est contrebalancée par : « Des moments exaltants de jouissance anticipée de l'aboutissement et de conviction fugitive de la réussite ».

Outre, le prestige social, il y a d'autres motivations non-monétaires à l'exercice de l'activité artistique (cela vaut aussi en grande partie pour l'activité littéraire) : variété des tâches, responsabilité, considération, autonomie, absence de hiérarchie, prestige social...

Malgré ces avantages qui donnent une vision idyllique de la profession artistique ou littéraire, il faut rappeler que certaines professions de ces secteurs sont très fortement routinisées, spécialisées. En ce qui concerne le champ littéraire, on connaît des activités très routinières : nous citerons les « tâcherons » pour reprendre un terme utilisé lors de l'expansion du roman populaire au XIXème siècle, pour qualifier l'écrivain de feuilleton payé à la ligne. Au cours de notre étude nous avons appris qu'il existait des secteurs fortement routinisés dans la production de S.F., parmi les auteurs populaires de la portion la plus « industrielle » du milieu (traduction et écriture de « séries »).

---

[1] P.M. Menger, «Rationalité et incertitude de la vie d'artiste», in L'Année sociologique, 39, 1989.

Les difficultés à définir les professions artistiques ou littéraires, entraînent directement des difficultés à recueillir des informations. Pour prendre un exemple (celui des artistes plasticiens), R. Moulin et J.C. Passeron[1] dans le chapitre « la frontière et le no man's land » expliquent qu'il n'existe pas de « définition sociologique ou juridique constante » de la population des artistes, et qu'il est donc impossible de disposer d'une base de sondage « sûre » rendant compte de l'ensemble des configurations de carrières. Ils ont choisi pour élaborer leur échantillon de respecter la multiplicité de l'identité de l'artiste, en acceptant « comme un fait social les définitions hétérogènes de l'artiste plasticien » (F. De Singly)[2], tout en n'y incluant que les individus pouvant justifier de « signes minimaux d'inscription dans le monde social de l'art » (avoir exposé)[3]. Ne sont retenus que les artistes ayant une certaine « visibilité sociale », c'est-à-dire ceux que l'on peut repérer sur des listes. Car « des critères objectifs pouvant contribuer à la reconnaissance professionnelle de l'artiste, le plus déterminant reste sans doute le jugement des pairs »[4]. Et, c'est du milieu des pairs et des experts que les artistes « attendent la reconnaissance sociale de leur identité d'artiste ». L'addition de plusieurs fichiers institutionnels, fichiers de salons et d'expositions, catalogues, dictionnaires, outre qu'elle permet de mesurer par la présence multiple ou non de certains noms, le degré de visibilité sociale, permet de représenter aussi justement que possible les différentes tendances présentes parmi les experts[5].

---

[1] R. Moulin, J.C. Passeron, D. Pasquier, F. Porto-Vazquez, <u>Les artistes : essais de morphologie sociale</u>, Centre de Sociologie des Arts, La Documentation Française, 1984, p 8.
[2] F. De Singly, «Artistes en vue», note critique, <u>Revue Française de Sociologie</u>, XXVII, 1986, p 532.
[3] R. Moulin, «l'identification de l'artiste contemporain», Centre Interdisciplinaire d'Etudes et de Recherches sur l'Expression Contemporaine, Université de St Etienne, 1987.
[4] R. Moulin, «De l'artisan au professionnel : l'artiste», in, <u>Sociologie du travail</u>, n°4, 1983.
[5] A.M. Thiesse, dans son article «les infortunes littéraires, carrières des romanciers populaires à la Belle Epoque», in, <u>Actes de la recherche en Sciences Sociales</u>, n°60, 1985, pour constituer son échantillon, a travaillé non pas sur les encyclopédies de l'époque qui faisaient l'impasse sur ces producteurs indignes culturellement, mais sur les dictionnaires des célébrités de l'époque, les recueils de souvenirs, les anthologies, éliminant par là-même

« La base de sondage repose ainsi, à défaut d'une définition sociologique, sur la somme des définitions sociales de l'artiste ». J.C. Passeron et R. Moulin n'ont exclu aucun individu à partir du moment où leur présence sur une source attestait de la reconnaissance du milieu. Ainsi se trouvent représentées plusieurs conditions d'exercice de l'activité artistique, que ce soit l'amateur ou le professionnel, ou pour être plus juste que ce soit celui qui vit totalement de sa production, celui qui en vit en partie, ou celui qui n'en reçoit aucune rémunération.

En revanche, l'auto-définition prônée par les interactionnistes comme critère de recensement ou d'échantillonnage (accepter comme artiste celui qui se sent, se vit, se dit artiste) est rejetée par ces auteurs si elle ne s'accompagne pas d'une reconnaissance minimale du milieu.

Ces différents problèmes, ont trouvé une expression particulière dans le milieu de la S.F.. Pour recenser les auteurs du genre, ne retenir que les auteurs dits « professionnels », recevant un revenu régulier de leur production littéraire, serait impossible. En fréquentant régulièrement le milieu de la S.F., nous avons appris très vite qu'un tel type d'écrivain est loin d'être majoritaire dans l'état actuel du marché. Un auteur interrogé (qui a souhaité garder l'anonymat) nous disait :

« Il faudrait arrêter de supposer qu'un écrivain français de S.F. peut vivre de cette activité. La quasi-totalité a un métier vivrier et le temps, et l'énergie, dépensés pour ce métier sont de loin les éléments qui influent le plus sur l'écriture ! S'ils devaient attendre de vivre de leur plume, les écrivains de S.F. seraient morts depuis longtemps ».

D'autre part, il faut garder à l'esprit le rôle de l'amateurisme dans le milieu S.F.. En effet, le milieu s'est construit en partie par la participation d'auteurs-amateurs à ses supports, à l'animation des moyens de promotion (concours de nouvelles, ateliers d'écriture...). Les exclure du recensement consisterait donc à adopter une définition externe au milieu, refuser de tenir compte d'une particularité de ce type de littérature.

Il s'agissait donc pour nous de faire un quasi-recensement respectant les différentes particularités du milieu : permettre la représentation des différentes tendances littéraires en

---

les romanciers n'ayant pas atteint une certaine notoriété (une visibilité sociale minimale).

confrontation dans le genre (en multipliant les intermédiaires dans la prise de contact avec les auteurs), mais en excluant, pour paraphraser R. Moulin, les auteurs n'ayant pas un signe minimal d'inscription dans le genre littéraire de la S.F.. Les auteurs publiant ailleurs que dans des collections ou supports spécifiques, et non-critiqués par l'ensemble de la critique du genre, non-primés par les instances spécifiques, même s'ils produisent des littératures qui empruntent au même patrimoine que la S.F. (la science) n'ont pas été inclus dans la liste. C'est le cas par exemple des auteurs très récemment publiés dans des collections grand format généralistes, ne se présentant pas aux lecteurs comme auteurs de S.F., et non-présentés comme tels dans la presse et par leurs éditeurs, étrangers à la « culture S.F. » (par exemple, certains rares auteurs produisent une littérature d'imagination scientifique, mais avec un mode de narration non-S.F., et une thématique fort éloignée de l'actualité du genre[1]). Dans le but de représenter différents niveaux d'implication dans le genre, nous avons également intégré dans notre liste des auteurs exclusifs (se consacrant à la production de ce genre et non d'un autre), des auteurs réguliers (produisant en parallèle d'autres genres), des auteurs occasionnels (ayant publié un ou quelques ouvrages de S.F. dans une production largement dominée par d'autres genres). Nous avons également essayé de représenter les différentes générations depuis les années cinquante, date de la constitution en France, en un genre précis et qualifié d'un nom, et nous avons répertorié des auteurs en activité ou hors-activité.

Nous avons abouti à une liste de plus d'une centaine de noms d'auteurs sur lesquels nous avions la possibilité de recueillir des informations dans la presse du genre (après élimination des pseudonymes multiples, identification des pseudonymes collectifs). Parmi cette liste, soixante-dix auteurs ont été contactés : quarante-sept ont accepté de répondre au questionnaire, quatre ont refusé et préféré un entretien, trois nous

---

[1] Les ouvrages de S.F. distillent des informations sur l'étrangeté du monde, des indices, qui permettent au lecteur de se construire une représentation du futur ou de l'ailleurs sans en faire un exposé explicite. Ils se différencient des ouvrages contenant une certaine utilisation de l'imaginaire issu de la science destinés à un public de non-amateurs de S.F. . Ces textes seront trouvés «datés», «trop longs», «trop démonstratifs», par les lecteurs réguliers de Science-Fiction.

ont fait part de leur refus de participer à cette enquête, cinq sont restés silencieux. Certains des auteurs ayant répondu au questionnaire ont également été interviewés (entretien semi-directif pour sept d'entre eux). D'autres informations concernant les auteurs ont été recueillies en dehors d'entretiens organisés (discussions informelles). Ces soixante-dix auteurs ont été contactés grâce à différents intermédiaires, ce qui permettait de baliser l'ensemble des carrières possibles : envois à l'éditeur, remise directe aux auteurs au cours des rencontres organisées (conventions, signatures...), utilisation de relais (auteurs, fans-éditeurs, collectionneurs) qui nous ont « recommandés », et utilisation de l'association « INFINI ».

Nous avons également recueilli des informations plus sommaires sur les absents de cet échantillon, par voie indirecte : exploitation des fichiers d'un collectionneur de littérature populaire (ce qui nous a permis de trouver des informations sur des auteurs négligés des dictionnaires - auteurs du Fleuve Noir), anthologies, dictionnaires (voir liste des auteurs et des sources en annexe). Il s'agissait d'informations traitées quantitativement : trajectoire littéraire (type de support - roman, nouvelles en recueil ou publiées en revue), trajectoire sociale (profession du père, profession exercée par l'auteur - passée ou présente - formation...).

Grâce à l'utilisation du questionnaire[1], nous disposons sur quarante-sept auteurs d'informations plus précises. Après codification des réponses au questionnaire, composé de questions fermées et ouvertes (certaines appelant un long développement - une dizaine sur une soixantaine de questions). Ce questionnaire cherchait à cerner différents thèmes et à recueillir des informations précises sur : la généalogie sociale et la biographie professionnelle, la trajectoire, les productions littéraires, des opinions sur la S.F.F. ou sur la S.F. américaine, etc.

---

[1] Le questionnaire est le résultat de l'adaptation à notre terrain de recherche d'un matériel (guides d'entretien et questionnaire) utilisé pour d'autres enquêtes sur le champ littéraire menées par le Centre de Sociologie de l'Education et de la Culture.

Généalogie et appartenance sociales

En ce qui concerne l'origine sociale des auteurs, compte tenu du nombre restreint d'informations (quelques refus de répondre sur la question par voie directe - questionnaire - mais surtout absence de ce type d'informations dans les sources écrites), nous avons réalisé des regroupements assez larges. Nous connaissons les professions de cinquante et un pères d'auteurs (tous types de carrières littéraires confondus), nous pouvons constater que les classes moyennes et supérieures sont plus représentées que les classes populaires.

Dix-neuf auteurs sont issus des catégories « cadres et professions intellectuelles supérieures ». Cinq d'entre eux ont un père exerçant une profession l'attachant au « pôle économique » des classes supérieures : cadres supérieurs. Mais les plus nombreux, quatorze, sont issus des milieux supérieurs à composante culturelle - car plus diplômée : enseignants en lycée, ingénieurs, médecins, chercheurs... Quatre parmi ses auteurs sont issus de milieux de la culture et du spectacle (ex : père dirigeant une galerie d'art, père directeur de théâtre, père chef d'orchestre...). Notons que la plupart des mères d'auteurs issus des classes supérieures sont actives (surtout en ce qui concerne les jeunes générations) et diplômées. Elles exercent en grande majorité dans les professions socio-éducatives (professions intermédiaires)

Vingt-cinq auteurs sont issus des milieux sociaux moyens, le secteur « exécution » est le plus représenté. Seize de ces auteurs sont issus de la petite bourgeoisie dite d'exécution (quatre d'entre eux avaient un père cadre moyen ; nous trouvons également un technicien, mais le recrutement se fait surtout parmi les fils de petits employés - essentiellement de la fonction publique). Quatre auteurs ont un père membre de la petite bourgeoisie cultivée (instituteurs...). Cinq sont issus de la petite bourgeoisie traditionnelle (petits commerçants, petits entrepreneurs).

Les classes populaires sont les moins représentées puisque nous ne trouvons que six auteurs fils d'ouvriers et un seul fils de salariés agricoles.

La majorité des auteurs de S.F. sont originaires de province (cinquante-neuf sont nés en province, la plupart dans un milieu urbain, vingt-trois sont parisiens ou nés dans la région parisienne

- nous ignorons le lieu de naissance de huit des quatre-vingt-dix auteurs de notre échantillon). Cette plus grande représentation de la province par rapport à Paris distingue les écrivains de S.F. des autres écrivains français. La majeure partie des auteurs de S.F. « parisiens », sont également issus des milieux sociaux dominants.

Nous disposons grâce aux réponses au questionnaire (N=47), une définition plus personnelle du milieu d'origine. Deux des items du questionnaire diffusé auprès des écrivains, cherchaient à sortir des catégories construites, habituellement utilisées par les sociologues pour définir l'origine sociale (profession, diplômes). Il s'agissait de demander aux écrivains de définir, à l'aide d'un terme, leur milieu social d'origine. D'autre part, on leur demandait de le décrire en quelques phrases (à l'aide de l'indication « style de vie »). Cette question apporte un double intérêt, elle permet de percevoir d'autres indicateurs de l'origine sociale non-définis a priori. Ensuite, elle nous permet de voir comment l'écrivain sélectionne ce qui semble primordial à la description de sa famille.

Le terme le plus couramment utilisé par les écrivains pour définir leur milieu d'origine, est celui de « bourgeoisie ». Terme consensuel dont l'usage paraît assez normalisateur du fait qu'il est autant utilisé par des individus aussi différents sur le plan social. Selon le sens que l'on veut lui donner, un deuxième qualificatif lui est ajouté : « moyenne », « petite »...

Plusieurs écrivains issus des classes supérieures usent d'euphémismes, d'une atténuation par le langage de la situation dominante de leurs parents (« milieu aisé », ou « relativement « aisé »). Le cas de Gérard Klein est le plus frappant puisqu'il décrit sa famille comme appartenant à une « upper middle class », alors qu'il est plutôt à placer parmi les membres des classes supérieures (son père était inspecteur général à la banque de France). Rappelons qu'il développe une théorie sur une origine sociale moyenne des auteurs et lecteurs de S.F.. H.R. Bessière, dont le père était directeur de théâtre, qualifie son milieu de « travailleurs aisés ». Il nous faut relever que presque toutes les déclarations qui viennent contredire la réalité mesurée à la profession du père, viennent d'écrivains anciennement installés dans le champ, tous âgés de plus de cinquante ans. Le terme de « bourgeoisie » est utilisé par les plus jeunes, avec des sens différents. Nous en donnerons quelques exemples. Francis

Berthelot (« bourgeoisie universitaire »), se place dans une situation de domination culturelle (universitaire). La plupart des autres auteurs s'ils emploient le qualificatif de « bourgeoisie », lui adjoignent un qualificatif atténuant la réalité : « moyenne », « petite »... Certains de la jeune génération (moins de trente ans) parisienne ont une utilisation du terme bourgeoisie qui sonne différemment. Elle sonne comme une condamnation, confirmée par le rejet affirmé à la question « description de la vie familiale »). P. Curval est le seul à se placer comme issu d'une « grande bourgeoisie », ce qui est accentué par le milieu géographique d'origine (Paris), par les homologies de niveaux entre professions et diplômes des deux parents (études supérieures), la génération de l'écrivain (plus de cinquante ans). Des auteurs, dont le père exerçait une profession dans le domaine des arts et du spectacle utilisent des expressions qui renvoient à des contradictions entre attentes et réalités d'existence. Patrice Duvic par exemple, associe dans sa définition deux termes en principe contradictoires « sous-prolétariat » et « intellectuel », ce qui fait référence à la position dominée du chef de famille sur le plan économique et culturel (écrivain dans un secteur culturel lui-même dominé : oeuvres pour la jeunesse), et de la mère ayant abandonné son activité d'artiste-peintre pour subvenir aux besoins de la famille (employée).

Un jeune auteur de moins de trente ans, traduit par le choix des termes, une référence à un certain environnement politique qui entraîne un style de vie différent de celui que laissaient espérer les diplômes : « Zone par idéologie intellectuelle de gauche ». Quelques écrivains manifestent un rejet par rapport à la famille, et pour le justifier ils marquent une caractéristique comportementale. Pierre Barbet décrivait ses parents comme « peu fantaisistes », L. Genefort, « conformistes » et S. Dharma, « lymphatiques ». Ces trois écrivains sont issus du même milieu social, et écrivent exclusivement pour la collection populaire « Fleuve Noir ». Ils se différencient par la génération, le premier ayant plus de cinquante ans, les autres moins de trente ans. On peut donc supposer une certaine rupture avec les valeurs familiales.

Chez les auteurs issus des classes moyennes, les termes les plus couramment choisis font justement référence à une moyenne : « Moyenne (ou petite) bourgeoisie », « classe moyenne », et comme nous l'affirment les descriptions qui suivent et les dires des écrivains, « bourgeoisie sans la connotation péjorative ». Constat d'une réalité sans jugement de valeur. (Richard Canal, Claude Ecken, Axelman, Yves Frémion, Jean-Marc Ligny, Francis Valéry). Apparaît également par trois fois le terme de « fonctionnaires », qui se distingue des définitions se référant à une classe, à une idéologie, à une catégorie professionnelle. On a ici une catégorie qui ne donne ni statut, ni idée du niveau de vie économique, ni idée sur les compétences et les fonctions. L'usage de cette terminologie est à rapprocher de l'attitude constatée chez les individus issus de salariés de la fonction publique (et chez les salariés eux-mêmes) : l'imprécision dans le nom de la fonction qui cache ainsi le statut, la place dans la hiérarchie professionnelle, et l'utilisation d'une terminologie masquante. Certains termes renvoient à une histoire familiale qui est explicitée à la question suivante. Ainsi un auteur utilise l'expression « déclassés » pour exprimer le rejet dont sa famille a été victime en raison des origines sociales différentes des parents qui, s'ajoutaient à leur différence de confession religieuse. Cette marginalité vécue par l'enquêté (qui raconte l'isolement social) s'ajoute à son appartenance à une minorité linguistique (alsacienne) et s'exprime par le choix de carrière (S.F. politique dans les années soixante-dix, mais éloigné du combat idéologique et du milieu S.F. aujourd'hui).

Chez un auteur du groupe « Limite », c'est l'appartenance à la petite bourgeoisie traditionnelle qui apparaît : « Modeste de qualité supérieure ». Le mot « modeste » renvoie tout à fait à l'éthique de cette catégorie de la petite bourgeoisie (petits entrepreneurs). L'écrivain y ajoute un complément original, « de qualité supérieure ». Il décrit plus loin la passion de son père pour l'opéra, élément qu'il juge suffisamment distinctif pour être cité. Chez un autre auteur de « Limite », la définition choisie « lumpen proletariat », se heurte à la réalité. La profession du chef de famille (enseignant) est en contradiction avec les termes choisis, ce qui peut révéler une situation vécue comme inférieure aux potentialités de la mère (profession intermédiaire de type culturel, diplôme sanctionnant des études supérieures) rendues irréalisables par des circonstances indépendantes (veuvage). Mais cela s'accompagne également d'un discours qui présente la famille et le parcours de l'auteur sous le signe de la marginalité.

Les auteurs issus des milieux populaires, pour décrire un milieu social défavorisé sur le plan social comme économique, utilisent une vertu : « La modestie », « l'humilité » (un fils d'ouvriers d'usine décrit sa famille comme « modeste », un fils de cheminots la décrit comme « humble »...).

On remarque également le silence sur la famille d'un certain nombre d'écrivains. Gérard Klein réitère son affirmation normalisatrice, « moyenne bourgeoisie cultivée », comme les précédents, il est issu d'un milieu supérieur. Mais d'autres auteurs, issus de milieux sociaux moyens affirment par le refus de décrire leur famille, leur rejet (Y. Frémion - S.F. politique - qui qualifie sa famille de « sans intérêt », E. Jouanne - groupe « Limite » - qui dit avoir rompu avec elle depuis de longues années).

Nous pouvons classer les auteurs selon les critères mis en avant dans leur description d'un mode de vie. S'articulent divers critères : la mise en avant de possessions économiques (ou leur non-possession), d'une vie culturelle intense (ou au contraire l'absence de toute activité culturelle), les valeurs plutôt traditionnelles (différenciation des rôles homme/femme, souci de la respectabilité, religion, etc.) ou libérales (militantisme politique, mère active, etc.), le type de sociabilité de la famille (description d'un certain repli sur soi ou au contraire d'une vie sociale intense, « ouverte »).

Des auteurs issus des classes supérieures décrivent une vie alliant à la fois la vie culturelle intense, l'ouverture de la famille et un certain capital économique. Francis Berthelot fait référence à un capital économique affirmé par la description de biens matériels (résidence secondaire), de loisirs (voyages), qui s'ajoutent un capital culturel élevé. P. Curval met en avant le capital culturel acquis sans avancer d'avantages économiques. Il ajoute un certain nombre de valeurs et mêle des valeurs « traditionnelles » (« moralité », « honnêteté ») à des valeurs plus « libérales » (« liberté », « joie de vivre »). Pascal Fréjean décrit sa famille comme dotée d'un double capital à la fois économique et culturel, et ajoute des caractéristiques que nous avons regroupées sous le vocable « activité », qui désigne l'existence d'un important réseau d'échanges, de relations sociales (réceptions, réunions de discussions), et d'ouverture sur l'extérieur (sorties...). Pour D. Martinigol, la vie culturelle s'articule avec le capital économique (avec accumulation de ses symboles : équipement, loisirs, vacances et habitat - « maison individuelle »). Jean-Claude Dunyach, qui s'inscrit également dans ce groupe de « privilégiés », décrit un rapport familial à la culture qui s'inscrit dans le naturel (et non dans « la bonne volonté culturelle » petite bourgeoise). Ses premières activités culturelles lui ont permis de connaître les propres tentatives littéraires ou musicales de ses parents « qui ne s'en étaient pas particulièrement vantés ». Au cours d'un entretien, l'auteur insiste sur ce rapport « naturel » à la culture, sur les encouragements des parents, sur la continuité de son choix par rapport à celui des parents (« je n'ai jamais eu à me battre pour être un écrivain, ou pour être chanteur »), parce que nous semble-t-il, il semble considérer sa trajectoire comme atypique. Il est vrai que beaucoup d'auteurs rencontrés, racontent l'affrontement avec la famille (mais les origines sociales ne sont pas les mêmes), ainsi que le choix de carrière. En effet, Jean-Claude Dunyach est autonome professionnellement par rapport à son activité littéraire, il occupe une profession « prestigieuse », ce qui n'est pas forcément le cas des auteurs qui ont eu à imposer leur carrière littéraire faite de sacrifices à leur famille.

« Mes parents ont toujours été mes lecteurs. Ma mère est une critique extrêmement acérée. Je pense qu'elle n'a pas laissé une phrase sur trois intacte dans mon premier roman. Elle a tout retravaillé, elle a tout lu. Même aujourd'hui elle lit tout. Il y a moins de travail à faire maintenant, mais elle le fait. D'autre part, je n'ai pas du tout été quelqu'un de révolté contre ma famille. Je n'ai jamais eu à me battre pour être un écrivain, ou pour être chanteur etc... Au contraire, ce qui les a plus surpris, et qui a rompu la tradition familiale, c'est que j'ai un doctorat de mathématiques. Parce qu'il y ait un de leurs enfants qui soit capable de comprendre quelque chose aux maths... C'était une source d'émerveillement pour ma famille ! Par contre, quand j'ai écrit mes premières chansons et que j'ai dit à mes parents je fais un orchestre de rock avec des copains, mon père m'a dit : « Tiens ça me rappelle quand j'étais jeune, j'étais chanteur leader de l'orchestre de ? « Il est médecin maintenant, et il avait payé une partie de ses études de médecine ainsi. De la même façon, quand j'ai dit à ma mère : « Le texte que tu as corrigé va être publié », elle m'a dit « il faudra que je te montre les romans que j'ai écris dans ma jeunesse ». Elle était prof de gym... C'est quelque chose qui a fait partie de leur vie dont ils ne se sont pas spécialement vantés, mais qui était une composante de leur vie. De mon point de vue, ils m'ont beaucoup aidé de ce côté là, au sens où, le fait d'être créatif est quelque chose de naturel, on en fait pas une polio... » (Jean-Claude Dunyach, entretien, 1992)

Un deuxième groupe d'auteurs, pour la plupart issus des classes moyennes (et de sa « section supérieure ») met en avant une vie culturelle et sociale importante, des valeurs libérales en opposition avec un capital économique inférieur. Ils sont donc issus de milieux sociaux cultivés, essentiellement des classes moyennes, mais quelques auteurs dont le père exerçait une activité culturelle de type supérieur font partie de ce groupe (ils décrivent une situation de décalage entre le capital économique et le capital culturel). Ayerdhal décrit un style de vie ayant les caractéristiques d'ouverture sur le monde, d'activité, de valeurs plutôt libérales (référence à la « gauche »), et le met en opposition à une modestie financière. Un auteur du groupe « Limite » (souhaite garder l'anonymat), ne met pas en avant la situation économique, mais par contre évoque une certaine répétitivité de la vie familiale en mettant en opposition semaine/travail et week-ends/sorties rituelles. Il oppose la valeur traditionnelle « travail », à une caractéristique comportementale qui l'est moins : « fantaisie ». Cet écrivain met en avant un élément qu'il veut distinctif, le fait que son père « marchand de couleurs », ait été en contact avec de très nombreux artistes. Ce qui nous fait supposer un capital culturel et un capital social en opposition au capital économique. Jean-Marc Ligny serait un représentant de ce qu'on appelait dans les années soixante-dix, la bourgeoisie nouvelle (car cultivée), il met d'ailleurs en avant un capital culturel, une éthique marquée par des valeurs très libérales et une activité politique marquée (« gauche », « mai 68 », « vie communautaire », « liberté »). Il évoque cependant, des ambitions sociales reportées à la génération suivante, qui se manifestaient par une hostilité au projet littéraire du fils. Francis Valéry construit également une opposition entre un capital économique « modeste », et les éléments d'un capital culturel « moderne » (« rock », « S.F. »), associés à une éthique libérale en matière d'éducation (« liberté d'action »). Manuel Essard oppose une modestie économique (appuyée par la référence à une fratrie nombreuse), à un capital culturel qui se manifeste surtout par la pratique politique. Là aussi l'individu met en exergue un élément de différenciation, voire de distinction : un grand-père écrivain dans une collection de littérature populaire (la même que la sienne).

Un troisième groupe d'auteurs décrit un mode de vie centré sur la famille (« sédentarité », « peu de relations »), des valeurs traditionnelles (référence à la religion, à la différenciation entre rôle du père et rôle de la mère). La plupart présentent comme raison au repli sur la famille, à la rareté des activités sociales et culturelles, les faibles revenus (Michel Lamart décrit « des gens modestes qui vivaient modestement de revenus plus que modestes »). Plus rarement un certain confort matériel est cité, mais le mode de vie s'inscrit dans une certaine « routine », « repli sur soi » (« ils vivaient comme des poissons rouges dans un bocal », écrit Max Anthony). Parmi ces auteurs, on trouve les rares fils d'ouvriers de notre échantillon (quatre parmi les réponses au questionnaire), et la plupart des auteurs issus de la petite bourgeoisie d'exécution ou traditionnelle. Un seul auteur est fils de cadres supérieurs, du secteur public et provincial. Axelman décrit une famille peu dotée en capital culturel, repliée sur elle-même, disposant d'un certain nombre de valeurs traditionnelles (« métier », « sécurité », « famille », « tolérance », « libéralisme », « sédentarité », « religion »). Pierre-Jean Brouillaud décrit une vie culturelle réduite, et met en avant les facteurs explicatifs, la situation provinciale et l'appartenance professionnelle à la fonction publique. (« fonctionnaires »). Claude Ecken développe un certain nombre de secteurs ou s'exerce la domination sociale, domination relayée par le père sur la mère et l'enfant : une domination économique, une domination culturelle (absence de loisirs, prohibition par le père de la lecture), une domination sociale (absence de relations, surtout pour la mère), et enfin une domination symbolique (différenciation entre les rôles féminin et masculin, autoritarisme du père, repli sur le foyer de la mère). Au cours d'un entretien ultérieur, il met en opposition ses propres ambitions cultivées (lecture et écriture comme lieu de refuge, comme idéal), et les interdits parentaux pour lesquels la culture semble n'être qu'instrument de promotion sociale, et surtout signe de distinction (« ma mère adore le piano. Elle joue du piano comme ça.... Enfin, c'est une éducation très classique...le piano...certains morceaux ! Elle essaiera pas d'avoir une analyse musicale, ni d'histoire musicale. Il y a des morceaux qu'elle aime parce qu'on lui a dit que c'est bien, Mozart, Beethoven... »), mais non pas un idéal à vivre dans l'ascétisme :

« ...Moi qui avais toujours vécu sans rien connaître, j'avais des trous de culture qui étaient énormes, même sur le politique, la géopolitique. Ne regardant jamais la télévision, ne lisant jamais les journaux, j'ai grandi sans savoir ce qui se passait dans le monde. Il m'a fallu tout rattraper, la guerre d'Algérie par exemple... Et ensuite, quand je me suis séparé de mes parents, eux ils ont déménagé, moi je suis resté sur Aix en Provence, à l'époque je vivais seul, je pouvais enfin faire ce que je voulais. Je pouvais fumer sans qu'on me dise...parce que je ne pouvais même pas faire ça. Même à 25 ans, si je vais chez eux, c'était pas de cigarettes, pas parler de bouquins, parce que la S.F., c'était des bêtises. Je ne pouvais rien faire (...)
E : vous avez évoqué votre milieu familial, alors dans quelle mesure, il a pu influencer, ou au contraire a pu ne pas influencer, votre carrière d'écrivain ?
e : Il l'a influencé en négatif. Dans la mesure où mes parents ne voulaient certainement pas que je sois un écrivain, c'est trop galère. Dans la mesure où ils ne permettaient pas de m'exprimer, qu'ils ne m'autorisaient aucun loisir, aucune activité, je n'avais vraiment que mes rêves, ma feuille blanche pour écrire...Et c'est eux qui à force de m'enlever tout, m'ont poussé là-dedans.(...) Mon père avait une bibliothèque parce que les beaux livres ça faisait joli, c'est tout, mais il en a jamais ouvert. Ce ne sont pas des gens très cultivés. Mais la culture était quand même valorisée parce que c'est bien, ça a l'air compliqué, et quand j'ai passé le bac, quand je suis allé à la fac. Attention, j'étais quelqu'un ! Un grand esprit ! d'autant plus que mes frangins n'ont pas suivi la même filière.(...) La culture c'est bien, mais il faut surtout pas en vivre. Il faut en profiter.(...) Par contre, ils étaient toujours très fiers de moi, lorsque je montrais mes petits talents d'artiste, parce que je dessinais aussi un peu bien. Je me débrouillais bien au théâtre, quand on faisait du théâtre à l'école. Alors, mes petits talents artistiques étaient appréciés de mes parents, par contre ils voyaient d'un mauvais oeil que je ne veuille faire que ça ». (C. Ecken, entretien, 1992)

Jean-Pierre Hubert décrit une situation de déclassement, le mariage exogame sur le plan social et religieux, condamné par la famille du père (qui réalisait la mésalliance). Conséquence directe de cette condamnation, le capital social (relationnel) réduit : rejetés, ils sont isolés et se replient sur le noyau nucléaire. Le capital économique n'est pas celui auquel le père aurait pu s'attendre, la vie culturelle est réduite. Sont mises en avant un certain nombre de valeurs traditionnelles, le « travail », « la religion ». L'écrivain semble ressentir cette situation comme anormale, s'y ajoute l'appartenance à une minorité linguistique. C'est l'école, du dire de l'auteur, qui apporte la normalisation. Pierre Stolze met en opposition un apport en capital économique (« aisé ») et des valeurs traditionnelles de différenciation entre les rôles masculin (père « dynamique ») et féminin (« conformiste », « souci de la respectabilité »). Lors d'un entretien ultérieur, nous apprenons que la « bonne volonté culturelle » des milieux petits bourgeois a été transmise aux enfants. La culture est un moyen de distinction sociale, mais aussi d'ascension, les parents s'ils sont éloignés de la culture légitime, mettent à disposition des enfants les moyens de la réussite scolaire :

« E : Et à part vos frères et soeurs (ont tous fait des études supérieures longues et ont intégré des professions culturelles - enseignement, traduction), vos parents eux mêmes ont pu vous influencer...

P. Stolze : Non. (soupir). Non. Influencé parce qu'ils m'ont permis de faire des études, de me payer des études parce que c'était cher. Autrement non. Le milieu dont je suis issu, était disons...moyenne bourgeoisie. Ma mère était au foyer, mon père était commerçant. Il était assureur, après il a vendu des meubles, il a fait faillite plus tard, ça fait rien, il a recommencé. C'est la moyenne bourgeoisie. Je crois que pour beaucoup d'écrivains c'est la moyenne bourgeoisie. Parce que l'écriture est toujours une ascension sociale, ça a toujours été comme ça.(...). Mon père avait beaucoup de livres mais des « polars ». Moi ça m'a jamais vraiment accroché. Il avait toute la collection du « Saint ». Il lisait beaucoup de « polars » et il avait aussi la collection du « Reader Digest's ». Je ne les ai jamais lus ça m'intéresse pas.... Mais, le milieu d'où je suis c'est un milieu de bouquins ». (P. Stolze, entretien, 1992)

Fils de petits employés, Max-André Rayjean, né en 1929, énonce ses ambitions scolaires empêchées par les conditions économiques :

« Mon père devait gagner, à l'époque, un peu moins que le SMIC (qui n'existait pas, bien sûr !). Faute de moyens financiers, j'ai dû arrêter mes études en troisième année de secondaire avec mon Brevet Elémentaire en poche. Sinon, j'aurais poussé jusqu'au Bac. J'ai trouvé du travail pour aider mes parents, dont vous imaginez le style de vie ! » (questionnaire)

Bien que nous ne disposions que des généalogies sociales d'une cinquantaine d'individus, il nous semble possible de conclure à un double recrutement social : des auteurs dont le père exerçait une profession liée à une possession de savoir légitime, exigeant diplôme et/ou compétences culturelles : part inférieure des classes supérieures (cultivées), et part supérieure des classes moyennes ; des auteurs moins dotés en capital économique, social et culturel, dont le père exerçait une profession moyenne d'exécution (ou traditionnelle) : part dominée des classes moyennes. Mais nous pouvons supposer que la « bonne volonté culturelle » typique de cette petite bourgeoisie non-cultivée leur a été transmise. Des indices permettent de le présumer. En effet, le discours porté sur le « style de vie » de la famille nous le fait apparaître : perception de l'infériorité culturelle de la famille par les enquêtés (description - interprétation - de l'entourage familial en termes de vie culturelle pauvre, de repli sur soi, d'inactivité, etc.).

Recrutement professionnel (première profession exercée à l'entrée dans la vie active) (N = 71)

Les données dont nous disposons sont plus nombreuses qu'en ce qui concernait les professions des parents (les informations manquent pour huit auteurs seulement - trois sont étudiants au domicile des parents). Dix-sept (21% des réponses) auteurs ont exercé (ou exercent) des activités socio-éducatives du secteur intermédiaire (enseignement en école primaire ou collège, animation socioculturelle...), quinze (19% des réponses) dans le secteur culturel supérieur (enseignants en lycée, professionnels des spectacles et de l'information), neuf sont médecins, huit exercent des professions supérieures de type scientifique (chercheurs, ingénieurs), trois sont des cadres supérieurs, quinze (19%) exercent des professions intermédiaires d'exécution (sept employés, quatre techniciens ou agents de maîtrise, quatre cadres moyens de l'administration), deux sont des petits commerçants.

Enfin, onze auteurs (14%) ont exercé de multiples activités à différents niveaux de qualification (employés de la fonction publique, ouvriers, salariés agricoles, enseignants....).

Nous relevons donc la sur-représentation des professions supérieures ou moyennes du secteur culturel (40%), et fait plus rare dans le recrutement des écrivains, la présence notable d'auteurs réalisant des carrières supérieures dans le secteur des sciences et techniques (ingénieurs, chercheurs, mais surtout médecins - 21%). Le type de formation reçue par les auteurs renforce cette particularité : sur cinquante-huit auteurs dont nous connaissons la formation, vingt-quatre ont une formation littéraire (soit 41%), mais vingt une formation scientifique ou technique (soit 36%). Treize (soit 22%) ont une formation en sciences sociales et humaines (histoire, droit, etc...), six une formation artistique (10%). Sur soixante-dix-sept auteurs dont nous connaissons le niveau de formation, cinquante-huit ont fait des études supérieures (58% des réponses), parmi lesquels vingt-deux sont allés jusqu'à un troisième cycle universitaire (soit 28,5% des réponses). Seulement dix auteurs n'ont que le niveau du baccalauréat, et neuf n'ont pas dépassé le secondaire.

En ce qui concerne les professions culturelles, le recrutement des auteurs de S.F. ne contredit guère le recrutement des écrivains en général, il en est autrement pour ce qui est des professions supérieures scientifiques, techniques et médicales. Ce phénomène semble réellement particulier à la S.F. Quant au niveau de qualification, s'il est élevé en S.F., cela ne le distingue pas de celui des écrivains en général. Par contre, le type de formation les distingue des autres écrivains en général : ces derniers sont quasi exclusivement des littéraires alors que l'on relève une forte proportion de scientifiques chez les amateurs de S.F. (mais les littéraires y sont également majoritaires).

Sur l'ensemble des quatre-vingt-dix auteurs recensés, seulement trente-six ont pu vivre, à un moment ou à un autre de leur activité d'écrivain (ce qui semble correspondre, grossièrement à la proportion d'auteurs professionnels parmi les écrivains en général). Et, parmi ces auteurs, vingt-quatre sont des auteurs professionnels, au sens où ils n'ont pas d'autre activité rémunérée. Il s'agit pour la grande majorité, des auteurs les plus anciens du Fleuve Noir, très représentés dans cet échantillon, qui pouvaient passer d'une collection à une autre. Mais certains auteurs, récemment entrés au Fleuve vivent

« chichement », dit l'un deux, « grâce au travail de mon épouse » ajoute un autre, de leur production littéraire.

L'observation des différents types d'appartenance socio-professionnelle vient confirmer l'idée issue de l'analyse des origines sociales. Il existe un groupe d'auteurs dont les professions sont en rapport avec la culture. Mais ce groupe peut être scindé en deux en fonction du mode d'acquisition du capital culturel. Chez les favorisés, le capital culturel est hérité, chez les moins favorisés, issus des classes moyennes, il est acquis par la scolarisation (longue pour la plupart des écrivains de S.F.). De cette longue scolarisation les écrivains ont tiré des dispositions cultivées, renforcées par la « bonne volonté culturelle » enseignée par les parents. Certains parmi ces auteurs se sentent tellement proches du monde de la culture, ils s'y sont tellement identifiés, parce qu'ils l'enseignent ou la côtoient, qu'ils se qualifient eux-mêmes d'artistes ou d'intellectuels, alors que leur production littéraire est plutôt réduite (quelques nouvelles et de rares romans).

Un deuxième groupe est constitué des écrivains appartenant à la petite bourgeoisie d'exécution, ayant pourtant, réalisé des études supérieures. Ils ont acquis des ambitions culturelles qui n'ont pas trouvé à s'exercer dans le monde professionnel, et se trouvent réalisées dans l'écriture, en qualité d'amateur, ou de quasi-professionnel chez certains. Ces derniers, ont la plupart du temps exercé de multiples activités, ce sont de véritables nomades en ce qui concerne l'activité professionnelle hors-écriture. Pourtant, professionnels, ou en voie de professionnalisation, ils n'utilisent pas forcément le qualificatif d'artiste se définir. Comme s'il y avait des réticences, une modestie qui les empêcheraient de s'attribuer de tels titres prestigieux.

Le recrutement social des auteurs de S.F. distingue le genre de la littérature générale. Sans nul doute son « illégitimité » auprès des classes dominantes et cultivées se joue également ici.

Le recrutement distingue également le genre S.F. du roman policier. En effet, d'après Jacques Dubois, le roman policier, le Roman Noir, ou le « polar », comptent beaucoup d'auteurs issus des classes populaires. Peut-être exercent-ils pour cette raison, qui accentue son aspect « subversif », une attraction auprès des classes dominantes cultivées. Effet, que la S.F., trop tiraillée dans ses désirs d'être reconnue au plus haut niveau et ses désirs de rester ce qu'elle est, ne ressentirait pas. Ces tiraillements expliquent peut-être certains des comportements des amateurs du genre. Jacques Chambon, éditeur, nous avait décrit, à l'occasion d'une interview, l'aspect antipathique que pouvaient avoir les fans de S.F., à l'inverse des amateurs et auteurs de policier, « plus amusants » et adorés par les médias. Raymond Audemard, spécialiste des deux genres et animateur d'une émission de radio sur le sujet, nous avait lui-même parlé de la difficulté à communiquer des amateurs de S.F. (« le policier vend moins mais communique plus »). Philippe Hupp, autre éditeur, avait fait allusion aux réticences du milieu envers la vulgarisation et au discours savant venu de l'extérieur (surtout universitaire). L'assistante de la direction de « J'ai lu » nous avait également parlé des lettres de lecteurs, toujours argumentées, détaillées et exigeantes et par là-même agaçantes. Nous aussi avons été parfois surpris du parti-pris de certains fans à l'encontre des universitaires : forcément ignares et peu sérieux. Ces attitudes ne vont pas sans nous rappeler celles propres aux déracinés et « déclassés par le haut », que nous dirons « mal dans leur peau », dont parle Hoggart[1], s'opposant à celles des auteurs de « policiers », plus proches de leur milieu d'origine par leur jovialité et leur bonhomie sans complexes (attitudes que nous avons également remarquées chez certains auteurs populaires - du Fleuve Noir - et notamment dans leur langage, mêlant familiarité et discours savant).

Degrés de professionnalisation :

Les autonomes :

La grande majorité des auteurs de S.F. ne sont pas des professionnels de l'écriture. Sur les quatre-vingt-dix auteurs ayant publié des nouvelles, un ou plusieurs romans, seulement trente-six ont pu vivre à un moment donné de leur production littéraire. Dans notre recensement d'auteurs, beaucoup ont une production réduite, quelquefois parce que le temps laissé par l'activité professionnelle est restreint, ou parce que l'ambition

---

[1] R. Hoggart, La culture du pauvre, Ed. de Minuit, 1957.

avouée n'est pas d'être très productif. Cependant, certains auteurs, pourtant autonomes professionnellement ont une bibliographie assez fournie. C'est le cas d'écrivains du Fleuve Noir comme Pierre Barbet (pharmacien, biologiste exerçant des responsabilités professionnelles internationales), comme Robert Clauzel (cardiologue, il a refusé de répondre à notre questionnaire « par principe »). Particularité de cette littérature, on relève de nombreux écrivains exerçant ou ayant exercé des professions médicales ou para-médicales (Stephan Wul, dont la production est quantititativement moins importante que celle des précédents, est dentiste).

Grâce au questionnaire distribué auprès de quarante-sept auteurs, nous disposons de données qualitatives sur la situation professionnelle et l'ambition littéraire. Les réponses fournies par les auteurs, nous permettent de différencier des individus autonomes par rapport à 'écriture et pour lesquels l'écriture est une activité supplémentaire s'ajoutant à une activité épanouissante, et des individus pour lesquels l'écriture est un idéal provisoirement inaccessible, et l'activité professionnelle une contrainte.

Quinze auteurs (parmi les quarante-sept interrogés) qui ont une activité professionnelle régulière en dehors de leur activité littéraire ne souhaiteraient en aucun cas la quitter pour exercer l'écriture à temps plein. Ce sont en général des auteurs intégrés dans des professions supérieures, souvent scientifiques, professions qui selon l'expression de Jean-Claude Dunyach, « viennent nourrir » la production littéraire. C'est le cas de Pierre Barbet, de F. Berthelot, auteur du groupe « Limite », issu d'une famille de scientifiques renommés, il a lui même exercé une activité de recherche dans le domaine scientifique avant d'exercer la recherche dans le domaine littéraire. J.C. Dunyach est ingénieur de haut niveau dans le domaine de la technologie de pointe (aérospatiale), et attribue à son milieu professionnel les valeurs de la modernité : « stimulant », « milieu jeune », « secteur de pointe ». Richard Canal est enseignant universitaire en informatique. Il a également des activités de responsable dans le monde de l'enseignement. Pour celui-ci, comme pour Francis Berthelot, exercer une autre activité professionnelle en dehors de l'écriture est une garantie pour garder une production littéraire, certes réduite (en nombre d'oeuvres parues), mais indépendante des conditions économiques du marché. L'indépendance économique du créateur, l'absence de contraintes, sont des garanties de liberté et donc de qualité littéraire. Dans leur cas, les gratifications économiques et symboliques (prestige, satisfaction au travail) sont telles qu'il est logique de ne pas les voir choisir une carrière plus risquée. De plus, ils réalisent un double-bénéfice : convertir leur savoir scientifique en objet esthétique (paradoxalement, en ce qui concerne F. Berthelot, son expérience en matière de sciences exactes n'est pas sensible dans son oeuvre, il dit créer une « psychanalyse-fiction ») et gagner une grande considération dans un milieu littéraire pour lequel (pour certains de ses membres surtout), la connaissance scientifique est une valeur.

Dix auteurs déclarent, « si cela était possible », vouloir vivre de leurs oeuvres. Il s'agit d'auteurs exerçant dans des professions de type intermédiaire, du secteur exécution, mais également culturel (dans ce cas, il s'agit exclusivement d'enseignants).

Les auteurs membres du pôle exécutif avancent des arguments liés à la profession exercée : « Routine », « répétitivité », « horaires contraignants », insatisfaction des relations avec les collègues... A la différence de la profession et de ses inconvénients, l'activité littéraire est ressentie comme un moyen d'épanouissement de l'individu (« créer au lieu d'être le rouage d'une machine », dit Raymond Iss), un moyen de s'échapper des contraintes (hiérarchiques, de temps).Un auteur construit une opposition entre lui (« pour moi, cette profession n'est qu'alimentaire ») et ses collègues (« ils recherchent la réussite sociale »).

Les enseignants ont des arguments différents. Décrivant leur milieu professionnel, ils disent une absence de relations avec les collègues (cultivés mais avec « des goûts trop traditionnels », Pierre-Jean Brouillaud) et une profession trop consommatrice de temps (« il faut être écrivain ou enseignant mais pas les deux. J'admire ceux qui arrivent à être enseignants, qui sont mariés, qui ont des gamins et qui écrivent » - Pierre Stolze, entretien). Pour certains, l'enseignement ne constitue pas leur identité réelle : « Je fais le professeur, mais je suis un écrivain » (auteur publiant dans des supports variés, dont Fleuve Noir). Un autre auteur-professeur se dit insatisfait par sa fonction et appuie sur l'antagonisme qu'il y aurait entre l'enseignement (« ressassement ») et la création. Il emploie le terme

« d'échappatoire » pour exprimer ce que l'écriture représente pour lui (auteur « PDF »). Employant cette même expression d'échappatoire, J.P. Hubert parle de la littérature comme « d'un autre type de valorisation ». En plus de leur discours désenchanté sur l'enseignement, ces individus intégrés dans les professions de transmission du savoir se qualifient, dans le questionnaire, « d'intellectuels », « d'artistes » même s'ils ne sont pas des « professionnels » de la création. P.J. Brouillaud, par exemple, se dit « cadre supérieur de milieu artistique », Alain Grousset dit appartenir à un « milieu intellectuel, modeste financièrement ».

Nombreux sont les auteurs inscrits dans cette catégorie qui ont répondu aux questions sur leurs inspirations, leur représentation de l'activité d'écrivain, en des termes qui traduisent une volonté de transmettre des interrogations personnelles, intimes, loin des interrogations supposées des auteurs de S.F.. D. Martinigol, une des rares enseignantes à se dire satisfaite de sa profession pense qu'un écrivain désire « se raconter sur du papier ». Pour Alain Grousset « un écrivain est un exhibitionniste. Ses pulsions le poussent à montrer, au travers de ses écrits, ses sentiments, sa personnalité ». Pour Alain Paris (Fleuve Noir) « un individu qui matérialise en mots, son univers intérieur », pour Jean-Luc Triolo, « quelqu'un qui désire faire partager ses rêves à d'autres ». Les auteurs faisant référence dans leur définition à la mise en place dans l'écrit de la représentation personnelle du monde, au récit basé sur l'expérience individuelle, sont : P. Barbet, P. Curval, A. Grousset, J.P. Hubert, R. Iss, D. Martinigol, A. Paris, J.L. Triolo, J. Wintrebert, H.R. Bessière, J.M. Lemosquet, J.M. Blatrier, M. Papoz, M.A. Rayjean. La moitié de ces auteurs ne sont pas des professionnels de l'écriture, et parmi ceux-ci, si quelques uns ont publié dans des collections (A. Grousset en collaboration avec D. Martinigol), Marc Lemosquet (tout jeune auteur du Fleuve), Micky Papoz (roman non-S.F. publié, nouvelliste), les autres sont de purs amateurs qui publient dans les fanzines. Nous pouvons, en nous référant au discours porté sur la vie professionnelle de ses auteurs (frustration, déception, lassitude), supposer pour la plupart, les moins professionnalisés, une impossibilité à exprimer ailleurs que par le biais de la littérature, leurs attentes, leurs ambitions (nous avons trouvé des regrets au sujet d'un manque de relations au sein de leur monde professionnel, de mésentente avec les collègues de travail).

Les professionnels intégrés :

D'autres individus vivent d'une manière ou d'une autre de leur plume, nous trouvons parmi eux, quelques rares auteurs professionnels (le plus souvent les « anciens », polyvalents du Fleuve Noir), des écrivains qui ont des activités parallèles à la S.F., ou à l'écriture (traducteurs, lecteurs, éditeurs, libraires...), des écrivains qui se sont investis dans des champs parallèles à la littérature (journalisme, BD, audiovisuel...)

Des individus sont donc intégrés dans des professions littéraires ou para-littéraires. Les réalités sont très différentes. Certains écrivains ont une profession littéraire à part entière, qui est la suite d'une trajectoire dans la structuration du milieu (G. Klein, éditeur, P. Curval, journaliste et rédacteur). Interrogés par voie de questionnaire aucun ne souhaite quitter sa profession actuelle pour devenir écrivain professionnel, même si cela était possible. Cela tient au fait que leur activité les inscrit dans le milieu littéraire qu'ils apprécient, et aux caractéristiques négatives qu'ils relèvent dans la profession d'écrivain : « Travail de solitaire » (G. Klein), « j'ai besoin de la société, des hommes, des idées » (P. Curval).

Pour certains, l'écriture est une activité qui prolonge leur intérêt pour cette littérature (Patrice Duvic, directeur d'une collection d'un genre voisin, écrivain occasionnel), mais pour d'autres, les plus nombreux, les activités paralittéraires (traduction, correction, critique), sont des activités-supports qui ont un certain nombre d'avantages (dettes de réciprocité de la part des éditeurs-employeurs - les « services rendus » souvent dénoncés par ceux qui n'en bénéficient pas - la familiarité avec le « milieu » permet d'être au fait des informations indispensables - projets de parutions de romans, d'anthologies, de revues...). Même si ces professions sont mal rémunérées d'un point de vue économique, si elles ont le désavantage d'accaparer le temps des auteurs, elles sont néanmoins un gage d'investissement durable dans le milieu :

« Au bout d'une dizaine d'années à fréquenter le milieu, tu connais suffisamment de gens pour être sûr de trouver du boulot si tu sais faire autre chose qu'écrire. C'est-à-dire des traductions. Moi, je m'arrange toujours pour avoir un boulot et gagner des sous, même si c'est mal payé (...). En S.F., j'ai l'impression que c'est la norme de faire plusieurs trucs : traduire, écrire. Il y a beaucoup de gens qui sont vraiment polyvalents. ». (R.C. Wagner, entretien)

Les professions paralittéraires éloignées de la S.F. sont également représentées par les auteurs journalistes et « pigistes », ou ayant investi l'audiovisuel (rares, cela concerne des auteurs de S.F. « occasionnels »).

Les écrivains « professionnels » à proprement parler sont rares. Dans l'échantillon de quarante-sept individus, ils sont dix (et depuis le recueil des informations, la situation a changé, suite aux restructurations du Fleuve Noir), dans notre recensement (de moyenne d'âge supérieure) les individus dont nous sommes sûrs qu'ils ont pu être des professionnels sont vingt-quatre. Des auteurs comme J.P. Andrevon, M..Jeury (qui n'écrit plus de la S.F.) ont une production importante. C'est le cas également d'auteurs du Fleuve Noir comme H.R. Bessière, D. Piret, M.A. Rayjean (et comme beaucoup d'autres auteurs du Fleuve Noir, ou de littérature populaire qui n'ont pas répondu à ce questionnaire, mais dont nous savons qu'ils sont des professionnels - ce qui ne veut pas dire que tous les auteurs du Fleuve sont professionnels). Il faut dire qu'ils ont commencé leur carrière au plus tard vers le début des années soixante-dix.

Parmi les jeunes générations, quelques professionnels existent. Ils disent tous vivre « mal » et « prendre des risques » (tel Pierre Stolze, enseignant en disponibilité). Pour tous l'apport économique du travail de la femme est indispensable : Roland C. Wagner en parle comme de son « mécène ». C. Ecken insiste également sur l'importance du soutien féminin, ainsi que P. Stolze :

« Je vis avec une fille depuis maintenant 15 ans, et j'en avais marre parce qu'être enseignant et être écrivain c'est pas possible. C'est l'un ou l'autre. Alors un jour j'ai dit : j'en ai marre je veux être écrivain, est ce que tu veux bien faire bouillir la marmite toute seule ? Et ça fait huit ans que ça dure... La vie privée c'est très important, il y a peu d'écrivains qui vivent de leur plume, sauf peut-être Brussolo. Il y en a deux - A. et moi - : c'est leur bonne femme qui les fait vivre ! Et je lui dis : le jour où je suis célèbre, toi tu te mets en congé. Depuis le temps que ça dure je ne suis pas encore célèbre... C'est pas grave. C'est grâce à elle que j'ai pu écrire le roman pour « J'ai lu ». (entretien)

Ce passage révèle également les renoncements qu'impose l'investissement dans une carrière littéraire et pour un aboutissement qui n'est jamais certain.

Il leur est quelquefois difficile de se faire reconnaître socialement. Exerçant une profession qui se distingue de l'image dominante du travail salarié. G.M. Dumoulin, auteur du Fleuve Noir, dans son autobiographie, raconte une anecdote familiale :

« Mais elle, son père, il travaille ! Celle-là mes deux filles me l'ont servie, autour de cinq ou six ans, à quelques années d'intervalle. Je ne sors pas de chez moi, donc, je me les roule ! Mieux, je m'amuse toute la journée avec ce joujou crépitant qui peut écrire ton nom ou caca-boudin ou toute autre chose aussi drôle, quand on te permet d'y toucher ! » (G. Morris-Dumoulin, Le forçat de l'underwood, 1993, p 121)[1].

Difficile également de faire admettre les longues périodes d'inactivité, les moments vides propices à la réflexion :

« Brunner disait que c'est toujours très difficile d'expliquer à sa femme, que quand il était en train de regarder le ciel par la fenêtre, il était en train de travailler. (...) Il faut avoir du temps de libre pour pouvoir penser ». (R.C. Wagner, entretien)

Tout ceci s'ajoutant à la précarité de la situation financière (pour les plus jeunes). Ce malaise, résultat de toutes ces difficultés, nous rappelle les constatations de chercheurs qui observent chez les artistes, une tendance à surévaluer le temps passé au travail artistique. F. De Singly, fait le rapprochement avec les femmes au foyer, du fait que « l'absence de reconnaissance sociale - sous sa forme dominante, l'argent, contraint les individus non-rémunérés financièrement à s'affirmer par un autre critère : le temps de travail »[2]. C. Simpson[3] relie cette tendance à ce qu'il appelle, empruntant à Max Weber, « l'éthique esthétique », la volonté

---

[1] G. Morris-Dumoulin, Le forçat de l'underwood, Ed. Manya, 1993.
[2] F. De Singly, «Artistes en vue», note critique, Revue Française de Sociologie, XXVII, 1986, p 538.
[3] C. Simpson, «Artist and Public», in, Art and Society, readings in the sociology of the Arts, sous la direction de A W Foster et J R Blau, State University of New York Press, Suny, 1989.

d'engagement total vis à vis de son Art, quels que soient les sacrifices. Volonté d'engagement total que nous avons observée facilement chez les plus jeunes auteurs investis dans une carrière professionnelle littéraire. Parce que des réticences familiales sont à combattre. Réticences liées d'abord à ce que la profession d'écrivain a d'irrégulier et d'incertain, quelquefois vécue comme un sacerdoce....

« Ma mère me dit de temps en temps : mais trouves-toi un métier sérieux . Les lettres d'anniversaire, c'est : 28 ans déjà, quand vas-tu trouver un métier qui paye, plutôt que d'être écrivain. Alors que moi j'allais de galère en galère... Chaque fois que je voyais mon père, il me disait : changes ! Mais je peux pas ! C'est ça ma vie, sinon je crève. Et je continuerais jusqu'à ce que je crève. Je crèverai peut-être jeune, mais ce sera ça ». (C. Ecken, entretien).

Jean-Marc Ligny, qui décrit pourtant une famille ouverte, libérale, « soixante-huitarde », s'est également confronté, ce qu'il considère comme un paradoxe, à ces réticences vis à vis de cette « vocation ».

Ces écrivains qui n'exercent pas d'autre activité ont pour caractéristique de ne pas avoir été intégrés dans une profession précise. Claude Ecken (FNA) a exercé de multiples professions à des niveaux hiérarchiques extrêmement divers et demandant des compétences très variées. J.M. Ligny (FNA et « PDF ») a exercé une profession purement alimentaire dans l'imprimerie, activité qui alliait à un statut bas (ouvrier) des conditions de travail mal acceptées (horaires contraignants,...). R.C. Wagner (FNA - n'a pas répondu au questionnaire) a également exercé de multiples activités, et ses propos, sur un mode humoristique, rendent compte d'une particularité dans l'image de l'écrivain de S.F.. Si certains auteurs de ce genre, partagent avec les auteurs de littérature générale, un ensemble de représentations, issues du XIXème, de ce qu'est la vie d'écrivain (ascétisme, marginalité...), certaines représentations sont particulières à la S.F., et se réfèrent à l'univers S.F. américain (premières activités dans le fandom, professionnalisation progressive, multiples professions exercées avant la consécration...) :

« Enquêteur : Tu as exercé d'autres activités professionnelles ?
R.C. Wagner : Pas vraiment, non. J'ai fait des petits machins. J'ai même tenu un kiosque à journaux, parce que « J'ai lu »,

dans toutes les biographies d'écrivains : « a vendu des journaux ». Alors il fallait bien que je vende des journaux, quoi ! (rires) ».

Pour un autre alors jeune auteur du Fleuve, Ayerdhal (aujourd'hui, il publie chez « J'ai lu »), si le statut de ses activités successives est supérieur à ceux des trois autres écrivains, il les rejoint par la multiplicité des postes occupés (on remarque également le flou dans l'énumération des professions, « professions libérales dans le secteur marketing », « domaine socioculturel »).

Aux réticences de la famille sur le choix d'une telle carrière, s'ajoute l'indignité d'un genre mineur : « la S.F., c'était des bêtises » (C. Ecken).

« Le milieu (familial) n'a pas joué pour la S.F.. Ils me demandent toujours pourquoi j'écris de la S.F. et pas autre chose ». (P. Stolze, entretien).

Pour les rares femmes auteurs de S.F., la question des risques liés à une telle carrière, n'est pas aussi douloureuse. Ainsi, les deux femmes écrivains que nous avons interrogées, étaient mariées lorsqu'elles ont commencé à écrire, et seule l'une d'elles a réalisé une trajectoire professionnelle littéraire ou paralittéraire, que la sécurité donnée par l'emploi du conjoint n'a guère contrariée (il s'agit de Joëlle Wintrebert, quant à Danièle Martinigol, elle était enseignante, et l'est toujours).

« Enquêteur : vos parents n'étaient pas trop inquiets à cause de l'inconfort qu'une carrière littéraire peut comporter financièrement ?
J. Wintrebert : Moi j'ai quand même eu de la chance, c'est que j'ai épousé un universitaire. Quand on s'est marié, il avait vingt-deux ans et enseignant déjà en fac. Donc on pouvait réussir à s'en sortir malgré les périodes de vaches maigres. Mes parents étaient rassurés sur ce plan là. C'est pas comme si j'étais dans une marginalité totale, ce qui aurait pu se passer ».

Joëlle Wintrebert a bénéficié du soutien de son conjoint, il n'en est pas de même pour d'autres auteurs féminins, c'est le cas de l'écrivain qui a raconté, à titre d'exemple révélateur de l'attitude de son époux, lors d'une conférence sur l'expérience particulière[1] des femmes auteurs de S.F. (expérience particulière

---

[1] Anecdotique, mais révélateur des vécus différents des auteurs-femmes, les deux enquêtées ont plutôt mis l'accent, dans leur évocation du contexte familial, sur leur relation avec leur mère, et ont toutes deux évoqué leur

car rare - mais ce n'est pas là une particularité au genre S.F., le champ littéraire étant en général largement dominé, quantitativement, par les hommes), un échange de propos matrimoniaux particulièrement cocasse. A son conjoint qui lui demandait quelle était son occupation (silencieuse), elle répondait « j'écris », et se vit rétorquer la question : « A qui ? »

Pour en revenir aux auteurs professionnels, si la précarité de leur situation est citée par certains, Max Anthony (FNA), un temps enseignant vacataire, met en opposition ce « métier épouvantable » et sa profession d'écrivain, qui ne lui autorise pas la liberté d'imagination :

« Je gagne à peu près autant qu'un balayeur, mais je fais un vrai travail bi-hémisphérique. Mes deux hémisphères cérébraux travaillent et non pas seulement la moulinette cartésienne (gauche) comme dans le métier de prof. » (Max Anthony, questionnaire)

Hormis Ayerdhal qui se décrit comme appartenant à une « bourgeoisie de profession libérale et artistique », et Joëlle Wintrebert comme faisant partie du groupe des « intellocrates », les auteurs professionnels ou intégrés dans le champ littéraire marquent dans leurs réponses la dichotomie entre les multiples

---

difficulté à ménager la pudeur de celles-ci, à propos des éventuels passages érotiques de leurs écrits (les deux entretiens ont été menés à distance l'un de l'autre, dans des lieux différents. Ainsi, J. Wintrebert, raconte la qualification de «torchon», portée par sa mère à propos d'un de ses romans, comportant un passage érotique. Quant à D. Martinigol, auteur de S.F. pour la jeunesse, elle avoue ses hésitations à écrire pour les adultes, en raison notamment, de ce qu'on pourrait appeler, un certain refoulement : «Je pense que mes copains écrivains sentent des potentialités d'écrire pour les adultes, chez moi. C'est vrai, ça me tente beaucoup. Mais, s'il y opposition de ma famille, elle serait là, dans l'auto-censure. J'ai une mère qui a une personnalité très très forte. C'est une musicienne. Elle a loupé en quelque sorte sa carrière de soliste, mais elle joue très bien du piano. Je pense qu'il y a une transfiguration de son tempérament artistique vers la musique, chez moi avec l'écriture - la sensibilité aux mots. On a toujours eu des rapports attirance/répulsion avec ma mère, je ne peux pas me passer d'elle, mais régulièrement on s'engueule. Mais je me dis si j'écris quelque chose qui la choque... Parce qu'elle fait partie de ces gens de la France profonde... Je suis d'une vieille famille protestante - ça expliquera peut être tout - où il y a une rigueur morale, ce qui fait que si jamais j'écris une scène érotique dans un de mes romans je suis à peu près sûre que ma mère va m'engueuler. Alors à 44 ans je peux passer par là-dessus, j'en suis capable, mais si je le dis c'est que je sais que ça a effectivement joué...»

bénéfices de l'exercice de la profession d'écriture et l'apport financier : Jacques Barbéri, ancien dentiste reconverti, du groupe « Limite » se dit « privilégié non-aisé », Samuel Dharma, jeune auteur du Fleuve mène une vie « modeste financièrement mais riche en amplitude », Richard D. Nolane, auteur professionnel, d'essais et de littérature populaire se dit « relativement aisé avec des hauts et bas propres aux professions artistiques ». Ce type de réponses émane à la fois d'auteurs vivant de leurs travaux d'écriture, de leur production littéraire à proprement parler, et de professionnels de la culture, à la production littéraire plus réduite (enseignants, surtout).

Pour la plupart des auteurs l'activité littéraire se vit dans la marginalité et le milieu social auquel elle donne accès ne se catégorise pas de manière classique pour tous les écrivains. Il faut dire, que tous ses auteurs ont consenti des sacrifices à l'exercice de la profession (tous tentent de devenir, ont, ou ont été provisoirement, des professionnels de l'écriture, ou encore investissent beaucoup de temps dans la promotion - fans les plus actifs). J.M. Ligny (professionnel, « PDF » et FNA) se décrit comme un « marginal culturel breton », Yves Frémion (S.F. politique française, vit de sa plume) comme « génial », E. Jouanne, de « Limite et F. Valéry (fan actif) se disent « sans milieu social », Jacques Mondolini (a publié chez « PDF ») se dit « saltimbanque », quant au milieu social de Michel Jeury, auteur professionnel, il le pense « indéfinissable ».

L'écriture a des satisfactions : une certaine considération de l'entourage pour la noblesse de la tâche. Claude Ecken raconte le respect dont il faisait l'objet, de la part de ses collègues, alors qu'il était employé temporairement comme ouvrier. R.D. Nolane, qui pendant cinq temps a exercé une activité d'employé, fait la même remarque (« ils avaient de la sympathie pour l'écrivain de la maison »). Pour des anciens du Fleuve, écrire c'est laisser libre-cours à son imaginaire mais également délivrer un « message » (M.A. Rayjean), « s'exprimer » (H.R. Bessière), tenter d'égaler un maître (M.A. Rayjean qui écrit son admiration pour Max-André Dazergues). Activité non-routinière, indépendante, qui permet une liberté horaire (tous les auteurs professionnels s'en satisfont), mal-rémunérée pour la plupart (propos d'un éditeur) elle n'est pas, pour les plus anciennement investis dans la littérature populaire, dépourvue d'apports matériels (question rarement évoquée).

Des auteurs définissent l'écrivain à l'aide de descriptions, d'expressions faisant référence à la création, à « l'artistique », nous notons la présence de deux « références » (auteurs cités comme des inspirateurs par les jeunes générations) : P. Curval et M. Jeury. Ils sont, avec huit autres auteurs (Ayerdhal, J.M. Ligny, J. Wintrebert, D. Piret, M. Anthony, M. Honaker, M.A. Rayjean, E. Jouanne) très investis dans la carrière littéraire (professionnels ou intégrés dans le champ) . Et, en ce qui concerne certains de ceux-ci, non seulement ils sont investis dans une carrière personnelle, mais ont été liés activement à des tendances qui souhaitaient réformer le genre : J. Wintrebert et J.P. Hubert (qui n'est pas « professionnel ») pour la S.F. politique, et Emmanuel Jouanne, leader du groupe « Limite ». Cette représentation de l'écrivain artiste, créateur, peut être considérée comme héritière d'une vision romantique de l'activité d'écriture. Parmi ces réponses, une seule n'émane pas d'un auteur très investi dans l'écriture, celle d'un « nouvelliste », M. Lamart, qui par son discours et sa trajectoire personnelle (enseignant en lettres, poète), s'inscrit tout à fait dans cette tradition. Relevons également que parmi ces auteurs professionnels, quatre sont des auteurs du Fleuve Noir, ce qui démontre qu'être un auteur des collections les moins légitimes, n'entraîne pas forcément une auto-censure vis à vis des présentations de soi les plus légitimes.

L'écrivain, pour d'autres personnes, est présenté comme quelqu'un qui a quelque chose à transmettre. Le mot « message » est quelquefois employé : « Un écrivain est quelqu'un qui ne sait pas parler donc il écrit pour transmettre son message » (J.M. Ligny, jeune auteur FNA et « PDF »), « un témoin de son temps, un raconteur d'histoires plus ou moins essayiste ou philosophe (...). L'essentiel est dans la relation avec quelqu'un, quelque part, proche et lointain à la fois » (C. Ecken, FNA), « témoigner par écrit sur les rapports entre l'individu et la société de son temps », « traduire son appréciation sensuelle du monde » (P. Curval, S.F. littéraire, « référence », « PDF »), « (quelqu'un qui) désire faire partager... » (P. Barbet, FNA, « ancien »).

Certains auteurs n'accordent le statut d'écrivain qu'aux seuls individus en faisant le « métier », « la profession », qui en reçoivent rétribution. Parmi ces auteurs, quatre sont des professionnels de l'écriture, tous publiant au Fleuve Noir, deux aspirent à le devenir (un écrit pour le Fleuve Noir) : un écrivain est... « quelqu'un qui vit, ou aimerait vivre de sa plume » (P. Stolze), « quelqu'un qui gagne sa croûte en écrivant des mots » (J.M. Ligny), « quelqu'un qui écrit pour être lu, aléatoirement pour bouffer » (Ayerdhal), « personne vivant de son écriture à l'exclusion des journalistes » (Laurent Genefort), « c'est quelqu'un qui a écrit quelque chose, que quelqu'un paiera, d'une manière ou d'une autre, pour le lire » (Gérard Klein), « je crois que la « reconnaissance » est indispensable, donc je pense qu'un écrivain est quelqu'un qui écrit et qui est publié professionnellement plus ou moins régulièrement et qui donc tire une partie de ses revenus de l'écriture. Je pense que c'est un métier non un passe-temps ». (F. Valéry).

Pour beaucoup un écrivain est un être soumis au désir d'écrire : « Un homme mené par la volonté créatrice » (P. Curval), « a un besoin viscéral (d'écrire). C'est une respiration » (D. Martinigol), « ses pulsions le poussent (à écrire) » (A. Grousset), « écrire est un maître absolu : tout lui est subordonné ! » (anonyme), « la nécessité intérieure l'oblige à communiquer » (J. Wintrebert). Mais, cette nécessité est liée à une douleur, un prix à payer, une condamnation sociale, une marginalité : « C'est quelqu'un dont les obligations professionnelles (s'asseoir à son bureau et écrire tous les jours...) sont rarement compatibles avec toutes ses autres activités (vie sociale, premier métier...) » (Pascal Fréjean), « un écrivain est un auteur qui a mal tourné » (Jacques Barbéri), « un emmerdeur » (Yves Frémion), « un bagnard » (J. P. Andrevon).

Ceux qui ont exprimé en termes de douleur, de nécessité impérieuse d'écrire, sont ceux qui effectivement se sont le plus risqués dans la carrière (ou qui en ont l'ambition : J.P. Andrevon (professionnel), Axelman (qui en a l'ambition, exerce une profession « alimentaire »), J. Barbéri (ancien dentiste, « reconverti » et intégré dans le champ), P. Curval (intégré dans le champ littéraire, éloigné de son milieu d'origine : haute bourgeoisie), P. Fréjean (profession alimentaire), Yves Frémion (intégré dans un champ parallèle), A. Grousset (souhaiterait devenir professionnel, exerce une profession alimentaire), J.M. Ligny (trajectoire professionnelle antérieure sinueuse), J. Wintrebert (intégrée dans le champ, professionnelle), et un auteur anonyme (« je fais le professeur, mais je suis un écrivain »).

Cette représentation de l'écrivain marginal, menant une vie de douleur, sacrifiant tout à son art est directement issue du XIXème siècle et de l'expérience des « écrivains maudits », héritiers du romantisme. Représentation diffusée par les instances les plus légitimes, il est logique de trouver dans cette liste, pour la moitié d'entre eux, les auteurs ayant publié dans la collection de S.F. qui montre le plus de respect pour les valeurs les plus nobles de la littérature (« PDF »). Nous notons également que ces auteurs sont majoritairement issus des classes moyennes les plus éloignées des pôles cultivés de la société et ont suivi une scolarisation longue. Nous pouvons donc supposer que l'environnement socioculturel de tous ces auteurs était propice à la transmission d'une représentation noble et romanesque de la littérature et de l'écriture.

La plupart de ces auteurs s'inscrivant dans cette représentation romantique et ascétique de l'écriture, font résulter de la carrière littéraire, la marginalisation relative (ce qui est le cas pour de rares auteurs ayant quitté des professions assurant une situation confortable). En fait, si nous nous penchons, sur la trajectoire de quelques uns (Andrevon, Wintrebert, Ligny...), nous nous apercevons qu'ils ont intégré un type de profession littéraire dès leur arrivée sur le marché du travail et/ou, ont eu une trajectoire professionnelle antérieure sinueuse. Nous pouvons donc supposer une réinterprétation de la trajectoire, une « transformation idéologique d'un destin en libre choix »[1].

« La dimension du choix est niée par le schème de l'appel irrésistible de la vocation, l'aléa de la réussite s'efface derrière le motif de la prédestination » (P.M. Menger, 1989, p 111)[2].

Ces attitudes sont à mettre en relation avec l'expérience de certains auteurs du XIX ème siècle. La marginalité réelle de certains écrivains, devient partie intégrante de leur identité revendiquée.

« Le mythe assume et sublime les distorsions de la réalité, fait des contraintes de l'existence un privilège, inverse les signes

---

[1] Nous empruntons cette expression à L. Boltanski et J.C. Chamborédon («Hommes de métier, hommes de qualité», in, Un art moyen, sous la direction de P Bourdieu, Editions de Minuit, 1965).
[2] P.M. Menger, «Rationalité et incertitude de la vie d'artiste», in L'Année sociologique, 39, 1989.

négatifs : ce sont les effets d'un travail idéologique ». (C. Abastado)[1]

Rimbaud, Mallarmé, Lautréamont, Villiers de L'Isle-Adam, Baudelaire, sont identifiés dans les dictionnaires comme des « poètes maudits ». Héritiers du romantisme, ils vivent une existence « sous le signe du tragique », faite de frustrations affectives, de difficultés financières, contraints de supporter un corps sous le signe du « tragique » (maladies, déchéance physique, toxicomanie...), ils s'attribuent la marginalité qu'ils subissent, et clament leur anti-conformisme, et comme leurs illustres prédécesseurs, ils se veulent visionnaires.

Baudelaire est un parfait exemple de l'attitude qui contribue à la formation du mythe de l'écrivain maudit : l'ascèse. Claude Abastado décrit des restrictions que Baudelaire s'est imposé sa vie durant dans sa vie sociale et affective, il est un des représentants de cette tendance littéraire qui proclame « l'Art pour l'Art ». C'est une représentation de ce que le sociologue américain Foster (qui constate sa permanence parmi les créateurs contemporains), reprenant Max Weber, appelle « l'éthique esthétique », la volonté de s'engager corps et âme dans l'oeuvre artistique, vers un esthétisme tragique hérité du romantisme du XIXème :

« Une représentation du rôle de l'artiste qui doit beaucoup au mouvement romantique du XIXème siècle ».[2]

Cette vie ascétique nous rappelle l'expérience d'un auteur tentant de devenir professionnel, Claude Ecken (FNA), que nous avons interviewé. Le début de sa trajectoire d'auteur se présente comme une rupture avec le milieu familial, une transgression de toutes les règles imposées par la famille (chez laquelle loisirs et activités culturelles étaient absents), et l'apprentissage de la sociabilité :

« J'écoutais de la musique, j'allais au cinéma pratiquement tout le temps. Et puis, j'étais tout le temps en sortie avec les copains, à picoler, à me coucher tard. A vivre ensemble ! Parce

---

[1] C. Abastado, <u>Mythes et rituels de l'écriture</u>, Editions Complexe, coll Creusets, 1979
[2] «a version of the artist's role that owes much to the Romantic movement of the 19th century» (C. Simpson, 1989, p 77). C. Simpson, «Artist and Public», in, <u>Art and Society, readings in the sociology of the Arts</u>, sous la direction de A.W. Foster et J.R. Blau, State University of New York Press, Suny, 1989.

que tout ça je ne le connaissais pas, je ne savais pas vivre avec les autres.
Enquêteur : c'était exactement l'opposé de ce que vous aviez vécu avec vos parents... »
C. Ecken : Oui, c'était une existence un peu débridée, une vie de patachon, qui était : « on rattrape ».

L'expérience de la marginalité est racontée sous des formes multiples : marginalité par rapport à la famille (trajectoire matrimoniale différente de celles des frères, absence pendant les premières années de perspective matrimoniale), marginalité sociale et économique (solitude, aucune intégration professionnelle, professions peu valorisantes et mal-rémunérées, mauvaises conditions d'hébergement), stigmates physiques (dégradation physique, maladie, consommation d'alcool). Dans le récit surgissent sous forme directe les interdits parentaux (« attention c'est de l'alcool ! »), qui évoque un mode de vie qui se veut insoumis.

« Je suis le vilain canard. Les autres se sont mariés, ils ont des enfants, ils sont dans le rang. Moi, je vivais tout seul, je n'avais pas de copine, je ne pouvais même pas espérer que celle là... un jour...peut-être...Il n'y en avait pas. Je vivais de rien, de petit de boulots. J'élevais des chiens, un moment. Je surveillais les incendies de montagne. Des petits trucs. Un studio minable avec plein de bouquins. J'avais une santé un peu déclinante. J'étais pas en bonne forme, une barbe parfois en broussaille et des cheveux bien longs. Ça n'allait pas quoi. Je fumais, un peu d'alcool. « Attention c'est de l'alcool ! » Ma mère me le dit encore maintenant ».

La situation précaire est présentée comme un libre-choix, comme un sacrifice à consentir aux ambitions littéraires. Nous percevons ici « l'éthique esthétique », la soumission totale aux contraintes de l'Art :

« Quand on veut commencer, on ne veut pas être prisonnier d'un métier qui empêcherait d'écrire. Et c'est vrai qu'il y a beaucoup de gens qui ont des prétentions d'écrivains, mais qui finalement ne font rien parce qu'ils sont pris dans le rythme de la vie active, huit heures par jour. Et alors, si jamais, tout d'un coup ils rencontrent l'élue de leur coeur, la vie de couple laisse encore moins de loisirs. Et si après il y a des enfants... Il y a plein d'auteurs qui comme ça ont arrêté d'écrire, qui avaient peut-être des carrières qui s'ouvraient pour eux et d'autres qui avaient simplement des velléités et qui n'en n'ont rien fait. Nous, on se méfie un peu de ça. Moi en tout cas. J'ai donc préféré me contenter de jobs qui me laissaient du temps libre. Et aussi du temps libre pour ne rien faire pendant certaines périodes, où je me suis reconstruit après avoir quitté la maison paternelle ».

Des différenciations existent entre les écrivains en ce qui concerne leur fréquentation du milieu S.F. et leurs relations avec le monde des pairs. La moitié de notre échantillon, a peu d'activités à l'intérieur du champ littéraire et dans le milieu S.F. en particulier, en dehors de leur production littéraire. Leur appartenance au milieu S.F. s'exprime uniquement par leur activité d'écriture. C'est le cas d'un certain nombre d'auteurs du Fleuve Noir, qui n'ont pas plus de relations avec les autres auteurs et amateurs, qu'avec leur propre maison d'édition. C'est également le cas d'auteurs à la production qui fait « référence », dont la réussite littéraire s'accompagne d'un éloignement avec le milieu des fans, des promoteurs. Ce sont également ceux qui développent des attitudes de rejet par rapport au genre (J.P. Andrevon par exemple, qui dit lire de la S.F. américaine mais se désintéresser de son expression française). Nous citerons également les cas de Serge Brussolo qui n'a pas retourné le questionnaire que nous lui avons adressé, et de Pierre Pelot qui nous a communiqué son refus d'y répondre en affirmant autant un rejet de la recherche par questionnaire, que de la S.F. française[1].

R. Moulin dans sa recherche sur les artistes plasticiens relève des constances, liées à une « mythologie de l'artiste », dans les comportements des créateurs.

Outre le thème du hasard de la rencontre (« thème de la rencontre qui modifie le destin de l'enfant doué », rencontre due au hasard, même si 69% des artistes ont un lien de parenté avec un ou plusieurs artistes - attitude dont nous avons un exemple dans notre recherche, avec le cas de cet auteur, écrivant sous pseudonyme, qui n'a jamais fait référence au rôle de son père, dans sa découverte du genre ou dans son entrée dans la carrière,

---

[1] P. Pelot nous écrit : «Une réponse sérieuse à cette avalanche de questions demanderait du temps - que je n'ai pas - et une certaine indiscrétion, dans la tournure d'esprit concernant les autres en particulier - que je n'ai pas davantage. Vous ne m'en voudrez pas de vous retourner le questionnaire vide, la «S.F. française» en général, ou en particulier, ne me parait pas, d'autre part mériter cet intérêt débordant».

et dont nous avons appris par ailleurs qu'il était un promoteur, auteur de livres sur la S.F.), de la marginalité annoncée (qui se constate concrètement en ce qui concerne le statut matrimonial, le nombre d'enfants), de la contestation des valeurs parentales de recherche de confort économique et de respectabilité. On trouve chez les artistes célébrés, reconnus de leurs pairs, la volonté de paraître singulier :

« Les artistes, lorsqu'ils se sont fait un nom, refusent les étiquettes, chacun voulant être saisi dans sa singularité ». (R. Moulin, 1992, p 291-292)[1]

Pour d'autres auteurs, la vie d'écrivain s'accompagne d'une réactivation épisodique de cette appartenance par la participation à des rencontres institutionnelles : la convention nationale de S.F. (annuelle), les festivals, le « déjeuner du lundi » rencontre hebdomadaire parisienne, les séances de dédicaces organisées par les libraires...

C'est auprès de ces auteurs, les moins investis dans l'organisation de la vie littéraire, que nous avons recueillis les propos les plus critiques sur le monde des fans et de la critique. Un auteur le dit « sans intérêt », un autre répond à la question, « si vous avez cessé de fréquenter, ou si vous ne fréquentez pas le milieu, pouvez-vous expliquer pourquoi ? » : « Pas sans être désagréable ». Chez des auteurs du Fleuve Noir, la réponse est plus précise, sont rejetés le « parisianisme », « la chapelle », « le clan », les participations intéressées de certains auteurs cherchant à « se placer » auprès des éditeurs, les médisances... Ces « médisances » sont reconnues par les auteurs comme un jeu :

« ... Il y a toujours quelqu'un qui va glisser une peau de banane sous les pieds d'un autre. C'est pas pour autant qu'ils ne se parlent plus. J'ai entendu dire d'un tel, que s'il faisait un compliment à un auteur, ça ne voulait pas dire pour autant qu'il avait lu son livre. J'ai trouvé ça un peu méchant. Et puis j'ai vu plus tard, qu'ils discutaient tous les deux ensemble.
E : C'est un peu le jeu du milieu.
e : Un peu oui. Chacun critique les autres, mais on ne se vexe pas ». (entretien avec un auteur actif dans le milieu).

---

[1] R Moulin, L'artiste, l'Institution et le Marché, Flammarion, 1992.

En revanche les bénéfices tirés de la fréquentation du « milieu » pour la carrière, sont niés par les écrivains présents régulièrement aux manifestations, primés par leurs pairs (le prix Rosny Aîné est attribué par les participants aux conventions...), critiqués dans les fanzines. Ainsi, un auteur interviewé sur sa trajectoire littéraire, commence par ne pas se prononcer sur les avantages que les écrivains retirent, d'un point de vue éditorial, de leur fréquentation des lieux de rencontres entre éditeurs, rédacteurs de revues et promoteurs de S.F. :

« Enquêteur : Et vous fréquentiez le milieu de la S.F. (au moment des premières parutions) ?
enquêté : Pas du tout. Pendant des années je ne l'ai pas fréquenté. J'ai publié en 1977, et je l'ai fréquenté que 5 ans plus tard, un peu par hasard. (...) Maintenant est ce que ça sert de connaître les gens du milieu ou pas, ça je ne sais pas. Je connais des auteurs que « J'ai lu » et qui n'ont jamais été ni, à une convention ni a aucune réunion ». (entretien mené au cours d'une convention de S.F.)

Notons qu'au cours de l'entretien, aucune question sur « l'utilité » pour la carrière littéraire de fréquenter les conventions n'a été posée explicitement. Mais l'enquêté a très bien interprété le sens implicite de la question, la demande latente de l'enquêteur, ce qui prouve que le problème de l'intérêt se pose également pour l'auteur. D'ailleurs après la relance très directive de l'enquêteur, l'auteur cite un épisode de sa trajectoire personnelle et en fait une conclusion :

« Enquêteur : Et y-a-t-il des rencontres qui vous ont poussé à publier ou à proposer des écrits ?
enquêté : Oui, il existait une revue qui s'appelait B., qui était annuelle, et des personnes m'ont demandé d'écrire une nouvelle spécifique pour leur revue. Ça, effectivement ça aide pour être publié. Même quand il y a des concours de nouvelles, ça aide de passer dans les conventions, de savoir que telle revue se crée, que tel concours se fait, pour pouvoir écrire. Plusieurs fois j'ai pu placer des nouvelles comme ça. Ça aide c'est sûr ».

Nous avons trouvé maintes fois le thème du « manuscrit envoyé par la poste », qui vient nous rappeler le thème du « hasard de la rencontre » relevé par R. Moulin chez les artistes plasticiens. Quand la trajectoire d'un auteur, membre du milieu des amateurs parisiens (et professionnel), ne s'inscrit pas dans le cadre de la révélation quasi-fortuite, il ne manque pas de citer le cas d'un autre auteur en exemple.

« La première fois que j'ai entendu parler de lui, il avait envoyé une longue lettre très élégante, remarquablement bien tournée, très intelligente à D.. Personne ne savait qui c'était, il était en train d'écrire son premier bouquin (...) publié par la suite. » (à propos d'un auteur révélé dans un « manuscrit envoyé par la poste ».

A propos de ce thème, un troisième auteur (non-professionnel) insiste clairement sur l'absence d'intermédiaire, de recommandation, de connaissance du milieu, qui a entouré sa première publication :

« Enquêteur : Et comment êtes-vous passé de l'écriture à la publication...oui à la publication ?

enquêté : Comme tout le monde, en mettant dans une lettre et en l'envoyant au rédacteur en chef. C'est...il faut le dire, c'est vraiment le cas...j'ai envoyé le manuscrit non-tapé au format, à l'adresse, sans préciser le nom du rédacteur en chef, je ne connaissais personne, et ça a été lu, et ça a été accepté. C'est-à-dire que c'est vraiment le cas de l'envoi par la poste anonyme. Et c'est souvent comme ça que ça se passe ».

Nous ne nions pas la réalité d'une telle expérience mais les reconstitutions de carrière auxquelles nous nous sommes livrées, nous démontrent que ce cas de figure est le moins courant. Une telle insistance démontre que cette expérience est valorisante pour l'auteur, elle lui apporte la preuve que son talent, et son talent seul, est récompensé, et que malgré les barrières (manuscrit ne respectant pas les normes de l'édition - format, frappe - méconnaissance du nom du rédacteur), son texte a été élu.

Ce même écrivain reconnaît plus loin dans l'entretien, l'importance de la publication dans les supports spécifiques pour une carrière éditoriale, et celle de la fréquentation des manifestations consacrées au genre :

« Enquêteur : Comment êtes vous entré en contact, plus tard...avec des éditeurs de collection ?

enquêté : Toujours pareil, par lettre. Ça a été un petit peu différent dans le cas des éditeurs de collection, comme ça se passe souvent en S.F., c'est-à-dire qu'on attire d'abord l'attention en faisant des nouvelles dans des supports professionnels. Donc, il y a quelque part chez un certain nombre d'éditeurs, des fiches mentales qui portent notre nom. Comme les éditeurs, à une certaine époque, disons entre 1985 et 1990, ont fréquenté les conventions de S.F., on a eu l'occasion de se rencontrer, de bavarder une demie-heure etc... avaient le réflexe de dire : « Oui C., j'ai vu votre nom quelque part dans « Fiction » ». C'est à dire que ça entraînait un certain contact. Et à ce moment là, on écrivait quelque chose et on le posait sur la table de l'éditeur ».

Un auteur (féminin), hors-entretien, nous a également fait part d'une expérience significative. Son premier manuscrit proposé à un éditeur n'a pas entraîné de réponse, mais après la publication d'une de ses nouvelles dans une revue professionnelle de type « Fiction », le directeur de collection aurait alors prêté attention au manuscrit classé pourtant depuis plus d'une année. Le directeur de collection aurait procédé de même avec plusieurs manuscrits (dires de l'écrivain), se livrant ainsi à une sorte de « sélection par l'abandon », ne s'intéressant qu'aux auteurs « suffisamment motivés » pour faire plusieurs tentatives de publications. Insistance qui assurait à l'éditeur la capacité des auteurs à accepter un travail de réécriture du manuscrit.

Un écrivain (féminin) vivant de sa plume, évoque spontanément (ce qui provoque l'étonnement de l'enquêteur), le bénéfice pour l'auteur-débutant, d'une familiarité avec les « règles » du milieu, des relations avec les éditeurs par l'intermédiaire des rencontres organisées :

« Enquêté : ...je pense, que quelqu'un qui écrit dans le cadre d'une convention - d'autant plus qu'il n'y a jamais des centaines de personnes - va pouvoir rencontrer... - des éditeurs il n'y en a plus trop, mais avant il y en avait, ils se déplaçaient dans les conventions - mais en tout cas, un certain nombre de gens qui sont susceptibles de l'aider, de lui donner des pistes pour commencer à publier.
Enquêteur : Vous êtes une des seules, pour l'instant, parmi les personnes que j'ai interviewées à dire que c'est utile, la plupart disent que ça ne sert à rien...
e : Ah, oui j'en suis sûre et même si des textes n'ont pas été placés - ce serait un peu douteux de les placer comme ça, même en y mettant les formes... par contre, faire connaissance et ensuite envoyer un texte, je pense que ça aide. On a déjà fait un pas. Eventuellement, si on a eu une bonne idée d'histoire, la

résumer, pour accrocher l'imaginaire de la personne qui est susceptible de vous prendre ce texte. Il faut en être capable, mais si on en est capable, ça aide ». (entretien mené pendant une convention)

Nous avons pris soin de noter entre parenthèses le sexe de ces auteurs, parce que bien que ces faits soient anecdotiques, ils sont assez exceptionnels pour, peut-être, ne pas être le fait du seul hasard. Les sujets traditionnellement tabous dans les milieux artistiques ou littéraires (rétributions, montant des droits d'auteurs, importance des relations dans le milieu éditorial...) ont été spontanément soulevés par trois interlocuteurs différents : ceux-ci étaient des femmes...

Pour en revenir aux critiques portées sur le milieu organisateur de rencontres, nous avons également relevé, chez deux auteurs « littéraires », des regrets sur sa « pauvreté intellectuelle », et son absence de « rôle créateur ».

Une dizaine d'écrivains de notre échantillon a des activités dans le milieu : activités de promotion, d'animation de manifestations propres au genre. Deux auteurs (P. Curval et E. Jouanne) se distinguent des autres par le fait qu'ils ont accès aux supports non-spécifiques (« Le Monde », « Le Magazine Littéraire »). Ils sont des intermédiaires avec les sphères cultivées. Ce que nous avons également relevé, c'est que certains des jeunes auteurs du Fleuve Noir, se retrouvent parmi ses promoteurs. Ce qui ne manque pas d'agacer leur éditeur qui leur reproche en quelque sorte de s'adapter à la demande du marché des amateurs (« ils écrivent comme s'ils écrivaient pour des fanzines. Un livre pour 100-200 personnes. (...), « vous avez des auteurs très implantés, très actifs dans le milieu qui vont faire des pieds et des mains pour avoir des critiques et vont avoir une quinzaine d'articles alors que leurs livres ne se vendent pas », Philippe Hupp), et non à celui de l'édition qui demande une accessibilité des textes à un lectorat qui n'est pas au fait des règles implicites du milieu. Car, c'est chez ces auteurs que l'on retrouve les propos les plus proches de l'orthodoxie des promoteurs : référence à la science (lors d'entretiens ultérieurs, deux auteurs critiquent le manque d'intérêt « de la S.F. française » pour la science), rejet (dans le discours mais également dans les oeuvres) des parasciences, de la scientologie, du soucoupisme... Ces auteurs sont également des individus en situation d'incertitude d'un point de vue professionnel (exercice de professions « alimentaires » à titre de vacataires, professionnels de l'écriture vivant de travaux multiples et irréguliers), et littéraire (ventes insuffisantes). Tout ce passe comme si les auteurs les plus intégrés au milieu des promoteurs, étaient également les auteurs les moins intégrés hors du champ littéraire et les moins assurés de pouvoir vivre à moyen terme de leur oeuvre (pourtant régulièrement publiée dans une collection).

Nous pouvons nous inspirer d'une classification interactionniste, dont l'objet est de différencier les artistes selon leur degré de conformité aux comportements courants dans le monde de l'Art (ensemble des individus et des organisations qui produisent les événements et les objets qui sont définis comme étant de l'Art par ce monde), celle d'H.S. Becker[1], afin de proposer une typologie des écrivains en fonction de leur type de rapport au milieu. H.S. Becker décrit le professionnel intégré, en adéquation avec les conventions de son monde (un conventionnel). Dans le « monde de la S.F. », nous pouvons qualifier les auteurs (notamment quelques jeunes auteurs du Fleuve Noir) investis dans le monde des amateurs et promoteurs, menant leur carrière dans le milieu, tenant des propos proches de l'orthodoxie, comme des écrivains intégrés. Parmi les intégrés, certains, même s'ils « adhèrent à l'intérêt commun », ont des intérêts personnels en contradiction (ce qui explique, par exemple, les conflits entre écrivains et éditeurs) avec cet intérêt. Ce sont ceux qui dans ce groupe peuvent créer une oeuvre innovante, les autres courant le risque d'être routiniers.

L'autre type d'artiste de cette typologie, se voit attribuer le nom de « Mavericks », du nom d'un éleveur de bétail texan du XIXème, ayant refusé le marquage de ses troupeaux. On comprend alors que les artistes dont il est question, bien que formés par « le monde de l'Art conventionnel de leur époque et de leur milieu », aient rompu avec (ils refusent un certain nombre de ses conventions, mais leur production s'adresse à ce monde). Nous pourrions qualifier « d'écrivains Mavericks », les auteurs menant leur carrière sans fréquenter le monde de la S.F., tout en s'adressant au même lectorat, tels J.P. Andrevon, P. Pelot, S. Brussolo...

---

[1] H.S. Becker, «Mondes de l'Art et types sociaux», Sociologie du travail, n°4, 1983.

H.S. Becker décrit également des « artistes naïfs » ou populaires, qui créent « leur propre réseau de coopération ». Ils ne savent rien de l'histoire, des conventions, du vocabulaire qui se rattachent à la production artistique qu'ils réalisent. Ils peuvent devenir professionnels intégrés. Nous pouvons nous inspirer de ce type pour classer les auteurs, notamment du Fleuve Noir et notamment les plus « anciens », qui ne fréquentent absolument pas le monde de la S.F., dont ils ne savent rien (ni des publications, ni des nouveaux courants - nous avons dans notre questionnaire des auteurs utilisant des catégories qui apparaissent aujourd'hui « dépassées », comme « futurologie », « western de l'espace », « anticipation » - un des écrivains interviewés s'est étonné de l'utilisation d'un terme anglo-saxon qu'il ne connaissait pas - « cyberpunk ») et qui peuvent avoir des relations entre eux, comme nous l'assurent des auteurs comme M.A. Rayjean, R. Bessière - « j'ai des amis écrivains, je les fréquente quelquefois, et ça me suffit. J'ai horreur des rencontres organisées (...) où j'ai rencontré souvent des personnes qui ne me plaisaient pas »- D. Piret, ou M. Limat dans un entretien)

Quant aux auteurs les plus littéraires (notamment « Limite » et « PDF »), nous pouvons les placer du côté de l'écrivain intégré, puisque conventionnel, mais intégré à un monde extérieur à celui de la S.F., puisque ces auteurs défendent des valeurs hétéronomes, celles de la littérature générale (bien que moderne et affranchie de la culture la plus légitime - mélange des genres, avant-gardisme).

Science-Fiction française/Science-Fiction américaine :

L'histoire des relations de la S.F. française avec la S.F. américaine est pleine d'ambiguïtés, nous l'avons déjà évoqué à plusieurs reprises ici : sur la naissance du genre, créé en Europe mais développé aux Etats-Unis, ou né simultanément des deux côtés de l'Atlantique. En France, la question de la filiation semble différencier des auteurs héritiers de la littérature populaire et en particulier des auteurs de merveilleux scientifique (au Fleuve Noir) et des auteurs héritiers, ou du moins fortement influencés par la S.F. américaine. Parmi les auteurs questionnés, la relation d'amour-haine qu'Emmanuel Jouanne, avec humour, résume par une formule : « Je la traduis, j'aime bien la lire, je la hais » s'exprime largement.

Ainsi, parmi les quarante-sept auteurs interrogés, seulement vingt-trois auteurs disent avoir été influencés par la S.F. américaine, pourtant, ils ne sont que deux à ne citer parmi les « cinq chefs d'oeuvre », que des auteurs français. Cette contradiction n'est pas la seule, et les auteurs qui ont défendu avec le plus de hargne la S.F. française, qui ont contribué à son renouvellement, citent également quasi-exclusivement des auteurs anglo-saxons. C'est le cas notamment des écrivains représentant de la S.F. politique (Yves Frémion, Jean-Pierre Hubert, Joëlle Wintrebert). J. Wintrebert, malgré ses références à la littérature française (surréalisme), construit des comparaisons entre son oeuvre et la littérature de S.F. américaine : « Certains de mes « fans » ont pu dire que mes livres étaient dignes d'avoir été écrits par un auteur anglo-saxon ». Une de ses nouvelles a été traduite aux USA.

D'autres écrivains, plus jeunes se présentent comme des héritiers : « Si possible, dans sa lignée classique, celle de l'Age d'or et des oeuvres qui lui ont immédiatement succédé (alliant la vigueur à la complexité) » (P. Fréjean), F. Valéry, «je me considère comme un auteur de S.F. anglo-saxon exilé en France ».

Beaucoup d'auteurs reconnaissent la portée de certains textes dans la construction d'une S.F. française et dans le départ de leur carrière, et ce malgré les réticences qu'ils ont pu avoir à l'égard de leur prédominance sur le marché français et européen : « Elle m'a fait découvrir la S.F. il y a vingt ans » (P. Stolze), « elle a joué un rôle d'initiateur et a considérablement influencé mes premiers romans » (F. Berthelot). P. Curval tente de défendre une S.F. américaine différente : de « Promouvoir la S.F. anglo-saxonne qui s'éloigne des critères normatifs et apporte réellement une dynamique à la littérature contemporaine ». J.P. Andrevon en est toujours lecteur : « J'aime beaucoup d'auteurs qui, en tant que lecteur, me passionnent plus que la moyenne des auteurs français ». Des écrivains s'en inspirent, l'utilisent comme modèle : « tentation d'écrire en anglais pour percer le marché US et mondial » (P. Duvic), « (je me trouve) en plein dedans par le style et la façon de conduire les personnages et l'histoire » (Ayerdhal), « j'essaie d'observer les grandes lignes de la S.F. anglo-saxonne » (P.J. Brouillaud).

Cependant, le problème naît de sa prédominance sur le marché français. Les éditeurs sont mis en accusation. La plupart des auteurs jugent la place de la S.F. française dans les collections insuffisante. Certains ne prennent même pas la peine de répondre à la question posée, tant le constat s'imposerait avec évidence : « Arrêtez de torturer ! » (Jacques Mondoloni), « est-ce une question provocatrice ? » (J.P. Hubert), « poser la question, comme dit Flaubert, c'est la résoudre. Il n'est que de consulter les catalogues » (M. Lamart). P. Curval pense que « le défaitisme actuel des éditeurs français vis à vis des écrivains français, est tout à fait déplorable et conduit à un ostracisme odieux », « il ne vaut mieux pas (être un auteur français), ce n'est ni flatteur, ni incurable. Toutefois, je peux dire que la S.F. française dépend (et trop !) de ses éditeurs... » (Ayerdhal). La S.F. américaine, plus rentable, plus accessible pour tous, lui est préférée. Jacques Mondolini déclare : « Les éditeurs préfèrent la soupe US » (en 1980, une des nouvelles de son recueil Papa premier, publié chez « PDF » et primé, s'intitule « demain, je parle américain à mon chien » où la langue française se voit réserver un avenir des plus sinistres), « les éditeurs ne font aucune confiance aux écrivains de S.F. français. Elle ne se vend pas, disent-ils, elle est trop littéraire. Bref, la S.F. hexagonale penserait trop », Michel Lamart)). E. Jouanne, également traducteur, déplore les privilèges accordés aux traductions : « A tirages et ventes égales on paye deux fois plus un écrivain anglo-saxon, à quoi s'ajoutent les frais de traduction. Je ne trouve ça ni logique ni juste ». Raymond Iss, amateur, déclare : « Les écrivains français servent de bouche-trou et une collection de S.F. n'est crédible que si elle comporte des anglo-saxons » (longtemps d'ailleurs des auteurs français prenaient des pseudonymes anglo-saxons). C'est le même type de raisonnement que C. Ecken tient, lorsqu'à travers une anecdote, il parle de la mauvaise image de l'écrivain de S.F. français au sein du lectorat, comme si ce genre littéraire ne pouvait être traité que par les Américains. Cette situation amène une certaine défiance des éditeurs vis à vis des français, ainsi, « s'il (écrivain français) présente un manuscrit, on sera beaucoup plus exigeant avec lui que pour un auteur US », et renforce les a priori des lecteurs par rapport à la littérature de S.F. française. Jacques Barbéri regrette cette sous-représentation éditoriale qui ne permet pas l'évolution, la construction d'une école française :

« (la place de la S.F.F. dans les collections est) ridiculement, scandaleusement insuffisante ! Comment dans ces conditions la S.F. française peut-elle évoluer et être crédible ? »

Cependant, des écrivains attribuent (de manière sous-entendue quelquefois) la responsabilité de cette sous-représentation de la S.F.F. au sein des collections, aux écrivains eux-mêmes. C'est le cas de Francis Valéry (puriste qui se présente comme un héritier de la S.F. anglo-saxonne), de J.L. Triolo, et de J. Wintrebert qui doutent des capacités des Français à « rivaliser avec la crème des auteurs américains », tout en regrettant « que les éditeurs ne leur donnent pas la chance de devenir professionnels ». Patrice Duvic qui n'est un écrivain qu'occasionnellement, mais directeur de collection, parle de son expérience et du défaitisme des Français (il raconte une anecdote à propos des rumeurs non fondées courant parmi les écrivains sur son refus systématique de publier des manuscrits écrits par des français) et écrit : « Moins pros que les anglo-saxons (...). Pense trop souvent fauché, comme s'il s'agissait de scénarios pour FR3-régions, à tourner avec deux personnages en décors réels, dans un deux-pièces-cuisine avec WC sur le palier ». L'occasion est alors d'épingler certains travers de la S.F.F. : « Manque de rigueur littéraire chez 99% des auteurs » (Manuel Essard - FNA), « approximativement écrite en français... » (G.Klein). Au contraire, et cet argument revient le plus souvent, les prétentions intellectuelles et cultivées de la S.F.F. sont décriées : « Caractère trop nombrilique et pseudo intellectuel » (J.L. Triolo - amateur). D'autres auteurs vont plus loin dans leur condamnation de la S.F. française et ainsi jugent la place qu'elle occupe sur le marché de l'édition suffisante, voire méritée. Alain Paris se contente de la déclarer « suffisante », mais Laurent Genefort, lui aussi auteur du Fleuve, la déclare faible mais justifiée : « Les écrivains de S.F. ne sont pas à l'écoute du monde. En tant que lecteur cela m'a toujours choqué. Ce n'est pas un hasard si la préférence du lectorat se porte sur les anglo-saxons ». Quant à Gérard Klein, écrivain aujourd'hui directeur d'une des collections les plus prestigieuses (et convoitées) en France, il parle d'une sanction qui serait le fait du lectorat (en se gardant bien de prendre position par rapport au choix du public) : « (La place accordée aux écrivains français) est supérieure à celle que leur accorderaient, à tort ou à raison, les lecteurs ». L'avenir prédit est plutôt noir : « Je parlerais d'impuissance des auteurs français » (Francis Valéry, fan du pôle puriste), « elle n'a jamais eu de public. Elle est pauvre et va l'être encore plus. Elle est en train de sombrer ».

On trouve également l'accusation selon laquelle elle n'utiliserait pas la culture scientifique : « Elle ne s'est jamais souciée de science » (Pascal Fréjean), « hélas, elle ignore le plus souvent la culture scientifique » (Gérard Klein). Et même par ceux qui lui reconnaissent des qualités cette question est relevée : « Son humour est différent. Son langage et son vocabulaire aussi, la S.F.F. a décollé d'elle-même. Elle a mûri d'une curieuse façon, en intégrant l'humour, la vulgarité, la violence, l'érotisme. Elle a pratiquement abandonné la Science tout court, origine de la S.F. pourtant » (M.A. Rayjean, « ancien », FNA). Il est vrai que sur les quarante-sept auteurs sondés, seulement treize se disent influencés par les Sciences (pourtant près de la moitié dit lire un magazine scientifique régulièrement). Ce ne sont pas forcément les auteurs les plus investis dans les professions scientifiques, ou ceux qui ont une formation de ce type qui s'en inspirent (cinq seulement des auteurs s'en inspirant ont une formation scientifique ou technique). En revanche, la carrière éditoriale est un élément significatif, puisque les auteurs « populaires » (FNA) sont représentés dans cette liste (sept personnes), les auteurs de « PDF » sont sous-représentés (les deux seuls auteurs ayant publié chez « PDF » et qui se disent inspirés par la science, sont également des auteurs du Fleuve Noir - J.C. Dunyach et J.M. Ligny). Ce qui les intéresse c'est l'effet qu'elles peuvent avoir sur le monde et sur l'individu, comme le résume C. Ecken : « L'impact social des nouvelles technologies, la façon dont les gens réagissent dans des situations nouvelles ».

Malgré tout, certains reconnaissent des qualités à la S.F.F., « elle est plus innovante, plus culottée que la S.F. anglo-saxonne » (Pierre Stolze), « ancrée dans une longue filiation culturelle et littéraire, plus soucieuse de psychologie, parfois aux dépens de la rigueur et du rythme » (P.J. Brouillaud), « elle est plus onirique, insolite, fantastique que la S.F. anglo-saxonne, car elle remonte, ou prétend remonter, à une longue tradition européenne de romans et contes fantastiques, utopiques, insolites (Voltaire, Maupassant, Dumas, Verne etc...), tandis que la S.F. anglo-saxonne est surtout une S.F. de cinéma » (J.M. Ligny), « on utilise les thèmes historiques français en fiction historique, les légendes françaises en fiction légendaire, la touche des écrivains comme Voltaire, Verne » (Pierre Barbet), « elle est sensible et parfois drôle », J. Mondoloni). Plus « soucieuse de psychologie », parce que « l'esprit français a besoin de se retrouver dans les personnages, les situations » (H.R. Bessière).

CONCLUSION :

Dés les années cinquante, un cercle d'amateurs de S.F. s'est constitué, autour d'une librairie tout d'abord, puis, dans les années qui ont suivi, autour d'un appareil de célébration spécifique, calqué sur le modèle légitime : revues, prix, collections, etc. Dés cette époque, cette littérature aurait subi un certain mépris de la part des sphères les plus cultivées. Cependant, des indices nous démontrent qu'il y avait un intérêt de leur part : les articles paraissent dans des revues respectables, les premiers ouvrages sont édités dans des maisons d'édition reconnues, des personnages illustres et honorés sont présents, même si cet intérêt n'est qu'épisodique. Plus tard, des acteurs de la S.F. mettent en avant un héritage littéraire prestigieux, sans doute surévalué.

Cette contradiction apparente démontre un rapport à la légitimité littéraire oscillant entre un rejet de la littérature la plus noble (on se présente comme une « avant-garde » méconnue) et une volonté de s'en faire admettre (en appliquant à ce genre « mineur » des caractéristiques « nobles »). Ces rapports ambigus à la littérature générale ne cesseront au cours des années, de s'exprimer que l'on aille chercher une respectabilité littéraire (la « speculative fiction », le groupe « Limite »), ou une respectabilité par l'adéquation au discours politique dominant).

Le statut culturel du genre, sa relative illégitimité à laquelle on conclut en considérant son exclusion du monde littéraire et de ses supports, a des origines différentes. Son assimilation aux autres genres « mineurs », laisse sous-entendre, souvent à tort, qu'il possède un certain nombre de caractéristiques rejetées par le monde de la culture dominante : stéréotypie, répètitivité, préférence pour l'intrigue plutôt que pour la forme. Mais le principal problème résulte du fait que le livre s'affiche comme objet de consommation, avec un prix, qui peut permettre la rémunération de ses auteurs. Or, le champ littéraire se plaît à nier le rapport commercial, l'existence d'un marché des biens culturels. Ensuite, la S.F. possède des particularités qui permettent qu'on la déconsidère : mélange des genres (de la littérature et de la Science), image dominante donnée par le cinéma, suprématie de l'expression américaine. Signes de nouveauté dans une tradition européenne où l'ancienneté est valorisée. Cependant, le rejet que le genre subit (et qui ne manque pas de séduire une partie de son lectorat, indifférent au discours littéraire légitime, ou critique vis à vis de ce discours), tiendrait surtout au statut socioculturel de son lectorat, grossièrement homologue (à l'exclusion des classes populaires présentes dans le lectorat mais absentes dans les origines des amateurs et auteurs) à celui de ses amateurs et de ses producteurs.

L'exploitation de ce terrain a permis d'examiner quelques notions généralement liées à la littérature et aux littératures « de genre » en particulier. Ainsi, une lecture des textes spécialisés dans le domaine de la littérature et de la sociologie de la culture, nous a permis de présenter les trois qualificatifs appliqués à la S.F. : littérature populaire, littérature de masse, paralittérature. Nous avons pu nous apercevoir que les catégories d'analyse sont tout aussi évolutives dans le temps que les littératures qu'elles définissent. Ainsi, selon le contexte idéologique dominant, le sens et le statut qu'elles donnent à l'objet qu'elles dénomment, varient. Le terme de « littérature populaire » marque l'exclusion, décrit une littérature qui répand idées reçues et préjugés, voire de la propagande. Celui de « littérature de masse », plus tardif, fait porter une responsabilité sur les diffuseurs et éditeurs qui rechercheraient profit, et dévaloriseraient par leurs pratiques de standardisation « l'Art » et la « Culture ». Quant au terme de « paralittérature », il se veut neutre, étranger au classement hiérarchique, mais en présentant un corpus « en dehors » de la littérature légitime il ne fait qu'entériner la différence.

Résultat d'une histoire, de relations conflictuelles entretenues avec la culture dominante, le genre peut être aujourd'hui décrit en termes de tendances concurrentes. Nous les avons fait apparaître à travers les polémiques, querelles, mais aussi à travers les stratégies éditoriales, les lectorats visés. La tendance « puriste » représenterait l'orthodoxie. Elitiste, elle prône des valeurs spécifiques : matérialisme, rationalisme (par le rejet, par exemple, de la confusion avec des courants aux marges de la Science - parasciences - de la Religion - soucoupisme, scientologie). Les hétérodoxes seraient à distribuer en deux groupes : ceux qui seraient plutôt du côté de la grande production, et ceux qui seraient du côté d'une production plus restreinte. Soumis aux contraintes du marché, les premiers ont un discours commercial, une définition souple du genre (voire un abandon du label), ils acceptent le mélange des genres. Contrairement aux orthodoxes, ils n'entrent pas dans les propos politiques ou idéologiques. Les seconds représentants de l'hétérodoxie, sont les « littéraires » qui ont l'ambition de se faire reconnaître par les milieux cultivés. Cependant, c'est en tant que modernes qu'ils se présentent (mélange des genres dominants et dominés, références multiples...). Ils sont eux aussi éloignés des polémiques idéologiques et politiques et ne portent pas d'intérêt particulier à la science et à sa problématique.

Néanmoins, nous l'avons vu, « rien n'est si simple ». Les « orthodoxes » ne sont pas insensibles aux valeurs les plus littéraires et la grande production (certes toujours orientée vers des choix « difficiles ») en livre de poche est pratiquée. Les « hétérodoxies » évoluent dans le temps : les plus littéraires s'adaptent au nouveau public jeune, une collection de poche essaie de faire des découvertes, et même la collection la plus populaire a, un temps, recherché une respectabilité littéraire (en remerciant les auteurs les plus anciens pour les remplacer par des auteurs « plus ambitieux »).

Nous avons décrit dans les pages qui précèdent une relative autonomie du genre. Toutefois, même les différenciations entre orthodoxies et hétérodoxies l'inscrivent dans le champ littéraire en général. Cette opposition peut traduire un héritage littéraire général : le pendant dans la S.F., réactualisé et imprégné de spécificités, de l'opposition entre rationalistes, positivistes et spiritualistes, symbolistes, héritiers du romantisme. La filiation entre le pôle littéraire de la S.F. et romantisme, spiritualisme, est facilement explicable. La filiation entre orthodoxie et naturalisme, positivisme est plus problématique. Pourtant, il y a en commun des valeurs : importance de la Science et de sa rationalité. Et puis, dans la S.F., le monde peut être « étrange », mais son étrangeté n'a rien à voir avec celle des symbolistes, son monde est cohérent et complètement inscrit dans le présent (celui des connaissances ou celui du monde en mouvement).

Le discours des orthodoxes se heurte à une opposition générale : les valeurs littéraires les plus légitimes sont reconnues même par les auteurs les plus éloignés de la respectabilité littéraire. Nous relèverons certains signes. D'abord, la S.F. américaine, même si elle est souvent enviée et admirée, se voit reprocher son intérêt trop prononcé pour « l'action ». A l'inverse la S.F. française, lorsqu'elle est admirée, qui est décrite avec les termes les plus respectables (finesse de la psychologie, intelligence, écriture, forme, style, mots). D'autre part, lorsque l'on demandait aux enquêtés de donner leur avis sur la S.F. française, la majorité et surtout ceux qui s'en déclaraient les ennemis, au lieu de répondre pour les différents types de S.F. française (représentés dans des collections différentes par exemple), assimilaient « la » S.F. française à celle qui paraît dans la collection « Présence du Futur ». La S.F. française était donc identifiée à celle qui est caractérisable par ses qualités les plus proches de celle de la littérature française en général. Ainsi, ceux qui rejettent explicitement cette littérature et ses valeurs, d'une certaine manière la valorisent implicitement. Ce qui prouve que le jugement esthétique n'est pas forcément conscient de la logique de valorisations qu'il implique.

D'autre part, la représentation de l'écrivain en tant que marginal, qu'être marqué par le sacrifice et la souffrance, personnage menant une vie de bohème, est une représentation partagée par l'idéologie dominante. Le fait que des auteurs qui cumulent autant de signes d'illégitimité (appartenance à un genre dominé, à un secteur dominé - de grande production - de ce genre, jeunesse, positions proches de celles de l'orthodoxie autonome pour certains), partagent avec l'idéologie dominante une représentation de l'écriture (certes, du côté de l'avant-garde) et, revendiquent des ambitions littéraires légitimes (« style », « écriture ») pour certains, démontre aussi que la S.F. n'est pas autonome par rapport aux règles dominantes du champ littéraire.

Dans ce cadre, il est donc logique de trouver, parmi les écrivains, du côté de l'orthodoxie (notamment parce que le milieu littéraire leur apporte un capital de relations utiles à leur subsistance), les auteurs les plus dominés du champ littéraire en général et qui n'ont aucune chance de s'en faire reconnaître (les plus jeunes, populaires mais ayant des ambitions). D'autre part, les plus autonomes par rapport au milieu et à l'orthodoxie du genre, sont ceux qui s'orientent vers une littérature tout à fait dans l'héritage populaire et qui feront carrière dans ce secteur éditorial, et ceux qui tout en assimilant cet héritage, démontrent de réelles qualités littéraires (Serge Brussolo). Cependant, avec le succès de ces derniers auprès du grand-public, c'est l'étiquette « S.F. » qui se perd (ils pratiquent le mélange des genres).

Ce qui nous semble apparaître à l'étude de ce milieu, est que l'opposition des tendances qui permettent son existence, peut permettre sa destruction. Si le pôle orthodoxe devient trop dominant, il court le risque de la rupture. Si les stratégies individuelles réussissent, il n'y a pas reconnaissance collective. Si les positions hétérodoxes dominent, cela peut aboutir à la dissolution du genre ou à son assimilation dans un autre genre. Ceci explique l'existence de nombreuses querelles (qui ne mobilisent qu'un certain nombre d'amateurs, les orthodoxes essentiellement, spécialistes du « rappel à l'ordre », et quelques rares auteurs). Les querelles de frontières (avec les autres genres littéraires, avec les croyances et « mouvements » marginaux) nous évoquent l'expression de S. Miceli dans son étude du champ littéraire brésilien[1], « l'invocation incantatoire de la menace externe dissimule souvent des luttes internes ». En ce sens, il faut prendre les querelles comme des rappels à l'ordre, une participation collective à la recherche d'un équilibre instable pour le milieu et les auteurs qui le composent, équilibre garant de leur perpétuation.

---

[1] S. Miceli, « Division du travail entre les sexes, et division du travail de domination », <u>Actes de la Recherche en Sciences Sociales</u>, n° 5/6, novembre 1975, p 182.

Références bibliographiques :

C. Abastado, Mythes et rituels de l'écriture, Editions Complexe, coll Creusets, 1979.
J. Amelon : « La Science-Fiction dans la France des années 50, un américanisme support d'une acculturation », mémoire de DEA, I.E.P. Paris, 1990-91.
M. Angenot, Le roman populaire (recherches en paralittérature), Presses Universitaires du Québec, 1975.
F. Askevis-Leherpeux, « Croyance au surnaturel et instruction, examen critique de l'hypothèse intellectualiste », Communications, n°52, 1990.
S. Barets, Catalogue des âmes et cycles de la S.F., Denoël, coll. Présence du futur, 1981.
H. Baudin, La Science-Fiction, Bordas, 1971.
H.S. Becker, « Mondes de l'Art et types sociaux », Sociologie du travail, n°4, 1983.
H.S. Becker, Les mondes de l'Art, Flammarion, 1988.
J. Bellemin-Noël, « De l'exotisme à la Science-Fiction », Histoire littéraire de la France, tome 5, 1848-1913, Messidor, Editions Sociales, 1977.
R. Benayoun, « le crépuscule des bonimenteurs », La Brèche, n°1, octobre 1961
D. Bertrand, « Le voyage dans la lune de Cyrano de Bergerac : humour, science et fiction », Humoresques, n° spécial « humour, science et langage ».
B. Blanc, Pourquoi j'ai tué Jules Verne, coll Dire, Ed Stock 2, 1978
E. F. Bleiler, The early years, The Kent State University Press, Kentucky, Ohio, 1990.
I. et G. Bogdanoff, L'effet Science-Fiction, R Laffont, coll. Ailleurs et Demain, 1979.
L. Boltanski, J.C. Chamborédon, « Hommes de métier, hommes de qualité », Un art moyen, sous la direction de P Bourdieu, Editions de Minuit, 1965.
L. Boltanski, « La constitution du champ de la bande dessinée », Actes de la recherche en Sciences Sociales, janvier 1975.
C. Boniface, Les ateliers d'écriture, Ed. Retz, Coll. Pédagogie, 1992.
P. Bourdieu, La distinction, Ed. de minuit, coll. le sens commun, 1979.

P. Bourdieu, « Vous avez dit populaire ? », Actes de la Recherche en Sciences Sociales, n°46, 1983.

P. Bourdieu, « Le champ littéraire », Actes de la Recherche en Sciences Sociales, septembre 1991.

P. Bourdieu, Réponses, Seuil, coll Libre Examen, 1992.

D. Boy, G. Michelat, « Croyances aux parasciences : dimensions sociales et culturelles », Revue Française de Sociologie, avril-juin 1986, XXVII-2.

R. Bozzetto, « La Science-Fiction en France depuis 1914 », Histoire littéraire de la France, de 1913 à nos jours, Messidor, Editions Sociales, 1977.

R. Bozzetto, « Le Fantastique moderne », Les Fantastiques, Europe, mars 1980.

R. Bozzetto, « Le Fantastique américain », Europe, 1986.

J. Cardona, C. Lacroix, Chiffres clés 1993, Statistiques de la Culture, La Documentation Française, 1993.

C. Charle, « Situation spatiale et position sociale. Essai de géographie sociale du champ littéraire à la fin du XIX ème siècle », Actes de la Recherche en Sciences Sociales, février 1977.

G. Chevalier, « Parasciences et procédés de légitimation », Revue Française de Sociologie, avril-juin 1986, XXVII-2.

Collectif, Entretiens sur la paralittérature (1er septembre-10 septembre 1967, centre culturel international de Cerisy-la-Salle), parus aux éditions Plon, 1970.

Collectif, La Science-Fiction, BT2, revue de l'institut corporatif de l'école moderne, 1973.

Collectif, La condition sociale de l'artiste, Centre Interdisciplinaire d'Etudes et de Recherches sur l'Expression Contemporaine, université de St Etienne, 1987.

G. Cordesse, La nouvelle S.F. américaine, Ed. Aubier, coll. USA, 1985.

D. Coussy, E. Labbe, M. et G. Fabbre, Les littératures de langue anglaise depuis 1945, Nathan université, coll. Littératures étrangères, 1988).

A. Delormes, « Le roman d'aventures sentimentales ou l'esthétique de la lisibilité », Revue des Sciences Humaines, n°190, 1983-02.

F. De Singly, « Artistes en vue », note critique, Revue Française de Sociologie, XXVII, 1986.

O. Donnat, D. Cogneau, Les pratiques culturelles des Français, 1973-1989, La Découverte, La Documentation Française, 1990.
J. Dubois, « Champ littéraire et genre périphérique. Situation du roman policier », Lendemains, 36, 1984.
J. Dubois, « Naissance du roman policier », Actes de la Recherche en Sciences Sociales, n° 60, 1985.
O. Ducrot, T. Todorov, « Les genres littéraires », Dictionnaire encyclopédique des Sciences du langage, Le Seuil, 1972.
U. Eisenzweig, « introduction : quand le policier devint genre », Autopsies du roman policier, ed 10/18, 1983.
B. Eizykman, Science-Fiction et capitalisme, Repères, Ed. Mame, 1974.
R. Establet, G. Felouzis, Livre ou télévision : concurrence ou interaction ?, PUF, coll. Politique d'aujourd'hui, 1992.
S. Faubert, Une secte au coeur de la République, Calmann-Lévy, 1993.
E. Freidson, « L'analyse sociologique des professions artistiques », Revue Française de Sociologie, XXVII, juillet-septembre, 1986.
H. Giordan, « Dominée jusqu'où ? L'éclairage italien », Autrement, n°16, novembre 1978.
J. Goimard, « le roman populaire », Histoire littéraire de la France, tome 5, 1848-1913, Messidor, Editions Sociales, 1977.
J. Goimard, « Génération Science-Fiction », Esprit, février 1984.
J.M. Gouanvic, La Science-Fiction française au XXème siècle (1900-1968), Rodopi, Amsterdam, 1994.
J.M. Goulemot, A Greenspan, Des poissardes au réalisme socialiste, « introduction », Revue des Sciences Humaines, Lille III, n°190, 1983-02.
C. Grenier, J. Soulier, La S.F. ? J'aime , Messidor, La Farandole, 1981.
D. Guiot, J.P. Andrevon, G.W. Barlow, La Science-Fiction, MA éditions, coll l'encyclopédie de poche, 1987.
R. Hoggart, La culture du pauvre, 1957, coll. le Sens commun, Ed. de Minuit, 1970 (pour la version française).
Y. Johannot, Quand le livre devient poche, Presses Universitaires de Grenoble, 1978.
G. Klein, « Malaise dans la Science-Fiction », Cahiers du laboratoire de prospective appliquée, n°4, septembre 1975.

G. Klein, « Le procès en dissolution de la S.F., intenté par les tenants de la culture dominante », Europe, « La Science-Fiction », 1977.

G. Klein, « Trames et moirés », Science-Fiction et psychanalyse, Dunod, 1986.

G. Klein, Ailleurs et Demain a vingt ans, A&D, ed. Robert Laffont, 1989.

M. Kulmann, N. Kuntzmann, H. Bellour, Censure et bibliothèques au XXème siècle, Ed. du Cercle de la Librairie, coll. Bibliothèques, 1989.

G. Lardreau, Fictions philosophiques et Science-Fiction, Actes Sud, 1988.

P. Lepape, « Un portrait sociologique des écrivains de la rentrée », Le Monde, 23 septembre 1988.

G.H. Lewis, « The sociology of popular culture », Current Sociology, vol 26, n° 3, 1978.

Limite, « Malgré le monde », préface, PDF, 1986.

M. Lits, Le roman policier, introduction à la théorie et à l'histoire d'un genre, Editions du Céfal, Liège, 1993.

J.F. Mayer, Sectes nouvelles, Un regard neuf, Cerf, 1985.

B. Meheust, Science-Fiction et soucoupes volantes, Mercure de France, 1978.

P.M. Menger, « Rationalité et incertitude de la vie d'artiste », L'Année sociologique, 39, 1989.

C. Mespledes, J.J. Schleret, Voyage au bout de la noire, Futuropolis (tomes 1 et 2), 1982.

S. Miceli, « Division du travail entre les sexes, et division du travail de domination », Actes de la Recherche en Sciences Sociales, n° 5/6, novembre 1975

G. Morris-Dumoulin, Le forçat de l'Underwood, Ed. Manya, 1993

R. Moulin, « De l'artisan au professionnel : l'artiste », Sociologie du travail, n°4, 1983.

R. Moulin, J.C. Passeron, D. Pasquier, F. Porto-Vazquez, Les artistes : essais de morphologie sociale, Centre de Sociologie des Arts, La Documentation Française, 1984.

R. Moulin, « l'identification de l'artiste contemporain », Centre Interdisciplinaire d'Etudes et de Recherches sur l'Expression Contemporaine, université de St Etienne, 1987.

R. Moulin, L'artiste, l'Institution et le Marché, Flammarion, 1992.

E. Morin, L'esprit du temps, tome 1, « Névrose », Grasset, 1975.
L. Murail, Les maîtres de la Science-Fiction, Bordas, coll les compacts, 1993.
M. Nathan, Splendeurs et misères du roman populaire, Presses Universitaires de Lyon, 1991.
M. Nathan, « les mauvais genres selon Télérama », Les Cahiers des Paralittératures, n° 3, Actes du colloque « Les mauvais genres » du 25 nov 1989, Ed. du Céfal, Liège 1992.
G. Neyrand, C. Guillot, Entre clips et looks, les pratiques de consommation des adolescents, L'Harmattan, Coll. Logiques sociales, 1989.
J. Noiray, Le romancier et la machine, tome II, Jules Verne, Villiers de l'Isle Adam, ed José Corti, 1982.
P. Parmentier, « les genres et leurs lecteurs », Revue Française de Sociologie, vol XXVII, 1986.
P. Parmentier, « A mauvais genres, mauvais lecteurs ? », Les Cahiers des Paralittératures, n° 3, Actes du colloque « Les mauvais genres » du 25 nov 1989, Ed. du Céfal, Liège 1992.
J.C. Passeron, C. Grignon, Le savant et le populaire, Le Seuil, 1989.
O. Passeron, « Neuf Planète au microscope », Le crépuscule des magiciens, 1965 (seconde édition).
F. Patureau, Les pratiques culturelles des jeunes, La documentation française, 1992.
B. Péquignot, La relation amoureuse. Analyse sociologique du roman sentimental moderne, L'Harmattan, coll Logiques Sociales, 1991.
Perisset, Panorama du polar français contemporain, Ed. L'instant, 1986.
R. Ponton, « Naissance du roman psychologique », Actes de la Recherche en Sciences Sociales, 1975, n°4.
J. Portel, « Qu'est-ce que la paralittérature ? », Entretiens sur la paralittérature, Plon, 1970.
J. Raabe, F. Lacassin, La bibliothèque idéale : littérature d'évasion, Editions Universitaires, 1969.
J. Raabe, « La dernière flambée du roman populaire », Histoire littéraire de la France, tome 5, 1848-1913, Messidor, Editions Sociales, 1977.

J. Raabe, J. Bellemin-Noël, « De l'exotisme à l'anticipation : l'essor de la Science-Fiction », <u>Histoire littéraire de la France</u>, tome 5, 1848-1913, Messidor, Editions Sociales, 1977.

J. Raabe, « Légitimités et tabous du roman d'horreur », Les Cahiers des Para-littératures, Actes du colloque « Les Mauvais genres », Editions du C.L.P.C.F., 1989

H. Renard, « Les achats de livres des Français, 1981-1988, Cahiers de l'économie du livre, n°3, Observation de l'économie du livre, Ed. Cercle de la librairie, 1991.

J.B. Renard, « Le public de la S.F. », Science-Fiction, Denoël, 1982.

J.B. Renard, <u>Bandes dessinées et croyances du siècle</u>, coll. La politique éclatée, PUF, 1986.

C. Renard-Cheinisse, <u>Etudes des fantasmes dans la littérature dite de Science-Fiction</u>, Paris Sorbonne, thèse de 3ème cycle, 1967

Y. Reuter, « Littérature / Paralittératures : classements et déclassements », Les Cahiers des Paralittératures, n° 3, Actes du colloque « Les mauvais genres » du 25 nov 1989, Ed. du Céfal, Liège 1992.

J. Sadoul, <u>Histoire de la Science-Fiction moderne</u>, J'ai lu, 1973.

C. Simpson, « Artist and Public », <u>Art and Society, readings in the sociology of the Arts</u>, sous la direction de A W Foster et J R Blau, State University of New York Press, Suny, 1989.

M. Thaon, « Psycho-histoire de la Science-Fiction », <u>Science-Fiction et psychanalyse</u>, Dunod, 1986.

A.M. Thiesse, « les infortunes littéraires, carrières des romanciers populaires à la Belle Epoque », Actes de la recherche en Sciences Sociales, n°60, 1985.

L.V. Thomas, <u>Anthropologie des obsessions</u>, L'Harmattan, coll. Logiques sociales, 1988.

Union Rationaliste, <u>Le crépuscule des magiciens</u>, 1965 (seconde édition).

J. Van Herp, <u>Panorama de la Science-Fiction</u>, Marabout-université, 1975.

B. Vercier, J. Lecarme, <u>La littérature en France depuis 1968</u>, Bordas, 1982.

A. Verger, « Le champ des avant-gardes », Actes de la Recherche en Sciences Sociales, n° 88, 1991.

P. Versins, <u>Encyclopédie de l'utopie, des voyages extraordinaires et de la Science-Fiction</u>, Ed. L'Age d'homme, Lausanne, 1972.

A. Woodrow, Les nouvelles sectes, Le Seuil, coll Points Actuels, 1976.

Revues, anthologies, et fanzines de Science-Fiction :

A. le Bussy, C. Dumont, « trente ans de fanédition », éditions Octa, Belgique, 1991.
Catalogues, « Présence du futur ».
Delmas-Julian, Le rayon S.F., Milan, deuxième édition, 1985.
« Ere Comprimée », n°17, 1982.
« Etudes Lovecraftiennes », (Abonnements : J. Altairac, 57, rue de Stalingrad, 95120 Ermont).
« Fantascienza », n° 2/3, juin 1980.
« Fiction », n°86, n° 88, 1961
« Futurs antérieurs », anthologie dirigée par S. Nicot, Opta, 1984.
« Horizons du Fantastique », n° 31, n° 32, 1975.
« La première anthologie de la Science-Fiction française », Fiction, mai 1959.
Libro-space progress-report à la convention nationale de S.F. « Redu 1992 ».
R.D. Nolane, Autrefois les extraterrestres, coll. Dossiers, Ed. Vaugirard, 1993
H.L. Planchat, « Dédale 2 », anthologie de nouvelles de S.F. française, Marabout, 1976.
« Planète à Vendre » (Abonnements : LMPV, 56 Bld Joffre, 83100 Toulon).
Présences d'esprit numéro 1, novembre 1992 ; numéro 2, mars 1993 ; numéro 3, octobre 1993.
Revue Mouvance : Science-Fiction et pouvoir, « La civilisation », 1982.
« Science-Fiction », n° 5, octobre 1985.
« Serge Brussolo », ed. Phénix, oct. 1990.
« Univers », n°3, J'ai lu, 1975 ; 1987.
« Yellow Submarine », (Abonnements : A.F. Ruaud, 245 rue Paul Bert, 69003 Lyon).

Bibliographie supplémentaire :

R. Barthes, « L'artisanat du style », Le degré zéro de l'écriture, Seuil, 1953.
R. Barthes, « L'écrivain en vacances », Mythologies, Le Seuil, 1957.
J. Baudou, « Le phénix Science-Fiction », Le Monde des livres, 19 mars 1993.
J. Bellemin-Noël, « La résurgence de l'ésotérisme », Histoire littéraire de la France, tome 5, 1848-1913, Messidor, Editions Sociales, 1977.
F. Berthelot, La métamorphose généralisée, coll. le texte à l'oeuvre, Ed. Nathan, 1993.
L. Boltanski, « Pouvoir et impuissance. Projet intellectuel et sexualité dans le journal d'Amiel », Actes de la Recherche en Sciences Sociales, n°5-6, 1975.
P. Bourdieu et A. Darbel, L'amour de l'Art (Editions de Minuit, 1969)
P. Bourdieu, « Les trois états du capital culturel », Actes de la Recherche en Sciences Sociales, n°30, 1979.
P. Bourdieu, « Le capital social », Actes de la Recherche en Sciences Sociales, n°31, 1980.
P. Bourdieu, Les règles de l'Art, coll. Libre examen, Le Seuil, 1992.
J.P. Bouyxou, La Science-Fiction au cinéma, 10/18, 1971.
J.C. Chamboredon, « Marché de la littérature et stratégies intellectuelles dans le champ littéraire, n°4, 1975.
J.C. Chamboredon, J.L. Fabiani, « Les albums pour enfants. Le champ de l'édition et les définitions sociales de l'enfance », n°13-14, 1977.
Collectif, Pour une sociologie de la lecture, Ed. Cercle de la librairie, 1989.
Collectif, L'Art de la recherche, Essais en l'honneur de Raymonde Moulin, textes réunis par P.M. Menger et J.C. Passeron, La Documentation Française, 1994.
O. Cecconi, « Science et idéologie dans le positivisme », Histoire littéraire de la France, tome 5, 1848-1913, Messidor, Editions Sociales, 1977.
P.M. De Biasi, « Tout est social », Entretien avec Pierre Bourdieu, Le Magazine Littéraire, n° 303, octobre 1992.

M. De Saint Martin, « Structure du capital, différenciation selon les sexes et vocation intellectuelle », Sociologie et Sociétés, vol XXI, n° 2, octobre 1989.
M. De Saint Martin, « Les femmes écrivains et le champ littéraire », Actes de la Recherche en Sciences Sociales, n° 83, 1990.
D. Duclos, La peur et le savoir. La société face à la science, la technique et leurs dangers, coll. Sciences et Sociétés, Ed. La Découverte, 1989.
J. Ellul, « Esquisse sur les idéologies de la Science », Les pouvoirs de la science, textes recueillis par D. Janicaud, publication du CRHI, librairie philosophique J. Vrin, 1987.
D. Escarpit, M. Vagnelebas, La littérature d'enfance et de jeunesse : Etat des lieux, Ed. Hachette Jeunesse, 1988.
M. Fournier, M. Lamont, « le capital culturel », Sociologie et Sociétés, Presses de l'université de Montréal, volume XXI, n ° 2, octobre 1989.
L. Goldmann, Pour une sociologie du roman, Gallimard 1964)..
A. Guedj, « L'offensive naturaliste », Histoire littéraire de la France, tome 5, 1848-1913, Messidor, Editions Sociales, 1977.
N. Heinich, « Publier, consacrer, subventionner. Les fragilités des pouvoirs littéraires », Terrain n °21, 1993.
Y. Knibiehler, R. Ripoll, « Les premiers pas du feuilleton », Le roman feuilleton, Europe, juin 1974.
D. Léger, B. Hervieu, « la révolte des éducateurs », Le retour à la nature, Le Seuil, 1979.
F. Libère, « le livre, mutations actuelles », Problèmes politiques et sociaux, n°628, mars 1990, la Documentation française.
T. Maricourt, Histoire de la littérature libertaire en France, Albin Michel, 1990.
E. Meltinsky, J. Bessière, « Société, Culture et fait littéraire », Théorie Littéraire, sous la direction de M. Angenot, J. Bessière, D. Fokkema, E. Kushner, PUF, coll Fondamental, 1989).
Dennison J. Nash, « the socialization of an Artist, the american composer », Art and Society, readings in the sociology of the Arts, sous la direction de A W Foster et J R Blau, State University of New York Press, Suny, 1989.
P. Nicholls, the encyclopedia of Science-Fiction, ed. Granada, London, 1979.
B. Péquignot, Pour une sociologie esthétique, coll. Logiques Sociales, L'Harmattan, 1993.

J.M. Péru, « Une crise du champ littéraire français. », Actes de la Recherche en Sciences sociales, n° 89, 1991.

L. Pinto, « L'émoi, le mot, le moi. Discours sur l'art dans le musée égoïste du Nouvel Observateur », Actes de la Recherche en Sciences Sociales, n° 88, 1991.

R. Ponton, Le Champ littéraire en France, (1865-1905), thèse pour le doctorat de troisième cycle, EHESS, 1977.

R. Ponton, « Traditions littéraires et tradition scolaire. L'exemple des manuels de lecture de l'école primaire française : quelques hypothèses de travail », Lendemains, n° 36, 1984.

Portraits économiques de la culture, n°4846, 1987-21, La Documentation Française.

M. Ragon, Histoire de la littérature prolétarienne en France, Albin Michel, 1974.

M. Ragon, « Littératures prolétaires », Autrement, n° 16, novembre 1978.

J.B. Renard, « La croyance aux extraterrestres. Approche lexicologique », Revue Française de Sociologie, XXVII, 1986.

Y. Reuter (sous la direction de), Le roman policier et ses personnages, coll. L'imaginaire du texte, Presses universitaires de Vincennes.

A.M. Thiesse, « L'éducation sociale d'un romancier : le cas d'Eugène Sue », Actes de la Recherche en Sciences Sociales », n° 32-33, 1980.

L.V. Thomas, Civilisation et divagations. Mort, fantasmes, Science-Fiction, Payot, 1979.

L.V. Thomas, « Science-Fiction et Imaginaire », L'imaginaire dans les Sciences et les Arts, Cahiers de l'imaginaire, Dunod, 1988.

A. Verger, « L'artiste saisi par l'école », Actes de la Recherches en Sciences Sociales, n° 42, avril 1982.

A. Viala, Naissance de l'écrivain, Ed. de Minuit, coll. Le sens commun, 1985.

ANNEXES :

Liste des auteurs :
Réponses au questionnaire :
Jean-Pierre Andrevon (« référence », précurseur de la S.F. politique, FNA et PDF), Max Anthony (FNA), Axelman (collections populaires, puis PDF), Ayerdhal (FNA et J'ai lu), Jacques Barberi (PDF, groupe Limite), Pierre Barbet (FNA), Francis Berthelot (PDF, groupe Limite), François Bessiere (FNA, « ancien »), Jean-Michel Blatrier (nouvelliste), Pierre-Jean Brouillaud (animateur du milieu, nouvelliste), Alain le Bussy (FNA), Richard Canal (J'ai lu), Philippe Curval (PDF, « référence », élément fondateur du milieu), Samuel Dharma (FNA), Domininique Douay (PDF, FNA, S.F. politique française), Jean-Claude Dunyach (PDF, FNA), Patrice Duvic (quelques romans de S.F., scénariste, éditeur de romans d'horreur), Claude Ecken (FNA, collaborateur fanzines), Manuel Essard (FNA), Pascal Frejean (FNA, nouvelliste fanzines), Yves Fremion (S.F. politique), Laurent Genefort (FNA), Alain Grousset (S.F. pour la jeunesse), Michel Honaker (FNA), Jean-Pierre Hubert (PDF, S.F. politique), Raymond ISS (nouvelliste amateur), Hervé Jaouen (deux romans de S.F. sous pseudonyme au Fleuve Noir, auteur primé de romans noirs), Michel Jeury (« référence », Ailleurs et Demain, FNA sous pseudonyme), Emmanuel Jouanne (PDF, Limite), Gérard Klein (élément fondateur du milieu), Michel Lamart (nouvelliste), Marc Lemosquet (FNA), Jean-Marc Ligny (PDF et FNA sous le même patronyme), Danièle Martinigol (auteur de S.F. pour la jeunesse), Jacques Mondoloni (PDF, primé, scénariste, en retrait par rapport à la S.F. aujourd'hui), Richard D. Nolane (articles et auteur de séries), Michel Pagel (FNA, auteur de Fantastique), Micky Papoz (animatrice du milieu, nouvelliste), Alain Paris (FNA), Daniel Piret (FNA, « ancien »), Max-André Rayjean (FNA, « ancien »), Pierre Stolze (nombreuses collections dont J'ai lu), Jean-Luc Triolo (nouvelliste), Francis Valery (nouvelliste primé, romancier plus rarement, animateur du milieu, pôle puriste), Joëlle Wintrebert (S.F. politique, puis auteur J'ai lu et auteur de S.F. pour la jeunesse), deux auteurs souhaitant garder un total anonymat (nouvelliste primé, animateur dans le milieu publiant au FNA, et, auteur de PDF, proche mais non membre, du groupe Limite).

Bio-bibliographies :
G.J. Arnaud (Fleuve Noir, multiples pseudonymes), M. Battin (nouvelliste - sous divers pseudonymes), B.R. Bruss (Fleuve Noir, Roger Blondel en littérature générale, et René Bonnefoy), S. Brussolo, P. Bera (décédé, plusieurs pseudonymes dont celui de Yves Dermèze - surtout auteur de « polar », Fleuve Noir et Le Masque), A. Caroff (Fleuve Noir, également auteur de Fantastique et de gore), F. Carsac (décédé, élément fondateur du milieu), C. Cheinisse (décédé, élément fondateur du milieu), P. Christin (BD), R. Clauzel (Fleuve Noir), S. Corgiat (scénariste et auteur de « polars », littérature de jeunesse - primée), Dan Dastier (Y. Chantepie, a écrit seul depuis 1975 au Fleuve Noir, mais le même pseudonyme était utilisé par les auteurs Y. Chantepie et D. Bertolino de 1970 à 1975), G. Delteil (plus connu pour ses talents d'auteur de roman policiers), M. Demuth (traducteur, et auteur à de rares occasions), A. Doremieux (élément fondateur du milieu), D. Drode (décédé, a publié de nombreux articles), J. de Fast (Fleuve Noir), R. Fontana (organisateur d'un festival dans les années 70, publie de la S.F. en collaboration, Fleuve Noir), J.P. Garen (Fleuve Noir, a également écrit des « polars »), P. Goy (un temps « espoir » de la S.F. française), J. Guieu, N. Henneberg (décédée en 1977, a écrit en collaboration avec C. Henneberg jusqu'à la mort de celui-ci en 1959), P.J. Herault (Fleuve Noir), J. Houssin (PDF, scénariste T.V. et cinéma), J. Hoven (Fleuve Noir), G. Jan (Fleuve Noir), A. Jansen (Fleuve Noir), B. Lecigne (surtout actif dans la BD, a également écrit des scénarios pour la télévision en collaboration avec S. Corgiat), M. Leriche (nouvelliste), M. Limat (Fleuve Noir), C. Mantey (auteur de séries), B. Mathon (nouvelliste), J.L. Le May (sous le même pseudonyme a écrit un temps en collaboration avec son épouse au Fleuve Noir), J. Mazarin (Fleuve Noir, a surtout écrit des romans policiers), Morris (Fleuve Noir, a publié des romans d'espionnage sous le pseudonyme de « Vic Saint Val »), G. Murcie (Fleuve Noir), P. Pelot (ou Pierre Suragne), P. Randa (décédé, Fleuve Noir), C. Renard (décédée, élément fondateur du milieu), A. Ruellan (Kurt Steiner), P. Versins (élément fondateur du milieu, a peu publié dans la catégorie « roman »), D. Walther (Speculative Fiction), S. Wul (Fleuve Noir et PDF, compte parmi les « références »).

sources des « bio-bibliographies » :
histoire, dictionnaires :
S. Barets, Catalogue des âmes et cycles de la S.F., Denoël, coll. Présence du futur, 1981.
R. Bozzetto, « La Science-Fiction en France depuis 1914 », in, Histoire littéraire de la France, de 1913 à nos jours, Messidor, Editions Sociales, 1977.
D. Guiot, J.P. Andrevon, G.W. Barlow, La Science-Fiction, MA éditions, coll. l'encyclopédie de poche, 1987.
L. Murail, Les maîtres de la Science-Fiction, Bordas, coll les compacts, 1993.
J. Sadoul, Histoire de la Science-Fiction moderne, J'ai lu, 1973.
J. Van Herp, Panorama de la Science-Fiction, Marabout-université, 1975.
P. Versins, Encyclopédie de l'utopie, des voyages extraordinaires et de la Science-Fiction, Ed. L'Age d'homme, Lausanne, 1972.

« catalogues » :
Delmas-Julian, Le rayon S.F., Milan, deuxième édition, 1985.
A. Villmur, manuscrit jamais publié présente des bibliographies et indications biographiques d'auteurs français, 1981.

anthologies :
Livres d'or consacrés à Jean-Pierre Andrevon, Philippe Curval, Michel Jeury, Gérard Klein, Ed. Presses Pocket.
« la première anthologie de la Science-Fiction française », Fiction, mai 1959.
« Futurs antérieurs », anthologie dirigée par S. Nicot, Opta, 1984.
G. Klein, E. Herzfeld, D. Martel, « la grande anthologie de la S.F. », (tomes 1, 2, 3, 4), 1988 à 1990, Ed. Livre de poche.
H.L. Planchat, « Dédale 2 », anthologie de nouvelles de S.F. française, Marabout, 1976.

autres :
Ere Comprimée, n°17, 1982 (fanzine)
« Fantascienza », n° 2/3, juin 1980
Numéro spécial de la revue Phénix consacré à Serge Brussolo, 1990.
C. Mespledes, J.J. Schlerret, Voyage au bout de la noire, Futuropolis (tomes 1 et 2), 1982.
Perisset, <u>Panorama du « polar » français contemporain</u>, Ed. L'instant, 1986.
(ces ouvrages contiennent des données sur des auteurs ayant publié en majorité du roman policier tout en ayant une plus ou moins importante production de S.F. - Par exemple, Peter Randa, Paul Béra).
G. Morris-Dumoulin, <u>Le forçat de l'Underwood</u>, Ed. Manya, 1993 (autobiographie de l'auteur Morris - également auteur de « polars »).
Biographies internes au Fleuve Noir (rédigées par les auteurs eux-mêmes, bien souvent - quelques unes sur un mode amusant - elles sont destinées aux dossiers de presse).

Collection *Logiques Sociales*
*fondée par Dominique Desjeux
et dirigée par Bruno Péquignot*

Déjà parus

Roland GUILLON, *Les syndicats dans les mutations et la crise de l'emploi*, 1997.
Dominique JACQUES-JOUVENOT, *Choix du successeur et transmission patrimoniale*, 1997.
Philippe LYET, *L'organisation du bénévolat caritatif*, 1997.
Annie DUSSUET, *Logiques domestiques. Essai sur les représentations du travail domestique chez les femmes actives de milieu populaire*, 1997.
Jean-Bernard WOJCIECHOWSKI, *Hygiène mentale, hygiène sociale : contribution à l'histoire de l'hygiénisme.* Deux tomes, 1997.
René de VOS, *Qui gouverne ? L'État, le pouvoir et les patrons dans la société industrielle*, 1997.
Emmanuel MATTEUDI, *Structures familiales et développement local*, 1997.
Françoise DUBOST, *Les jardins ordinaires*, 1997.
Monique SEGRÉ, *Mythes, rites, symboles de la société contemporaine*, 1997.
Roger BASTIDE, *Art et société*, 1997.
Joëlle AFFICHARD, *Décentralisation des organisations et problèmes de coordination : les principaux cadres d'analyse*, 1997.
Jocelyne ROBERT, *Jeunes chômeurs et formation professionnelle. La rationalité mise en échec*, 1997.
Catherine SELLENET, *La résistance ouvrière démantelée*, 1997.
Laurence FOND-HARMANT, *Des adultes à l'Université. Cadre institutionnel et dimensions biographiques*, 1997.
Jacques COMMAILLE, François de SINGLY, *La question familiale en Europe*, 1997
Antoine DELESTRE, *Les religions des étudiants*, 1997.
R. CIPRIANI (sous la direction de), *Aux sources des sociologies de langue française et italienne*, 1997.
Sylvette DENEFLE, *Sociologie de la sécularisation*, 1997.
Pierre-Noël DENIEUIL, *Lieu social et développement économique*, 1997.
Mohamed KARA, *Les tentations du repli communautaire. Le cas des Franco-Maghrébins en général et des enfants de Harkis en particulier*, 1997.

Collection *Critiques Littéraires*
dirigée par Maguy Albet

Dernières parutions

EZQUERRO Milagros, *Aspects du récit fantastique rioplatense*, 1997.
De BURTON Richard, *Le roman marron : études sur la littérature martinicaise contemporaine*, 1997.
SEGARRA Marta, *"Leur pesant de poudre" : romancières francophones du Maghreb*, 1997.
SCHNYDER Peter, *André Frenaud, vers une plénitude non révélée*, 1997.
Sous la direction de Mukala KADIMA-NZUJI, Abel KOUVOUAMA, KIBANGOU Paul , *Sony Labou Tansi ou la quête permanente du sens*, 1997.
LEBOUTEILLER Anne, *Michaux, les voix de l'être exilé*, 1997.
AVNI Ora, *D'un passé l'autre. Aux portes de l'histoire avec Patrick Modiano*, 1997.
FIGUEROA Anton, GONZALEZ-MILLAN Xan, *Communication littéraire en culture en Galice*, 1997.
COHEN Olivia, *La représentation de l'espace dans l'œuvre poétique de O. V. de L. Milosz. Lointains fanés et silencieux*, 1997.
THOMPSON C. W., *Lamiel, fille du feu. Essai sur Stendhal et l'énergie*, 1997.
BOURJEA Serge, *Paul Valéry, Le sujet de l'écriture*, 1997.
LOUALI-RAYNAL N., DECOURT N. et ELGHAMIS R., *Littérature orale touarègue. Contes et proverbes*, 1997.
VOGEL Christina, *Les "Cahiers" de Paul Valéry*, 1997.
KADIMA-NZUJI Mukala et BOKIBA André-Patient (sous la direction de), *Sylvain Bemba, l'écrivain, le journaliste, le musicien, 1934-1945*, 1997.
GALLIMORE Rangira Béatrice, *L'oeuvre romanesque de Calixthe Beyala. Le renouveau de l'écriture féminine en Afrique francophone subsaharienne*, 1997.
BOUELET Rémy Sylvestre, *Narcisse et autobiographie dans le roman de Bernard Nanga*, 1997.
RASSON Luc, *Ecrire contre la guerre : littérature et pacifismes 1916-1938*, 1997.

Collection *Critiques Littéraires*
dirigée par Maguy Albet

Déjà parus

GOUNONGBÉ A., *La toile de soi*, 1995.
BOURKIS R., *Tahar Ben Jelloun, la poussière d'or et la face masquée*, 1995.
BARGENDA A., *La poésie d'Anna de Noailles*, 1995.
LAURETTE P. et RUPRECHT H.-G. (eds), *Poétiques et imaginaires. Francopolyphonie littéraire des Amériques*, 1995.
KAZI-TANI N.-A., *Roman africain de langue française au carrefour de l'écrit et de l'oral (Afrique noire et Maghreb)*, 1995.
BELLO Mohaman, *L'aliénation dans Le pacte de sang de Pius Ngandu Nkashama*, 1995.
JUKPOR Ben K'Anene, *Etude sur la satire dans le théâtre ouest-africain francophone*, 1995.
BLACHERE J-C., *Les totems d'André Breton. Surréalisme et primitivisme littéraire*, 1996.
CHARD-HUTCHINSON M., *Regards sur la fiction brève de Cynthia Ozick*, 1996.
ELBAZ R., *Tahar Ben Jelloun ou l'inassouvissement du désir narratif*, 1996.
STEWART D., *Le roman africain anglophone depuis 1965, d'Achebe à Soyinka*.
NGANDU NKASHAMA P., *Ecritures et discours littéraires, Etudes sur le roman africain*.
SEVRY J., *Afrique du Sud, ségrégation et littérature. Anthologie critique*.
BELVAUDE C., *Amos Tutuola et l'univers du conte africain*.
BELVAUDE C., *Ouverture sur la littérature en Mauritanie. Tradition orale, écriture, témoignage*.
KALONJI M.T.Z., *Une écriture de la passion chez Pius Ngandu Nkashama*.
NGANDU NKASHAMA P., *Littératures et écritures en langues africaines*.
BOUYGUES C., *Texte africain et voies / voix critiques (Littératures africaines et antillaise)*

Collection *Critiques Littéraires*
dirigée par Maguy Albet

DURAND J.-F. & PEGUY-SENGHOR (sous la direction de), *La parole et la monde*, 1996.
LEQUIN Lucie & VERTHUY Maïr (sous la direction de), *Multi-culture, multi-écriture. La voix migrante au féminin en France et au Canada*, 1996.
PLOUVIER, Paule & VENTRESQUE Renée (sous la direction de), *Itinéraires de Salah Stétié. Anthologie, textes récents, oeuvres inédites: Etudes-Hommages*, 1996.
GALLIMORE Rangira Béatrice, *L'œuvre romanesque de Jean-Marie Adiaffi*, 1996.
GALLET René, *Romantisme et postromantisme de Coleridge à Hardy : nature et surnature*, 1996.
MERGARA Daniel M., *La représentation des groupes sociaux chez les romanciers noirs sud-africains*, 1996.
COPIN Henri, *L'Indochine dans la littérature française des années 20 à 1954*, 1996.
CALLE-GRUBER Mireille, *Les partitions de Claude Ollier. Une écriture de l'altérité*, 1996.
MBANGUA Anatole, *Les procédés de création dans l'œuvre de Sonny Labou Tansi*, 1996.
SAINT-LEGER Marie-Paule, *Pierre Loti l'insaisissable*, 1996.
JOUANNY Robert, *Espaces littéraires d'Afrique et d'Amérique* (t. 1), 1996.
JOUANNY Robert, *Espaces littéraires de France et d'Europe* (t. 2), 1996.
LARONDE Michel, *L'Écriture décentrée. La langue de l'Autre dans le roman contemporain*, 1996
COLLECTIF, *L'œuvre de Maryse Condé, A propos d'une écrivaine politiquement incorrecte*, 1996
BARTHÈLEMY Guy, *Fromentin et l'écriture du désert*, 1997.
PLOUVIER Paule, VENTRESQUE Renée, BLACHÈRE Jean-Claude, *Trois poètes face à la crise de l'histoire*, 1997.
JOUANNY Robert, *Regards russes sur les littératures francophones*, 1997.

Collection *Critiques Littéraires*
dirigée par Maguy Albet

NAUMANN M., *Regards sur l'autre à travers les romans des cinq continents.*
JOUANNY R. (sous la direction de), *Lecture de l'oeuvre d'Hampaté Bâ.*
NNE ONYEOZIRI G., *La parole poétique d'Aimé Césaire. Essai de sémantique littéraire.*
HOUYOUX S., *Quand Césaire écrit, Lumumba parle.*
LARONDE M., *Autour du roman beur.*
NGANDU NKASHAMA P., *Théâtres et scènes de spectacle. (Etudes sur les dramaturgies et les arts gestuels.)*
HUANNOU A., *La critique et l'enseignement de la littérature africaine aux Etats-Unis d'Amérique.*
NGANDU NKASHAMA P., *Négritude et poétique. Une lecture de l'oeuvre critique de Léopold Sédar Senghor.*
HOUNTONDJI V.M., *Le Cahier d'Aimé Césaire. Evénement littéraire et facteur de révolution. (Essai).*
GONTARD M., *Le Moi étrange. Littérature marocaine de langue française.*
VENTRESQUE R., *Les Antilles de Saint-John Perse. Itinéraire intellectuel d'un poète.*
BLACHERE J.-C., *Négritures. Les écrivains d'Afrique noire et la langue française.*
GAFAITI Hafid, *Les femmes dans le roman algérien*, 1996.
CAZENAVE Odile, *Femmes rebelles Naissance d'un nouveau roman africain au féminin*, 1996
CURATOLO Bruno (textes réunis par), *Le chant de Minerve, Les écrivains et leurs lectures philosophiques*, 1996.
CHIKHI Beida, *Maghreb en textes. Écritures, histoire, savoirs et symboliques*,1996.
CORZANI Jack, *Saint-John Perse, les années de formation*, 1996.
LEONI Margherita, *Stendhal, la peinture à l'oeuvre*, 1996.
LARZUL Sylvette, *Les traductions françaises des Mille et une nuits*, 1996.
DEVÉSA Jean-Michel, *Sony Labou Tansi Ecrivain de la honte et des rives magiques du Kongo*, 1996

Collection *Espaces Littéraires*
dirigée par Maguy Albet

Anne HENRY, *Céline, écrivain*, 1994.
Catherine MASSON, *L'autobiographie et ses aspects théâtraux, chez Michel Leiris*. 1995.
Valère STARASELSKI, *Aragon, la liaison délibérée*, 1995.
Claude FINTZ, *Expérience esthétique et spirituelle chez Henri Michaux*, 1996.
Jacques TAURAND, *Michel Manoll ou l'envol de la lumière*, 1997.
Annick LOUIS, *Jorge Luis Borges, Oeuvres et manœuvres*, 1997.
Valère STARASELSKI, *Aragon l'inclassable, essai littéraire*, 1997.
Silvia DISEGNI, *Jules Vallès. Du journalisme au roman autobiographique*, 1997.
François MAROTIN, *Les années de formation de Jules Vallès (1845-1867). Histoire d'une génération*, 1997.
Bou'Azza BEN'ACHIR, *Edmond Amran El Maleh, cheminement d'une écriture*, 1997.
Alain TASSEL, *La création romanesque dans l'œuvre de Joseph Kessel*, 1997.
Marcel CORDIER, *Dans le secret des dix, l'Académie Goncourt intime*, 1997.
Nedim GÜRSEL, *Le mouvement perpétuel d'Aragon. De la révolte dadaïste au «Monde réel»*, 1997.

648557 - Avril 2016
Achevé d'imprimer par